Janine Berg-Peer

Outplacement in der Praxis

Janine Berg-Peer

Outplacement in der Praxis

Trennungsprozesse sozialverträglich gestalten

GABLER

Bibliografische Information Der Deutschen Bibliothek
Die Deutsche Bibliothek verzeichnet diese Publikation in der Deutschen Nationalbibliografie;
detaillierte bibliografische Daten sind im Internet über <http://dnb.ddb.de> abrufbar.

1. Auflage Januar 2003

Alle Rechte vorbehalten
© Betriebswirtschaftlicher Verlag Dr. Th. Gabler GmbH, Wiesbaden 2003

Lektorat: Jens Kreibaum

Der Gabler Verlag ist ein Unternehmen der Fachverlagsgruppe BertelsmannSpringer.
www.gabler.de

Umschlaggestaltung: Nina Faber de.sign, Wiesbaden
Druck und buchbinderische Verarbeitung: Wilhelm & Adam, Heusenstamm
Gedruckt auf säurefreiem und chlorfrei gebleichtem Papier
Printed in Germany

ISBN 3-409-11929-9

Vorwort

Outplacement ist seit den Anfängen in den 80iger Jahren in Deutschland inzwischen ein Begriff geworden. Dennoch hat man häufig den Eindruck, dass sowohl bei Befürwortern als auch Kritikern wenig Klarheit hinsichtlich Gegenstand, Inhalt und Methode vorherrscht. Ich habe dieses Buch geschrieben, weil ich nach fast zehn Jahren Erfahrung mit Outplacementberatung überzeugt davon bin, dass Unternehmen auch in schwierigen Zeiten davon profitieren, wenn es ihnen mit Outplacementberatung gelingt, Trennungen fairer zu gestalten. Gleichzeitig bin ich überzeugt davon dass jeder Mensch von dieser Art der Unterstützung profitiert, wenn er einen neuen suchen will oder muss.

Das Buch richtet sich vor allem an betriebliche Entscheider, die Outplacementberatung in ihren Unternehmen einsetzen wollen, an Berater, die Outplacement zu einem ihrer Schwerpunkte machen oder an Studenten, die sich intensiver mit diesem neuen Instrument betrieblicher Personalpolitik beschäftigen wollen. Darüber hinaus bin ich sicher, dass auch die Akteure der aktuellen Diskussion um Job-Agenturen oder Vermittlung von Arbeitslosen nützliche Hinweise hinsichtlich der Wahl ihrer Methoden in diesem Buch finden werden.

Für Unternehmen wird eine großzügige Unterstützung der Mitarbeiter durch Outplacementberatung bei Personalabbaumaßnahmen ein Gewinn sein. Vor allem in großen Unternehmen ist Outplacement als Instrument der Personalarbeit heute weitgehend akzeptiert. Allerdings ist die in anderen Ländern bereits gängige Praxis, Outplacementberatung für den Fall der Trennung zum Bestandteil des Arbeitsvertrages von Führungskräften zu machen, in Deutschland leider noch wenig üblich. Dahinter steht m. E. die bislang immer noch nicht an der Realität korrigierte Vorstellung lebenslanger Vertragsdauer, die eine Trennung vom Unternehmen zur Ausnahme und damit auch zum Katastrophenfall macht, der nicht bereits bei Vertragsabschluss antizipiert werden darf. Es ist interessant festzustellen, dass es demgegenüber heute durchaus gängige Praxis ist, in Eheverträgen die Konditionen einer möglichen Scheidung festzulegen. In kleinen und mittleren Unternehmen ist Outplacementberatung dagegen wenig bekannt oder wird als ein teures Instrument gesehen, dass vereinzelten Führungskräften vorbehalten bleibt und flächendeckend für viele Mitarbeiter nicht umzusetzen ist. Gerade für diese Unternehmen möchte ich aufzeigen, dass auch mit geringen Ressourcen mit externer Hilfe oder in Eigenregie viel für Mitarbeiter in der Trennungssituation getan werden kann.

Outplacementberatung ist inzwischen ein Instrument modernen Personalmanagements, das über die traditionelle Personalarbeit hinausgeht. Heute hat sich der Verantwortungsbereich klassischer Personalarbeit erweitert: Im Fokus stehen hier nicht ausschließlich Mitarbeiter oder potenzielle Mitarbeiter des Unternehmens, sondern Mitarbeiter, die das Unternehmen verlassen müssen. Damit beschränkt sich die Fürsorge des Unternehmens nicht mehr nur auf die Förderung von Mitarbeitern im Unternehmen, sondern unterstützt Mitarbeiter, von denen sich das Unternehmen trennen muss oder will, auf dem Weg in eine neue Position.

Diese bislang ungewohnte Sichtweise der Aufgaben des Personalmanagements gewinnt vor dem Hintergrund der heutigen Arbeitsmarktentwicklung eine besondere Bedeutung. Zunehmend mehr Unternehmen müssen ihren Personalbestand drastisch reduzieren, während gleichzeitig der Bedarf an qualifizierten Mitarbeitern wächst und für die kommenden Jahre ein Mangel in bestimmten Berufsgruppen prognostiziert wird. Ein Image als attraktiver Arbeitgeber wird daher immer mehr zu einem wichtigen Erfolgsfaktor für Unternehmen werden. Schon seit Jahren ist zu beobachten, dass Arbeitsplatzsicherheit und Einkommenszuwächse nicht ausreichen, um junge, qualifizierte Arbeitnehmer an ein Unternehmen zu binden. Postmaterielle Wertorientierungen haben dazu geführt, dass interessante Entwicklungsmöglichkeiten, sinnstiftende Arbeitsinhalte und flexible Arbeitszeitregelungen bei jungen Menschen zumindest ebenso wichtig geworden sind.

Unabhängig aber von veränderten Werten und Zielsetzungen junger Menschen werden Unternehmen immer weniger in der Lage sein, lebenslange Arbeitsplatzsicherheit zu bieten. Die Anpassung des Arbeitskräftebedarfs an die jeweilige Konjunkturlage wird künftig immer mehr zur Normalität werden. Wollen Unternehmen unter diesen Voraussetzungen weiterhin attraktive Arbeitgeber bleiben, wird der sozialverträgliche Umgang mit Mitarbeitern in der Trennungssituation zunehmend wichtiger werden. Outplacementberatung kann dazu beitragen, dass Trennungen nicht mehr als angstbesetzte und karrierebedrohende Zäsur empfunden werden müssen. Unternehmen können über ein aktives Trennungsmanagement den freiwilligen oder unfreiwilligen Übergang in einen neuen beruflichen Lebensabschnitt unterstützen und damit auch der Dynamik individueller beruflicher Lebensentwürfe Rechnung tragen. Galten noch vor Jahren diskontinuierliche Berufsverläufe als Ausdruck beruflichen Scheiterns oder misslungener Berufsplanung, wird heute Berufserfahrung in unterschiedlichen Unternehmen oder auch unterschiedlichen kulturellen Umfeldern von Unternehmen ebenso begrüßt wie von den jungen Menschen selbst. Outplacementberatung kann damit auch Bestandteil eines betrieblichen Retention Managements werden. Statt wie bislang vor allem auf materielle Anreize zu setzen, kann die Erfahrung eines fairen und unterstützenden Umgangs in der Trennungssituation dazu führen, dass ein Rückkehrangebot für qualifizierte Mitarbeiter nach einigen Jahren beruflicher Erfahrung in einem anderen Unternehmen attraktiv wird.

Dass dieser Aspekt der Personalarbeit bislang wenig Beachtung gefunden hat, lag zum einen daran, dass lange Zeit aufgrund des Überangebotes an auch qualifizierten Arbeitskräften Vakanzen problemlos wieder besetzt werden konnten. Ein weiterer Grund lag und liegt darin, dass eine Trennung vom Unternehmen immer noch als die Ausnahme betrachtet wird, obwohl die Realität zeigt, dass zumindest von Ausnahmen inzwischen selbst in dem als Arbeitsplatzsicherheitsgarant geltenden Öffentlichen Dienst nicht mehr gesprochen werden kann. Outplacementberatung als Trennungsmanagement sollte m. E. in das Portfolio der Personalarbeit integriert werden und nicht nur eine Sonderleistung für Führungskräfte sein, denen die Trennung leichter gemacht werden soll oder eine vom Betriebsrat hart erkämpfte Vergünstigung bei größeren Personalabbaumaßnahmen. Bislang wurde der Umgang mit Mitarbeitern in der Trennungssituation häufig vorwiegend danach entschieden und gestaltet, welche arbeitsrechtlichen Konsequenzen zu erwarten waren. Ich halte es für wichtig, dass Unternehmen künftig die immateriellen Kosten von Trennungen zunehmend mehr in die Gestaltung ihrer Trennungsszenarien einbeziehen. Ein sensibles und unterstützendes Trennungsmanagement durch Outplacementberatung wird Unternehmens- und Personalleitung dabei unterstützen können, den Umgang mit Trennungen ebenso kompetent zu managen, wie es bislang schon bei Personaleinstellungen und -entwicklungen der Fall ist.

Aufbau des Buches

Ich habe zunächst versucht, den Begriff Outplacement zu definieren und die Inhalte deutlich zu machen, um ihn damit gegen andere Beratungsangebote im Personalbereich abzugrenzen. Im zweiten Abschnitt habe ich begründet, welchen Nutzen Unternehmen und Mitarbeiter von Outplacementberatung haben. Im dritten Abschnitt habe ich meine Vorgehensweise in der individuellen Outplacementberatung ausführlich beschrieben. Bei der Darstellung stand ich vor einem Problem: Die Lektüre vieler Hochglanzbroschüren von Outplacementberatern – auch die meiner eigenen – zeigt, wie schwierig es ist, deutlich zu machen, was wirklich während der Outplacementberatung geschieht und weshalb sie erfolgreich ist. Daher habe ich mich dazu entschlossen, nicht nur Methode, Instrumente und Ablauf darzustellen, sondern vor allem den Prozess der Beratung bis zum Auffinden eines neuen Arbeitsverhältnisses zu beschreiben. Das mag dazu führen, dass einige Leser manche Passagen als zu ausführlich empfinden werden. Anderen wieder werden Fragen offengeblieben sein, wie vorgegangen werden kann bei unterschiedlichen Zielgruppen, bei „schwierigen" Klienten oder in Situationen, in denen alle Möglichkeiten ausgeschöpft zu sein scheinen. Mit diesem Kompromiss musste ich leben.

Wichtig war es mir, mit meiner Darstellungsform auch deutlich zu machen, was ein Bewerbungstraining von der Outplacementberatung unterscheidet: Im Bewerbungstraining werden den Klienten Methoden und Instrumente vermittelt, anschließend „verschwindet" der Bewerbungstrainer aus dem Leben des Klienten und muss ihn mit der Umsetzung allein lassen. In der Outplacementberatung oder – etwas sozialpädagogisch ausgedrückt – dem „betreuten Bewerben" findet der Klient einen Coach, der den Klienten über eine lange Zeit hin auch dann berät, wenn die besten Ratschläge immer wieder zu Misserfolgen führen und die Motivation und das Durchhaltevermögen der Klienten immer wieder erlahmt.

Im vierten Abschnitt beschreibe ich Gruppen-Outplacementberatung, wobei ich mich auch hier bemüht habe, neben Methode und Vorgehensweise auch didaktische Aspekte, die Situation des Unternehmens, der Personalabteilung und der Klienten dazustellen. Im fünften und letzten Abschnitt habe ich beschrieben, wie Outplacementberatung als In-house Outplacement Center für eine große Mitarbeiterzahl angeboten und organisiert werden kann. Es ist hoffentlich deutlich geworden, dass auch in mittleren Unternehmen bei einer kleinen Anzahl von Betroffenen dieses Instrument eingesetzt werden kann.

Last but not least – mein Dank an alle

Natürlich möchte ich, wie heute üblich, auch all denen danken, die dieses Buch möglich gemacht haben. Mein Dank richtet sich hier vor allem an die betrieblichen Entscheider, die mir die Beratung ihrer Mitarbeiter anvertraut haben, gleichzeitig aber auch an alle Klienten und Klientinnen, die mir durch ihr Vertrauen die Erfahrungen möglich gemacht haben, die ich in diesem Buch beschreibe. Wobei ich an dieser Stelle versichere, dass ich bei der Beschreibung von Verhaltensweisen nicht an bestimmte Klienten gedacht, sondern typische Verhaltensmuster aus unterschiedlichen Beratungssituationen abgeleitet habe.

Mein größter Dank geht an Gisela Bischof-Elten, ohne die mein Buch nicht möglich gewesen wäre. Danken muss ich auch Renate Hof, die in der Provence erstaunt aber geduldig meine Ausführungen zum Thema Outplacement ertrug, obwohl sie sich sehr viel lieber mit gender studies beschäftigt hätte. Jan Steinhagen, der die des Verlages geduldig und kompetent bearbeitete, weiß, wie dankbar ich ihm bin. Und last but not least danke ich meinen Töchtern Marie-Louise, Caroline und Henriette, die sich heute ebenso gut wie ich in der Outplacementberatung auskennen. Ich darf hinzufügen, dass das Buch ohne sie allerdings sehr viel schneller fertig geworden wäre.

Berlin, im Herbst 2002

Janine Berg-Peer

Inhaltsverzeichnis

1. Was ist Outplacementberatung?

Als Outplacementberaterin wird es einem nicht leicht gemacht, über seinen Beruf zu sprechen. Obwohl Outplacementberatung in Unternehmen heute verbreiteter ist und in den Medien häufiger erwähnt wird, begegnen mir Missverständnisse, Unkenntnis und Vorbehalte. Viele meiner Gesprächspartner verwechseln Outplacement mit Outsourcing, oder mit Personalberatung, andere verweisen kritisch darauf, dass Outplacementberater Unternehmen dabei unterstützen, sich geräuschlos von unliebsamen Mitarbeitern zu trennen. Wenn ich erkläre, dass eine Outplacementberaterin vor allem Führungskräfte nach einer unfreiwilligen Trennung vom Unternehmen dabei unterstützt, einen neuen Arbeitsplatz zu finden und dass diese Dienstleistung auch noch von Unternehmen bezahlt wird, ist das Erstaunen groß: Warum sollte ein Unternehmen das tun? Oder aus der Perspektive der Führungskraft: „Warum sollte diese nicht lieber ihre Abfindung erhöhen und sich selbst einen neuen Job suchen?"

Missverständnisse

Mit Schlagzeilen wie „Der sanfte Rausschmiss" oder „Outplacement als unternehmerisches Feigenblatt" wird unterstellt, dass Outplacementberatung ein Mittel für Trennungen von Unternehmen ist, die ohne diese Beratung nicht stattfinden würden. Dagegen wird die unternehmerische Entscheidung zur Trennung in Unternehmen völlig unabhängig vom Einsatz von Outplacementberatung getroffen. Outplacementberatung ist nicht Voraussetzung, sondern im besten Fall Folge dieser unternehmerischen Entscheidung. Damit macht Outplacementberatung nicht die Kündigung oder den Aufhebungsvertrag erst möglich oder einfacher, sondern begrenzt die negativen Folgen dieser Entscheidung für den betroffenen Mitarbeiter.

Dieser Vorbehalt wird gefördert durch das Missverständnis, das im Wort Outplacement selbst liegt: Oft wird angenommen, die „Out"placementberaterin unterstütze das Unternehmen dabei, Führungskräfte „sanft" aus dem Unternehmen zu drängen. In der Tat ist aber mit dem Wort Outplacementberatung gemeint, dass eine Person aus einem Unternehmen hinaus in ein anderes Unternehmen „platziert" wird. Ideal ist die Vorstellung, dass mit der Unterstützung der Outplacementberaterin der Klient vor Ablauf seiner Freistellungsfrist eine neue Position gefunden hat, ohne vorher in die Arbeitslosigkeit gehen zu müssen.

Es ist wichtig, darauf hinzuweisen, dass die Outplacementberaterin immer erst in das Unternehmen gerufen wird, wenn die Entscheidung zur Trennung bereits weitgehend feststeht. In manchen Fällen wird die Outplacementberaterin zwar mit in die Trennungsmodalitäten einbezogen; an der Entscheidung selbst ist die Outplacementberaterin niemals beteiligt. Der Grund liegt auf der Hand: Es ist kaum anzunehmen, dass Vertrauen und Offenheit in einer Beratungsbeziehung entstehen können, wenn der Klient weiß, dass die Beraterin an der Trennungsentscheidung mitgewirkt hat.

Outplacementberatung ist keine Personalberatung

Ein weiteres Missverständnis, häufig auch bei den Betroffenen, liegt in der Gleichsetzung von Personal- und Outplacementberaterinnen. Personalberater suchen im Auftrag und im Interesse des Unternehmens passende Kandidaten für eine bestimmte Position; Outplacementberaterinnen vermitteln nicht, sondern unterstützen im Auftrag des Unternehmens und im Interesse ihres Kandidaten diesen dabei, eine passende Position zu finden. Der Unterschied liegt im Fokus der Berater: Während der Personalberater den Richtigen für eine bestimmte Position sucht, sucht die Outplacementberaterin die richtige Position für ihren Kandidaten – gemeinsam mit ihm.

Outplacementberatung wird unter- oder überschätzt

Vorbehalte kommen aus der Arbeitsmarktpolitik, weil Outplacement nur Einzelpersonen helfe und keine Strukturen verändere. Sie kommen auch aus Gewerkschaftssicht, weil Unternehmen Arbeitsplätze sichern oder schaffen sollen und nicht Kündigungen verharmlosen, und sie kommen aus der Bildungsforschung, weil man dort weiß, dass es Arbeitskräften nicht an der Fähigkeit mangelte, sich auf dem Arbeitsmarkt neue Arbeitsplätze zu suchen, sondern an zeitgemäßen Qualifikationen.

Vor allem im Zusammenhang mit der Diskussion um die Vermittlungsaktivitäten des Arbeitsamtes scheint Outplacementberatung allerdings wieder an Image zu gewinnen[1]. Nachdem die dortige Vermittlungspraxis nicht immer ihre Zielsetzungen erreicht hat, wird ausführlich über Projekte berichtet, bei denen die anhaltende Unterstützung von Arbeitslosen bei der Arbeitssuche äußerst erfolgreich verlief. Diese Projekte unterscheiden sich zwar hinsichtlich der Zielgruppen oder der Koppelung mit finanziellen Unterstützungsregelungen. Sie folgen aber alle den in der Outplacementberatung angegebenen Vorgehensweisen. Auch aus Gewerkschaftskreisen ist zu lesen, dass Outplacementprojekte bei Betriebsschließungen große Vorteile für die Arbeitnehmer mit sich bringen.

Ich teile die kritische Einschätzung von Arbeitsmarktpolitikern ebenso wie die aus Gewerkschaftskreisen. Mein Argument war allerdings immer, dass Outplacementberatung nicht angetreten war, um Strukturen zu verändern, sondern um einzelnen Personen zu helfen. Outplacementberatung war nie Ersatz für andere politische Handlungsfelder, sondern bietet konkrete Hilfestellung für Menschen an, die nicht auf veränderte Strukturen warten können.

Eine weitere Unterschätzung von Outplacementberatung bezieht sich auf die Inhalte: Angenommen wird, es ginge dabei nur um das Schreiben von Lebensläufen und das Einüben von Vorstellungsgesprächen. Es geht auch darum. Aber der Erfolg von Outplacementberatung liegt darin, Menschen in einer Situation, die von Unsicherheiten,

---

[1] So benannte Herr Gerster als Vorstand der Bundesanstalt für Arbeit in einem seiner ersten Fernsehinterviews Outplacement als ein wichtiges Instrument, um Arbeitssuchenden zu Arbeitsplätzen zu verhelfen.

Selbstzweifeln und dem Zusammenbruch von Strukturen gekennzeichnet ist, Struktur zu geben, ihnen systematisch neue Wege aufzuzeigen, ein Handlungsprogramm zu entwickeln, den Erfolg zu kontrollieren, sie bei Misserfolgen wiederaufzubauen und ihnen als Coach zur Seite zu stehen, bis der neue Arbeitsplatz gefunden ist.

Aber genau hier werden die Grenzen von Outplacementberatung aufgezeigt. Wenn die Begleitung durch die Outplacementberaterin nicht angenommen wird, die Outplacementberaterin keine Kontrollmöglichkeiten hat oder, wie es häufig der Fall bei Gruppen-Outplacementberatung ist, es sich nur um eine zeitlich befristete Hilfe handelt, ist der Erfolg nicht immer garantiert.

Was ist Outplacementberatung?

Outplacementberatung wurde Ende der 60er Jahre in den USA entwickelt. Das Konzept baute auf den Erfahrungen mit der beruflichen Reintegration von Soldaten nach dem Zweiten Weltkrieg auf. Vorwiegend richtete sich die Beratung an Fach- und Führungskräfte, die das Unternehmen verlassen mussten. Mit zunehmender Verbreitung wurde damit begonnen, diese Beratungsform auch für Mitarbeiter aller Hierarchieebenen anzubieten. Anfang der 80er Jahre begannen in Deutschland einzelne Beratungsunternehmen sich auf Outplacementberatung zu spezialisieren, wobei auch hier das Beratungsangebot vorwiegend Führungskräften vorbehalten wurde.

Heute wird in Deutschland Outplacementberatung für alle Hierarchieebenen angeboten. Wenn auch der Begriff inzwischen einen hohen Verbreitungsgrad gefunden hat, gehört Outplacement in Unternehmen auch heute noch keinesfalls zur Selbstverständlichkeit. Interessant ist übrigens, dass auch in Unternehmen, die Outplacementberatung für Führungskräfte nutzen, selten wirklich bekannt ist, wie eine Outplacementberatung abläuft, was nicht zuletzt daran liegt, dass die nüchternen Worte, mit denen Outplacement zumeist beschrieben wird, nicht den Prozess abbilden können, der in der Outplacementberatung in Gang gesetzt wird.

Formal bezeichnete Outplacementberatung den Prozess, mit dem Arbeitnehmer durch eine Beraterin individuell oder in Gruppen bei der Suche nach einem neuen Arbeitsplatz unterstützt werden. Heute wird Outplacementberatung umfassender gesehen im Sinne eines Trennungsmanagements und beinhaltet außer der eigentlichen Unterstützung zur beruflichen Neuorientierung alle Aktivitäten, mit denen die Outplacementberaterin ein Unternehmen dabei unterstützt, den Trennungsprozess möglichst konfliktarm umzusetzen.

Begriffsklärung

Outplacementberaterinnen unterstützen Menschen nach einer zumeist unfreiwilligen Trennung vom Unternehmen auf dem Weg in eine neue Position. Das Konzept dieser Beratung zur beruflichen Neuorientierung basiert auf mehreren Annahmen[2]:

- Auf der Überzeugung, dass über das vergangene Berufsleben gewonnene Kompetenzen und Schlüsselqualifikationen ohne formale Abschlüsse auf neue Berufsbereiche übertragbar sind.[3]

- Arbeitsplätze werden nicht vorwiegend über Stellenanzeigen besetzt, sondern die Nutzung von Kontakten.

- Arbeitssuchende sollen sich nicht als Bittsteller, sondern als Personen verstehen, die Unternehmen eine Problemlösung anbieten.

- Arbeitssuchende müssen bei der gesamten Bewerbungskampagne praktische und psychologische Unterstützung erhalten.

Einzel-Outplacementberatung

Mit einer individuellen Outplacementberatung werden Führungskräfte nach einer zumeist unfreiwilligen Trennung vom Unternehmen von einer externen Beraterin bei der Suche nach einer neuen Position unterstützt. Die Beraterin versteht sich als Coach, der Hilfe zur Selbsthilfe gibt, aber selbst nicht aktiv in den Bewerbungsprozess eingreift. Bei einer unbefristeten Einzeloutplacementberatung wird die Führungskraft bis zum erfolgreichen Abschluss der Probezeit in einem neuen Unternehmen in dem von ihm gewünschten zeitlichen Umfang beraten.[4] Verläuft die Probezeit nicht erfolgreich, wird die Beratung bis zum Erfolg weitergeführt. Bei einer befristeten Outplacementberatung steht der Berater dem Klienten für eine bestimmte Stundenzahl innerhalb einer festgelegten Zeit zur Verfügung.

Die Beratung setzt zumeist ein, wenn ein Aufhebungsvertrag unterschrieben ist. In vielen Fällen ist eine infrastrukturelle Unterstützung des Klienten Bestandteil des Beratungsvertrages. In den Räumen der Beratungsgesellschaft steht dem Klienten ein Schreibtisch, Sekretariatsservice, die Nutzung von PC, Internet und Bibliothek mit Nachschlagewerken zur Verfügung. Dieser Service hat eine doppelte Funktion. Zum einen kann der Klient sich vollständig auf die eigentliche Marktbearbeitung konzentrie-

---

[2] Vgl. Morin, William J.; Cabrera, James C.: Parting Company: How to Survive the Loss of a Job and Find Another Successfully, 1992; Sauer, M.: Outplacementberatung, Wiesbaden 1991

[3] Es ist interessant, dass diese sehr amerikanische Praxis des Zugangs zu beruflichen Positionen unabhängig von formalen Abschlüssen inzwischen auch in Deutschland unter der beruflichen Verwertung informell erworbener Kompetenzen diskutiert wird.

[4] Bei Existenzgründung wird die Beratungsdauer i. d. R. bis sechs Monate nach Existenzgründung limitiert.

ren, ohne sich mit administrativen Arbeiten beschäftigen zu müssen. Zum anderen kann der Austausch mit anderen Klienten und die Einbindung in eine soziale Gruppe der drohenden Isolation am Schreibtisch in der eigenen Wohnung entgegenwirken.

Kostengesichtspunkte auf der einen Seite und die zunehmenden Computerkenntnisse von Führungskräften auf der anderen Seite haben allerdings dazu geführt, dass viele Unternehmen oder auch Klienten diese Kosten sparen wollen und es bevorzugen, dem Klienten eine funktionierende EDV-Infrastruktur zu Hause zu finanzieren. Wir bieten inzwischen keine Schreibtische in unseren Büroräumen an, allerdings Sekretariatsunterstützung bei bestimmten Arbeitsschritten. Ich halte es heute für einen nützlichen Lerneffekt, wenn auch Führungskräfte eine Zeitlang dazu gezwungen sind, sich selbst und ihre eigene Kampagne zu organisieren. Wir erarbeiten mit unseren Klienten eine straffe Terminplanung, die den Klienten zuhause beschäftigt; kontinuierliche Termine mit unseren Beratern, bei denen der Arbeitsfortschritt überprüft wird und über Schwierigkeiten bei der Umsetzung gesprochen werden kann, und organisieren zweimal im Monat Treffen mit allen Klienten, um einen Austausch zu ermöglichen.

Gruppen-Outplacementberatung

Gruppen-Outplacementberatung wird bei der Schließung ganzer Abteilungen oder Betriebsteile eingesetzt. Die Outplacementberatung wird hierbei als Seminar und damit in zeitlich begrenzter Form für Mitarbeiter aller Hierarchieebenen angeboten. Der Unterschied zur individuellen Outplacementberatung liegt einerseits in der weniger individuellen Betreuung und andererseits in der zeitlichen Limitierung. Outplacementseminare von zwei bis fünf Tagen werden entweder von der Weiterbildungsabteilung des beauftragenden Unternehmens organisiert und von externen Beratern durchgeführt oder durch die externe Beratungsgesellschaft insgesamt organisiert. Nach der Seminarteilnahme wird häufig eine Hotline zum Beratungsunternehmen angeboten ebenso wie zeitweise die Infrastruktur des Beratungsunternehmens genutzt werden kann.

Inhouse Outplacement Center

Bei größeren Personalabbauprozessen kann ein betriebsinternes Outplacement Center eingesetzt werden. In diesen Fällen stellt das Unternehmen Räume auf dem Betriebsgelände zur Verfügung, in dem sowohl individuelle Beratung als auch Beratung in Gruppen durchgeführt werden kann. Gleichzeitig kann dort eine Infrastruktur genutzt werden, die alle praktischen Voraussetzungen für eine erfolgreiche berufliche Neuorientierung schafft. Damit können die Vorteile der kontinuierlichen Beratung und infrastrukturellen Unterstützung einer individuellen Outplacementberatung mit einem angemessenen Aufwand von Ressourcen für eine große Anzahl von Personen langfristig genutzt werden. Muss eine große Anzahl von Personal abgebaut werden, kann der Prozess durch aktive Arbeitsplatzakquisition einer externen Beraterin oder des Unternehmens selbst unterstützt werden.

Das Outplacement Center kann ausschließlich von externen Beratern, von einem Team von externen und internen Beratern oder vom Unternehmen in Eigenregie gemanagt werden. Diese intensive Form der Outplacementberatung wird häufig dann gewählt, wenn betriebsbedingte Kündigungen nicht möglich oder gewollt sind und den Mitarbeitern zusätzlich zu weiteren Trennungsangeboten durch eine umfangreiche und langfristige Outplacementberatung der freiwillige Übergang in ein anderes Unternehmen oder die Selbständigkeit erleichtert werden soll.

Outplacementberatung als Unternehmensberatung

Inzwischen haben sich die Aufgaben der Outplacementberaterinnen erweitert. Zusätzlich zu der Beratung zur beruflichen Neuorientierung kommt die Unterstützung bei Personalreduzierung von Geschäftsleitung, Personalabteilung und Betriebsrat in allen nicht-rechtlichen Bereichen. Im Sinne eines umfassenden Trennungsmanagements können Aufgaben der Outplacementberaterin sein:

- Unterstützung der Verhandlungen zwischen Geschäftsführung und Betriebsrat,

- Unterstützung bei der Gestaltung von Trennungsszenarien,

- Unterstützung bei der Zusammenstellung von Trennungspaketen,

- Internes Marketing des Trennungsszenarios,

- Unterstützung der Personalabteilung bei internem Marketing,

- Einzel-Outplacementberatung von Fach- und Führungskräften,

- Vermittlung bei schwierigen Trennungsprozessen,

- Durchführung von Workshops zur Führung von Trennungsgesprächen,

- Gruppen-Outplacementberatung für alle betrieblichen Hierarchieebenen,

- Konzeption und Implementierung eines innerbetrieblichen Outplacement Centers,

- Beratung hinsichtlich der infrastrukturellen Ausstattung – Management eines betrieblichen Outplacement Centers,

- Einzelberatung, Sprechstunden, Hotline für alle Mitarbeiter

- Schulung von Mitarbeitern für die Betreuung des Outplacement Centers,

- Supervision während des gesamten Beratungsprozesses,

- Evaluation des Beratungsprozesses.

Zielgruppen von Outplacementberatung

Damit sind die Zielgruppen heute auch nicht mehr die betroffenen Mitarbeiter allein. Zielgruppen für Outplacementberatung sind

- Geschäftsleitung, die eine Trennungsentscheidung treffen muss,

- Personalfachleute, die diese Entscheidung umsetzen und gestalten müssen,

- Betriebsratsmitglieder, die über Art und Umfang des Trennungsszenarios entscheiden müssen,

- Führungskräfte, die Trennungsentscheidungen vermitteln müssen,

- Mitarbeiter der Personalabteilung, die täglich mit der Umsetzung von Trennungsentscheidungen konfrontiert sind,

- Mitarbeiter der Personalabteilung, die den gesamten Beratungsverlauf organisieren und begleiten müssen,

- Mitarbeiter, die für interne Outplacementberatung geschult werden sollen,

- Mitarbeiter der Öffentlichkeitsarbeit, die den Prozess nach innen und außen kommunizieren müssen.

Outplacementberatung als Unterstützung im Trennungsprozess

Outplacementberaterinnen werden oft bereits in das Unternehmen gerufen, wenn Trennungen zwar beschlossen sind, aber die Konditionen der Umsetzung noch verhandelt werden. Bei der Trennung von Einzelpersonen kann die Vermittlung der Outplacementberaterin zu einer konfliktarmen Trennung führen. Sie kann Konditionen für den Aufhebungsvertrag und den Umgang mit der Trennung vorschlagen, an die beide Seiten oft nicht denken und die keine hohen Kosten verursachen, aber dem Klienten und dem Unternehmen langfristig nützen.

Als Trennungsexpertin kann sie bei größeren Trennungsszenarien bereits im Vorfeld zwischen Geschäftsleitung, Personalabteilung und Betriebsrat vermitteln und Vorschläge in das Gesamtkonzept einbringen. Bei Verhandlungen zwischen Personalabteilung und Betriebsrat kann die Outplacementberaterin unterstützen. Oft liegen dem Betriebsrat wenig Informationen über Outplacementberatung vor oder es herrschen die gängigen Vorurteile. Häufig kann die Tatsache, dass die Outplacementberaterin von der Arbeitgeberseite vorgeschlagen wird, anfangs zu einer grundsätzlichen Ablehnung führen. Die Erfahrung zeigt jedoch, dass Gespräche mit dem Betriebsrat diese Vorbehalte schnell ausräumen können.

2. Warum Outplacementberatung?

Das Erstaunen über den Einsatz von Outplacementberatung durch Unternehmen verweist auf Unkenntnis in mehrfacher Hinsicht: Zum einen wird nicht bedacht, welche materiellen und immateriellen Kosten mit einer „unfreundlichen" Trennung für das Unternehmen – und das insbesondere bei Führungskräften – verbunden sind. Zum anderen kann davon ausgegangen werden, dass aufgrund der Komplexität des Arbeitsmarktes auch kompetente und qualifizierte Führungskräfte häufig wenig darüber informiert sind, welcher Weg in eine neue Position führt. Hinzu kommt, dass heute bereits aus steuerlichen Gründen eine Outplacementberatung für den Betroffenen deutlich nützlicher sein kann als die höhere Abfindungssumme.

2.1. Die Perspektive des Unternehmens

Neben der Fürsorgepflicht des Unternehmens, die sich auch auf die Zeit der Trennung vom Unternehmen beziehen sollte, gibt es eine Reihe weiterer Gründe, die für den Einsatz dieser Beratungsleistung sprechen. Durch Outplacementberatung können materielle und immaterielle Kosten verringert werden durch

- Verringerung von Arbeitsgerichtsprozessen,

- Vermeidung interner und externe Imageverluste – Outplacementberatung als Reputation Management,

- Reduzierung von Produktivitätsverlusten durch Unruhe im Betrieb,

- Unterstützung der Personalabteilung.

Dies gilt vor allem bei betriebsbedingten Kündigungen. Wenn betriebsbedingte Kündigungen nicht möglich oder gewollt sind, kann Outplacementberatung auch eingesetzt werden, um den Mitarbeitern neue Optionen aufzuzeigen und sie auf dem Weg dahin zu unterstützen, so dass sie die Entscheidung zur Trennung selbst treffen.

Reduzierung von Arbeitsgerichtsprozesskosten

Arbeitsgerichtsprozesse sind teuer und binden Kapazitäten. Aber auch unabhängig vom Ausgang entstehen durch Arbeitsgerichtsprozesse Kosten für das Unternehmen: Der Imageverlust bei den anderen Führungskräften innerhalb des Unternehmens ebenso wie in anderen Unternehmen kann den oft über Jahre aufgebauten guten Ruf als attraktiven Arbeitgeber erheblich beeinträchtigen – selten wird anhaltender über ehemalige Arbeitgeber geredet wie bei „unfreundlichen" Trennungsprozessen.

Die Trennung von Führungskräften ist nie eine einfache Entscheidung für ein Unternehmen. Unter Kostengesichtspunkten waren Rekrutierung und Einarbeitung ein erheblicher Aufwand, der jetzt verpufft, unter atmosphärischen Gesichtspunkten bringt ein langanhaltender und unerfreulicher Trennungsprozess ein erhebliches Unruhepotenzial in den betroffenen Bereich, aber auch in das Unternehmen insgesamt. Produktivitätsverluste, Verunsicherung der Mitarbeiter und Verschlechterung des Klimas sind das Ergebnis. Ein gern vernachlässigter Aspekt ist auch, dass Trennungsentscheidungen bei Führungskräften auch persönlich nicht einfach für Vorstände oder Geschäftsführer sind. Oft sind sehr persönliche Beziehungen entstanden, die auch in den privaten Bereich hineinreichen, und die einen derart gravierenden Schritt subjektiv erschweren.[5]

Eine großzügige Unterstützung zum Einstieg in eine neue Position kann es der Geschäftsleitung erleichtern, diesen Schritt zu gehen. Als Outplacementberaterin kann ich in diesem Prozess als Mittlerin zwischen Unternehmen und Führungskraft dazu beitragen, die oft stark emotionalisierte Beziehung zu entspannen und eine Lösung herbeizuführen, die beide Seiten akzeptieren können. Ähnlich wie eine Mediatorin im Scheidungsprozess kann ich als Outplacementberaterin Wege aufzeigen, die Trennung für beide Seiten konfliktarm zu gestalten.

Reduzierung von Unruhe im Unternehmen

Die Trennung von einer Führungskraft betrifft selten die Führungskraft allein: Mitarbeiter, kooperierende Abteilungen, Kollegen auf der gleichen Hierarchieebene und zuweilen auch andere Mitglieder der oberen Führungsebene werden in diesen Prozess mit einbezogen. Die intensive Beschäftigung damit führt zu Unruhe im Unternehmen, die sich nicht förderlich auf die Produktivität auswirkt. Der Zwang zur Parteinahme kann zur Lagerbildung unter den Mitarbeitern führen. Das schlechte Licht, in dem der Arbeitgeber aus der Sicht des Betroffenen dargestellt wird, kann auch bei den verbleibenden Mitarbeitern zu Vertrauensverlusten gegenüber dem Unternehmen führen. Wenn heute wieder mehr darüber nachgedacht wird, wie bei qualifizierten Fach- und Führungskräften eine Bindung an das Unternehmen erreicht werden kann, wird die Frage des Umgangs mit Führungskräften in der Trennungssituation sicher besonders aufmerksam beobachtet werden.

Die produktivitätsreduzierende Unruhe ist besonders hoch, wenn ganze Abteilungen oder Betriebsteile betroffen sind. Die Mitarbeiter sind vorwiegend damit beschäftigt, über die drohenden Kündigungen zu diskutieren. Der Rückzug in die innere Kündigung ebenso wie Misstrauen und Konkurrenz unter Mitarbeitern, bei denen das Gespenst der Entlassung umgeht, nehmen erheblich zu. Die Offenheit gegenüber Vorgesetzten und Kollegen nimmt ab – je weniger Klarheit über den Trennungsprozess insgesamt und die

---

[5] Das ist übrigens auch ein Grund, warum sie oft unzulässig lange hinausgezögert werden – zum Schaden vieler Führungskräfte und des Unternehmens.

sozialverträgliche Abwicklung im besonderen vorherrscht, desto mehr leidet die Produktivität. Die Erfahrung zeigt auch, dass in Zeiten eines drohenden Personalabbaus als erste die Mitarbeiter gehen, deren Verbleib aus Unternehmenssicht wünschenswert gewesen wäre. Je früher eine psychologische und praktische Unterstützung in Form von Outplacementberatung sowohl für Führungskräfte als auch für tarifliche Mitarbeiter angeboten wird, desto geringer wird der immaterielle Schaden für das Unternehmen sein.

Unterstützung der Personalabteilung

Die Personalabteilung steht in Zeiten der Personalanpassung oft im Kreuzfeuer unterschiedlicher Interessen. Die Geschäftsleitung verlangt schnelle und erfolgreiche Konzepte, der Betriebsrat will sozialverträgliche Lösungen, die Führungskräfte der Fachabteilungen verlangen, dass die beschlossenen Maßnahmen die Aufgabenerledigung nicht beeinträchtigen. Von den Mitarbeitern werden sie häufig verantwortlich gemacht, dass sie die unpopulären Entscheidungen verkünden und ausführen müssen. In dieser Situation können Outplacementberaterinnen die Personalabteilung unterstützen und zumindest von einem Teilbereich der anstehenden Aufgaben zeitweilig entlasten.

Outplacementberatung als Reputation Management

Auch unternehmensextern können die von der Trennung betroffenen Mitarbeiter dem Unternehmen schaden. Gerade Führungskräfte haben viele Möglichkeiten, bei Geschäftspartnern, Kunden, Lieferanten, in Verbänden, im Bekanntenkreis und vor allem im nächsten Unternehmen das Image ihres ehemaligen Unternehmens nachhaltig zu beschädigen. Der Ruf des Unternehmens als guter Arbeitgeber kann ebenso leiden wie die Reputation bei Kunden und anderen Geschäftspartnern.

Die Entscheidung für einen umfangreichen Personalabbau wird das Image des Unternehmens auch extern nicht positiv beeinflussen. Auch hier kann durch Outplacementberatung der Schaden gemildert werden. Mit einem extern kommunizierten sozialverträglichen Abbauszenario, das für die Mitarbeiter die Folgen des Arbeitsplatzverlustes mildert, kann einem Imageverlust bei Wettbewerbern, Kreditgebern, Politikern und Arbeitnehmern deutlich entgegengewirkt werden. Um das zu erreichen, muss das Outplacementpaket begleitet werden von geeigneten Kommunikationsmaßnahmen.

2.2. Die Perspektive der Mitarbeiter

Bei Mitarbeitern aller Hierarchieebenen findet Outplacement eine hohe Akzeptanz. Wenn Führungskräfte überzeugt wurden, dass die Notwendigkeit einer Outplacementberatung kein Zeichen für persönliche Unfähigkeit ist, sondern eine Unterstützung, wie sie auch durch einen Coach in Führungsfragen oder einen Personal-Trainer angeboten wird, empfinden sie diese Beratung als wohltuend und hilfreich. Mitarbeiter anderer

Hierarchieebenen sind einerseits überrascht, dass ihnen das Unternehmen in der Kündigungssituation eine zusätzliche Wohltat erweisen will[6], andererseits sind sie skeptisch in bezug auf die Nützlichkeit dieser Beratungsform. Nach den ersten Beratungseinheiten wird die Beratung äußerst positiv angenommen. Für beide Gruppen kann Outplacementberatung vorteilhaft sein. Sie kann

- die Trennungskonditionen mitgestalten,

- Unterstützung in der Trennungssituation anbieten,

- den Weg in eine neue Position erleichtern,

- informelle Lernprozesse initiieren.

Trennungskonditionen mitgestalten

Aufgrund meiner Erfahrung gelingt es mir oft bei Einzelklienten, beide Seiten auf wichtige Zusatzbedingungen im Aufhebungsvertrag oder bei der Gesamtgestaltung der Trennungskonditionen hinzuweisen, die von dem Unternehmen problemlos akzeptiert werden, aber für den Klienten wichtig sein können. Hinzu kommt, dass die Führungskraft oft eher bereit ist, mir die für ihn wichtigen Konditionen mitzuteilen, was er dem Unternehmen gegenüber in einem frühen Stadium der Verhandlungen nicht immer zu erkennen geben möchte. Oft sind es nicht nur die materiellen Bedingungen, die letztlich den Ausschlag für eine Entscheidung geben. Faktoren, die dazu beitragen, dass der Klient im privaten und geschäftlichen Umfeld sein Gesicht wahren kann, können ebenso wichtig sein. Gemeinsam mit dem Unternehmen kann ich dazu beitragen, dass es frühzeitig zu einer einvernehmlichen Regelung kommt.[7]

Bei großen Abbaumaßnahmen kann ich als Outplacementberaterin dazu beitragen, dass ein Konzept entwickelt wird, in dem die Situation und die Bedürfnisse unterschiedlicher Mitarbeitergruppen berücksichtigt wird. Da in Unternehmen große Abbauprozesse oft nur einmalig stattfinden, existiert oft wenig Erfahrung dazu in der Personalabteilung.

Unterstützung in der Trennungssituation

Für alle Mitarbeiter ist es hilfreich, in dieser emotional aufgeladenen Situation Unterstützung zu haben. Vorwiegend bei Führungskräften werde ich dazu aufgefordert, den Trennungsprozess von Anfang an zu begleiten und beide Seiten dabei zu unterstützen, die Situation emotionsfreier zu sehen. Ich kann als neutrale Mittlerin das Gespräch zwi-

---

[6] Manche Mitarbeiter bleiben allerdings lange skeptisch, inwieweit wir nicht eine „Kopfprämie" für jeden Mitarbeiter erhalten, der von uns zu einem Aufhebungsvertrag „gedrängt" wird.

[7] Als Outplacementberaterin gebe ich niemals rechtlichen Rat; selbstverständlich sollte der Klient diesen immer bei einem Experten einholen.

schen Unternehmen und Führungskraft wieder in Gang bringen, die Verhandlungsbereitschaft beider Seiten positiv beeinflussen und Vorschläge machen, wie in einer schlechten Situation eine möglichst gute Lösung für die Führungskraft gefunden werden kann.

Es ist nicht die Aufgabe der Outplacementberaterin, die Führungskraft dazu zu bewegen, den Aufhebungsvertrag zu unterschreiben. Als Outplacementberaterin handele ich im Auftrag des Unternehmens und im Interesse des Klienten und muss mir des sich daraus oftmals ergebenden Balanceaktes bewusst sein. Aber ich kann dem Klienten die positiven Aspekte einer Trennung vor Augen halten aufgrund meiner festen Überzeugung, dass in vielen Fällen eine faire Trennung vom Unternehmen für die Führungskraft auf längere Sicht die bessere Lösung sein kann. Und dies aufgrund der Tatsache, dass die Trennungsentscheidung häufig als das Ende einer langen Kette von Versetzungen, unklaren Ressortzuteilungen oder Herabstufungen gesehen werden muss, die ohnehin nicht zum Selbstbewusstsein und einer guten Arbeitsleistung der Führungskraft beigetragen hat.

Für Mitarbeiter anderer Hierarchieebenen kann aus Kostengründen selten ebensoviel Zeit für Outplacementberatung vorgesehen werden. Aber ich konnte in der langen Zeit, in der ich Unternehmen bei Abbauprozessen unterstützt habe, feststellen, dass auch hier professionelle Unterstützung den Mitarbeitern hilft und in der Zeit der Trennungsentscheidung dazu beitragen kann, Unruhe im Betrieb zu reduzieren.[8]

Unterstützung bei der beruflichen Neuorientierung

Die wichtigste Unterstützung für alle Mitarbeiter und traditionelle Aufgabe der Outplacementberatung ist die Hilfe auf dem Weg in eine neue Position. Diese sollte so schnell wie möglich einsetzen, um nach dem Verlassen des Unternehmens ein Abgleiten in die Isolation zu verhindern. Bei Führungskräften, die bereits freigestellt sind, sollte unmittelbar nach dieser Entscheidung eine intensive Beratung beginnen, die dem Klienten Struktur gibt und ihm schnell dazu verhilft, erste Erfolge zu sehen.

Bei umfangreichen Abbaumaßnahmen sollte man so schnell wie möglich mit Maßnahmen zur Unterstützung bei der beruflichen Neuorientierung beginnen, vor allem, wenn Mitarbeiter ohne betriebsbedingte Kündigungen über finanzielle Anreize[9] für einen Aufhebungsvertrag gewonnen werden sollen.

---

[8] Bei knappen Ressourcen kann bereits eine Sprechstunde mit Outplacementberatern unmittelbar nach Verkündung der Trennungsentscheidung hilfreich sein.

[9] Sprintprämien, Abfindungen etc.

Unterstützung informeller Lernprozesse

Eine stark unterschätzte Funktion von Outplacementberatung ist die Möglichkeit des informellen Lernens in einem geschützten Rahmen, in dem der Leistungsdruck, die nicht immer wohlwollende Beobachtung durch Vorgesetzte, Kollegen und Mitarbeiter wegfällt. Stattdessen steht ein wohlwollender und professioneller Coach zeitlich unbegrenzt zur Verfügung, um auf Defizite hinzuweisen, Stärken besonders hervorzuheben, Korrekturmöglichkeiten aufzuweisen und den Lernerfolg objektiv einzuschätzen. Führungskräfte beginnen häufig erst im Verlauf der Outplacementberatung zu verstehen, welche Fehler sie vorher gemacht haben.

Ein Problem für Führungskräfte ist es häufig, dass ihnen selten offen die Gründe für die Trennungsentscheidung mitgeteilt wurden, schon gar nicht, wenn es sich um leistungs- oder persönlichkeitsbezogene Gründe handelt. Das ist bedauerlich, weil ihnen damit Lernmöglichkeiten vorenthalten werden. Im Lauf der Beratung werden mir als Outplacementberaterin neben den Stärken schnell auch die Schwächen des Klienten deutlich, die sich auch in der Umsetzung seiner Kampagne niederschlagen. Oft sind die Schwächen, die der Realisierung der eigenen Bewerbungskampagne im Weg stehen, auch Schwächen, die den Erfolg im Berufsleben beeinträchtigt haben und damit vielleicht auch zur Trennung vom Unternehmen beigetragen haben. Daran kann in der Beratung gearbeitet werden, und alle Klienten empfinden gerade diese Möglichkeit als sehr hilfreich.

Dieser Effekt der Outplacementberatung tritt vor allem bei einer längerfristigen Beratung für Führungskräfte ein. Selten haben Führungskräfte im Berufsleben die Möglichkeit, jeden ihrer Schritte mit einem Coach zu besprechen, Erfolge und Misserfolge zu analysieren und alternative Handlungs- oder Verhaltensstrategien zu erproben. Jetzt können sie in einem Kontext Verhaltenskorrekturen üben, in dem Misserfolge sich weniger gravierend auswirken, als es im beruflichen Zusammenhang der Fall ist, und in dem ein kritisches und direktes Feedback zum Instrumentarium der Outplacementberatung gehört. Das ist besonders wichtig vor dem Hintergrund, dass wir nicht nur aus der Outplacementberatung, sondern auch aus der Führungskräfteentwicklung, aus Coachingprozessen und aus Vorgesetztenbeurteilungen wissen, dass ein offenes und direktes Feedback noch nicht immer zum Alltag in Unternehmen gehört.

2.3. Die Perspektive des Betriebsrates

Wenn Betriebsräte erstmalig von Outplacementberatung hören, stoße ich eher auf eine gewisse Skepsis und das insbesondere, wenn der Kontakt zu mir von der Geschäftsleitung initiiert wurde. Generell hat lange die Auffassung geherrscht, dass nicht Maßnahmen im Vordergrund stehen sollten, die den Kollegen bei der beruflichen Neuorientierung helfen sollten, sondern ausschließlich Maßnahmen, die den Verbleib der Kollegen im Betrieb sichern sollten. Auch ging die Arbeitnehmervertretung oft davon aus, dass es sich bei diesem Instrument um eine Maßnahme ausschließlich für Führungskräfte handelt, die für Kollegen anderer Hierarchieebenen keine Vorteile bringe. Nach meiner Erfahrung hilft immer ein ausführliches Gespräch, um die Skepsis und die Vorbehalte auszuräumen. Ich habe von Betriebsräten immer die größte Unterstützung bei der Durchführung von Outplacementprojekten erfahren. Oft werde ich inzwischen von der Geschäftsleitung gebeten, möglichst rasch ein Outplacementkonzept vorzulegen, weil der Betriebsrat darauf bestanden habe, dieses Angebot in das Trennungspaket aufzunehmen.

3. Einzel-Outplacement für Fach- und Führungskräfte

Der Beginn einer langen Beziehung

Herr Kramer sitzt vor mir und fühlt sich sichtbar unwohl. Vor einigen Tagen rief er an, um einen Termin zu bekommen, weil, wie er betont, sein Vorstand ihn darum gebeten hat. Er erklärt mir nun, dass er ein äußerst unerfreuliches Gespräch mit seinem Vorgesetzten hatte, in dem dieser ihm mitgeteilt hätte, dass es seine Aufgabe in dieser Form nach einer Umstrukturierung im Unternehmen nicht mehr geben würde und von daher auch sein Arbeitsvertrag nicht mehr aufrechterhalten bleiben könne. Herr Kramer hält das für völlig abwegig. Er teilt die Auffassung über eine schlankere Organisationsform in seinem Bereich in keiner Weise und hält die Begründung des Vorstands für vorgeschoben. Ihm ist schon länger aufgefallen, dass er etwas in Ungnade gefallen ist – völlig zu Unrecht übrigens, weil seine Leistungen gerade im letzten Jahr ganz hervorragend waren, was ihm auch in diesem Gespräch vom Vorstand bestätigt wurde. Herr Kramer ist der festen Überzeugung, dass dahinter der neue Abteilungsleiter steckt, der mit der festen Absicht vor zwei Jahren angetreten sei, ihn zu beerben und seither jede Möglichkeit genutzt hat, seine Vorschläge zu unterlaufen.

Selbst wenn die Umstrukturierung greifen sollte, gibt es überhaupt keinen Anlass, seinen Arbeitsvertrag zu beenden. Er sei schließlich Realist und hänge nicht an Statusdingen. Er sei auch bereit, in einer veränderten Form weiterzuarbeiten, auf die Hierarchieebene komme es ihm nicht an. Er hänge an seiner Arbeit und am Unternehmen, schließlich sei er seit zwanzig Jahren dort. Natürlich müsse er auch an seine Familie denken. Seine Frau habe sich um die Kinder gekümmert und habe vor langer Zeit ihren Beruf aufgegeben, sein Sohn habe noch zwei Jahre bis zum Abitur und seine Tochter verbringe gerade ein Jahr in New York als Au Pair und wolle dann studieren. Das müsse alles finanziert werden. Und das Haus sei auch noch nicht vollständig abbezahlt.

Er sei keineswegs bereit, sich das bieten zu lassen, er habe einen Freund, der Arbeitsrechtler sei und mit dem habe er sich bereits verabredet. Auch im Konzern habe er Freunde, kampflos werde er das Feld nicht räumen. Nach zwanzig Jahren Identifikation und harter Arbeit für das Unternehmen lasse er sich nicht einfach hinausdrängen.

Und was unser Gespräch betreffe, wüsste er, dass ich so eine Art Personalberaterin sei. Wie denn so die Chancen für 54-jährige Controllingexperten stünden, die auch internationale Erfahrung hätten? Ob ich denn da Angebote hätte? Also, so ein Bewerbungstraining, das Outplacementberaterinnen wohl machten, das brauche er nicht. Mit 18jähriger Führungserfahrung und vielen selbst geführten Einstellungsgesprächen habe er das wirklich nicht nötig. Ohne jetzt meine Dienstleistung schlecht machen zu wollen, das sei doch wohl etwas für ältere Führungskräfte, die sich nicht mehr zu helfen wüssten. Er habe auch ganz hervorragende Kontakte zu Personalberatern, da sei also seinerseits kein Bedarf.

Aber er habe dem Vorstand zugesagt, das Gespräch zu führen und was er zusage, halte er auch. Übrigens solle wohl mein Honorar von einer möglichen Abfindungssumme abgezogen werden? Darauf würde er sich keinesfalls einlassen. Wenn es tatsächlich zu einer Trennung käme, könne er sich sicher selbst helfen, bei den vielen Kontakten, die er habe.

Vertrauen gewinnen

Bei diesem ersten Kontakt mit meinem Klienten muss ich als Outplacementberaterin vorsichtig agieren. Meine Information seitens des Unternehmens aus den vorausgegangenen Gesprächen ist eine andere: Herr Kramer muss definitiv gehen. Aus inhaltlichen, organisatorischen und persönlichen Gründen möchte das Unternehmen nicht mehr weiter mit ihm arbeiten und eine möglichst konfliktarme Form der Trennung in beiderseitigem Einverständnis finden.

Hier hilft erst einmal eine Situationsklärung. Ich versichere Herrn Kramer, dass ich nicht die Absicht habe, ihn zur Trennung zu nötigen oder ihm ein Bewerbungstraining zu verkaufen, ebenso wie ich keine Personalberaterin sei. Ich bestärke ihn darin, das Gespräch mit einem Arbeitsrechtler zu führen, weil Sicherheit über die eigene Rechtsposition Klarheit in die Verhandlungssituation bringe. Ich bitte ihn, noch einmal genau zu beschreiben, wie denn zurzeit die Situation sei. Wie genau das Gespräch gelaufen sei und was das Unternehmen ihm angeboten habe. Meine genauen Fragen während seiner Erzählung bringen ihn dazu, seine Situation besser zu verstehen. Bereits die Frage, inwieweit das Unternehmen die Möglichkeit habe – oder nicht –, sich von ihm zu trennen, bringt ihn etwas von seiner Verärgerung auf den Boden der Tatsachen zurück. Wenn die Möglichkeit besteht, sich zu trennen, dann empfehle ich, die Konzentration auf einen möglichst vorteilhaften Aufhebungsvertrag zu lenken. Bestünde diese Tatsache nicht, dann müsse er sich überlegen, inwieweit er diese Situation „aussitzen" könne. Das Unternehmen habe die Möglichkeit, nicht (mehr) erwünschte Mitarbeiter, vor allem Führungskräfte, von Informationen gezielt auszuschließen, ihm interessante Projekte vorzuenthalten und ihn innerhalb des Unternehmens abzuschieben.[10] Wenn er das nicht wolle, dann sei die Überlegung, nach einer für ihn gut abgefederten Trennung, zu der auch eine Outplacementberatung gehören könne, doch nicht völlig auszuschließen.

Bei Interesse erkläre ich Inhalte und Ablauf einer Outplacementberatung und rate ihm, was er in der jetzigen Situation bereits für sich tun könne. Und vor allem, was er nicht tun solle: Mit Kampfstimmung durch das Unternehmen zu laufen, Verbündete auf hoher Ebene intern und extern zu suchen und damit die bislang trotz der Trennungsabsicht oft noch wohlwollende Stimmung ihm gegenüber zu zerstören.

---

[10] Eine Zeitlang war in solchen Fällen der Titel „Leiter Task Force Umzug Bonn – Berlin" nicht ungewöhnlich.

In den meisten Fällen sieht so der erste Kontakt mit dem Klienten aus. Oft schließen sich daran mehrere Telefonate und Termine, in denen ich um Rat gefragt werde, sowohl vom Klienten als auch vom Unternehmen. Oft kann ich noch Ideen zur Gestaltung des Aufhebungsvertrages beitragen, an die der Klient selbst nicht gedacht hat oder von denen das Unternehmen nicht weiß, dass sie für den Klienten durchaus wichtig sein können. Oft entsteht bereits vor der eigentlichen Beratung ein Vertrauensverhältnis zwischen mir und dem Klienten.

3.1. Die zehn Bausteine der Outplacementberatung

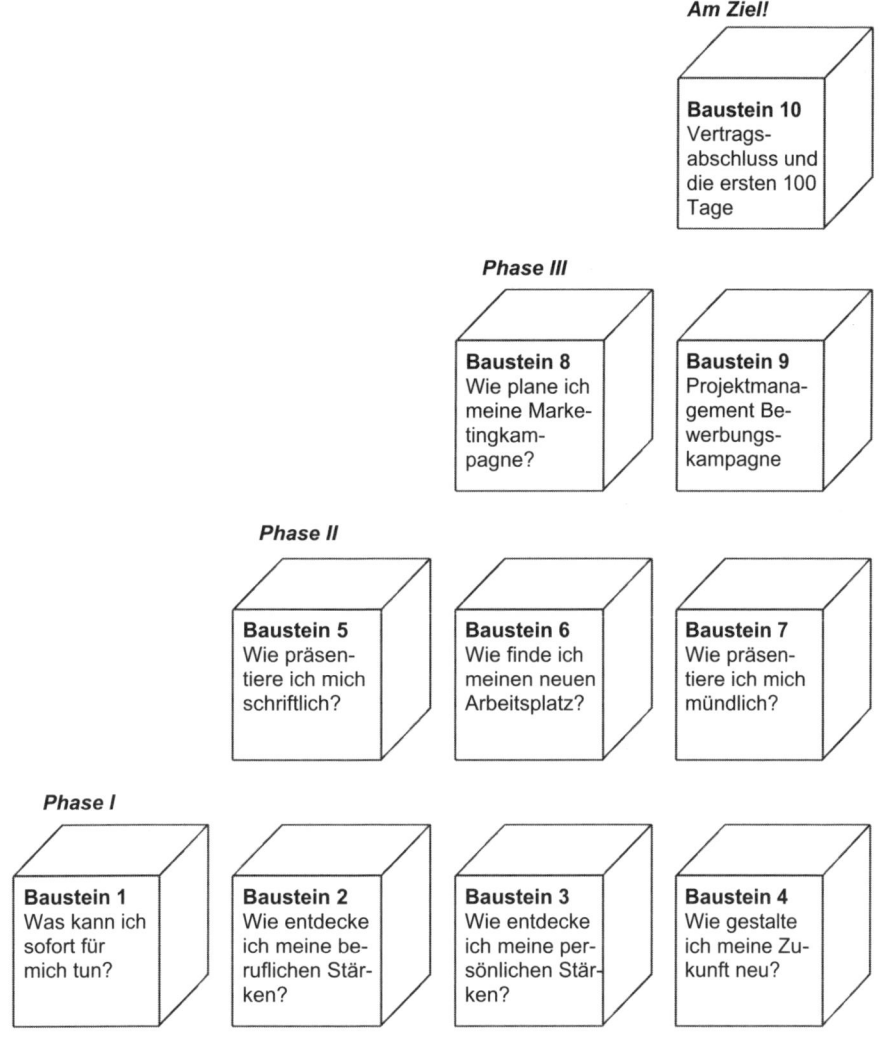

- Finanzplanung
- Familie einbeziehen
- Sprachregelung
- Bewerbungsunterlagen vorbereiten
- Abschied und Referenzen
- Zeitstruktur einführen

Baustein 1 Was kann ich sofort für mich tun?

Herr Kramer sitzt zu seiner ersten Beratungsstunde vor mir. Er hat sich zwar inzwischen mit der Trennung abgefunden, hat sie aber emotional noch nicht verarbeitet. Er kann immer noch nicht verstehen, wie wenig Solidarität er nach so langer Zugehörigkeit zum Unternehmen von der Führungsspitze erfahren hat. Er erzählt mir, wie wenig korrekt sich der neue Abteilungsleiter, den er ins Unternehmen geholt habe, sich ihm gegenüber bei der Verabschiedung verhalten habe. Ihm gehe durch den Kopf, ob er sich in der Vergangenheit weniger um die Arbeitsinhalte als mehr um die Beziehungsgestaltung im Unternehmen hätte kümmern müssen. Das habe ihm übrigens seine Frau immer gesagt. Die sei jetzt doch sehr niedergeschlagen und frage sich, wie es weitergehen solle und ob sie das große Haus würden aufrechterhalten können. Auch die Kinder seien jetzt schon ganz niedergedrückt, würden aber nicht darüber sprechen. Ihm selbst gehe vor allem durch den Kopf, wie er diese Nachricht den Verwandten und auch engen Freunden beibringen könne. Er könne schon gar nicht mehr schlafen. Er wüsste auch gar nicht, ob man mit 54 Jahren noch etwas finden würde und ob meine Beratung überhaupt etwas bewirken könne.

Die Perspektive der Beraterin

Zunächst muss der Klient diese Sorgen aussprechen können. Aber die Beschäftigung mit der Vergangenheit, mit den auf die Zukunft projizierten Sorgen oder auch mit den in dieser Situation häufig einsetzenden Selbstzweifeln blockiert aktives Handeln. Die aktuelle Situation erscheint unüberwindlich und die Hoffnung auf eine Position schwankt täglich zwischen der unrealistischen Erwartung, bereits einen Monat später einen neuen Arbeitsplatz gefunden zu haben und der deprimierenden Vorstellung, nie wieder eine berufliche Chance zu haben. Ich habe immer wieder festgestellt, dass es den Klienten äußerst schwer fällt, einen ersten sinnvollen Schritt zu tun. Wenn nicht die Vergangenheit das Hauptthema ist, wird über mögliche Vorgehensweisen bei der Arbeitssuche geredet, werden unterschiedliche neue Zielsetzungen von allen Seiten beleuchtet und unendlich viele Menschen danach befragt, was sie von dieser oder jener beruflichen Option halten. Aber es kommt zu wenig wirklichen Aktivitäten, die sie ihrem Ziel, einen neuen Arbeitsplatz zu bekommen, näher bringen können.

In dieser Situation ist es meine Aufgabe, die Konzentration von diesen beiden Themen auf die Zukunft zu lenken. In dieser von Unsicherheit und Zukunftsängsten geprägten und für den Klienten diffusen Situation wird durch erste praktische Schritte Struktur eingeführt. Der Klient muss sich zunächst um das Naheliegende kümmern:

- Was kann er sofort für sich tun?

- Was hat er noch vom Unternehmen zu erwarten?

- Muss er sich finanziell einschränken?

- Sehr wichtig: Wie sagt er es seinen Angehörigen oder wie geht er mit den Sorgen der Angehörigen um?

- Wie geht er mit diesem Thema gegenüber Freunden oder Geschäftskontakten um?

- Wie kann er seine Bewerbungskampagne vorbereiten?

- Wie strukturiert er seine Zeit in den kommenden Monaten?

Es zeigt sich immer wieder, dass allein die Beschäftigung mit praktischen Dingen das Übermaß der Konzentration auf die Vergangenheit und auch die Existenzängste reduzieren hilft. Die Tage haben wieder eine Zeitstruktur, der Klient hat Aufgaben und damit weniger Zeit, über Dinge nachzugrübeln, die weder zu ändern sind noch weiterbringen in Richtung auf einen neuen Arbeitsplatz. Der Klient verbringt nicht die Tage allein oder mit den Kindern zu Hause, sondern muss das Haus verlassen, muss wieder Kontakte zu Menschen aufnehmen, die in der ersten Zeit der Arbeitsplatzsuche eher gemieden werden.

Gleichzeitig wird mit dieser pragmatischen Vorgehensweise die abstrakte Zielsetzung „Ich brauche einen neuen Arbeitsplatz" in konkrete Einzelschritte zerlegt. Das Ziel der nächsten Tage oder Wochen ist nicht der neue Arbeitsplatz, sondern die Klärung der finanziellen Situation, das Zeugnis des Arbeitgebers oder die Erstellung aktueller Bewerbungsunterlagen. Damit wird die Bewältigung kleinerer Projektabschnitte als Erfolg erlebt, die den Klienten seinem Fernziel näher bringen können. Und in dieser Phase des geschwundenen Selbstbewusstseins sind auch kleinere Erfolge oder auch nur das Gefühl, wieder aktiv geworden zu sein, wichtig für die Klienten.

Die finanzielle Situation klären

Da die existenziellen Sorgen die Klienten besonders belasten, empfiehlt es sich, gleich zu Beginn die finanzielle Situation zu klären. Man könnte davon ausgehen, dass dieser Hinweis nicht von der Beraterin kommen müsste. Es zeigt sich aber immer wieder, dass zu Beginn der Trennung vom Unternehmen die Klienten so beschäftigt sind mit der emotionalen Verarbeitung ihrer Situation, dass naheliegende praktische Dinge übersehen werden. Es ist übrigens erstaunlich, dass Führungskräfte, zu deren beruflichem Alltag der tägliche Umgang mit Finanzen gehört, nicht immer einen vollständigen Überblick über ihre privaten Finanzen zu haben scheinen. Dabei ist die Klärung, wie lange ohne Veränderung des Lebensstandards die persönliche Situation beibehalten werden kann, nicht nur für die Klienten selbst, sondern auch für die Partner eine wichtige Entlastung – insbesondere wenn sie nicht berufstätig und die Kinder noch in der Ausbildung sind.

Der Überblick über die finanziellen Ressourcen sollte für die Klienten und ihre Angehörigen schonungslos und lückenlos sein – auch die Notwendigkeit, eventuell von Arbeitslosenunterstützung leben zu müssen, darf nicht ausgeblendet werden. Klienten neigen dazu, diese Möglichkeit möglichst nicht in Betracht zu ziehen, weil sie – bei längerer Freistellung – bis zu diesem fernen Zeitpunkt in jedem Fall wieder von einer neuen Position ausgehen.

Für den Klienten kann diese Klärung von einer diffusen Zukunftsangst zu einer realistischen Einschätzung des Zeitpunkts führen, an dem spätestens eine neue Position gefunden werden muss. Damit wird auch der Hintergrund für eine realistische Einschätzung der Dauer der Bewerbungskampagne geschaffen und – abhängig von den finanziellen Ressourcen – der Handlungsdruck erhöht: Muss er so schnell wie möglich eine Tätigkeit aufnehmen, auch wenn diese nicht unbedingt seinen inhaltlichen und finanziellen Wünschen entspricht oder kann er sich die Zeit nehmen, eine wirklich passende Position zu finden?

Die Angehörigen einbeziehen

Von einer Trennung ist nicht nur die Führungskraft selbst betroffen: Vor allem Lebenspartner, aber auch kleine Kinder oder Kinder in der Ausbildung leiden ebenso unter Zukunftsängsten. Für sie kann die gesamte Situation noch belastender sein, weil sie nicht einschätzen können, wie schwierig es sein wird, eine neue Position zu bekommen und vor allem auch, weil sie selbst wenig zur Veränderung beitragen können.

Ich biete Herrn Kramer an, seine Frau zu einer Sitzung mitzubringen. Im gemeinsamen Gespräch kann sie ihre Ängste äußern und durch mich über die Vorgehensweise während der Bewerbungskampagne informiert werden. Sie erfährt, welche Bedeutung diese Phase der Neuorientierung für die Führungskraft hat, wie sie dabei unterstützen kann, wie viel Zeit die Bewerbungen täglich beanspruchen werden, wie der Tagesablauf geregelt wird, wenn er nicht mehr vom Unternehmen vorstrukturiert wird. Ich zeige Verständnis für ihre Sorgen, mache ihr aber deutlich, dass auch sie in der besten Absicht den Klienten nicht zu mehr Aktivität drängen sollte, wenn sie nicht das ohnehin eingeschränkte Selbstbewusstsein weiter reduzieren wolle. Auch das Gegenteil ist nicht förderlich: Die berufliche Neuorientierung muss als Vollzeitarbeit der Klienten gewertet werden; seine Freistellung vom Unternehmen darf nicht dazu führen, dass er mehr als vorher in die Erledigung häuslicher Pflichten eingebunden wird.[11] Für mich als Berate-

---

[11] Er hat ja schließlich jetzt nichts zu tun!

rin hat das Kennenlernen der Lebenspartner einen Vorteil. Ich kann einschätzen, wie viel Unterstützung der Klient zu Hause erwarten kann, wie viel Stabilität oder Instabilität aufgrund der häuslichen Situation zu erwarten ist.

Eine Sprachregelung finden

Besonders stark leiden Klienten darunter, ihre Situation Außenstehenden, Verwandten, Bekannten, Nachbarn oder Geschäftspartnern erklären zu müssen. Gleich zu Beginn der Beratung sollte daher eine gesichtswahrende Begründung für die Trennung vom Unternehmen gefunden werden. Diese Sprachregelung muss sorgfältig mit jedem einzelnen Klienten durchdacht werden; sie muss in jeder Situation anwendbar sein und auch hartnäckigem Nachfragen standhalten.

Es liegt auf der Hand, dass kein negatives Wort über das ehemalige Unternehmen gesagt werden darf, so sehr vielleicht auch das Gefühl der ungerechten Behandlung noch vorherrschen mag. Wenn möglich, wird diese Sprachregelung gemeinsam mit dem Unternehmen abgesprochen und auch offiziell im Unternehmen als Trennungsgrund genannt.[12] Diese gemeinsame Sprachregelung hilft nicht nur dem Klienten; auch für das Unternehmen und die verbleibenden Mitarbeiter ist es sinnvoll, wenn durch eine offizielle – für Unternehmen und Betroffene gesichtswahrende – Begründung Gerüchte und Spekulationen eingedämmt werden. Es hilft auch den verbleibenden Mitarbeitern, wenn sie Geschäftspartnern gegenüber ohne Unsicherheiten begründen können, warum der Klient nicht mehr im Unternehmen ist.

Es geht nicht darum, mit der Sprachregelung die wahren Hintergründe der Trennung zu verschleiern. Es geht darum, eine gesichtswahrende Begründung zu finden, die dem Betroffenen eine unbelastete Kontaktaufnahme mit seiner Umgebung und den Adressaten eine unbelastete Reaktion darauf ermöglicht. Die Erfahrung zeigt, dass vor allem bei Führungskräften der Trennungswunsch des Unternehmens neben Existenzängsten auch starke Selbstzweifel auslöst und als starke Kränkung empfunden wird. Beide möglichen Reaktionen auf diese Gefühle – totaler Rückzug oder auch das Bedürfnis, sich aller Welt gegenüber zu rechtfertigen – häufig durch Kritik an der Leitung des Unternehmens –, sind kontraproduktiv. In beiden Fällen werden Kontakte verhindert: Es ist eine traurige Erkenntnis, dass nur wenig Menschen aus Eigeninitiative den Kontakt zu uns aufnehmen, wenn wir uns aufgrund eines Unglücks oder Missgeschicks zurückziehen. Und niemand ist an Rechtfertigungen interessiert; im Gegenteil, sie lösen oft Unbehagen bei den Adressaten aus. Mit der Sprachregelung fällt es den Klienten erfahrungsgemäß sehr viel leichter, alte Kontakte wieder aufzunehmen oder neue anzuknüpfen.

Für die Sprachregelung gilt immer, soweit wie möglich bei der Wahrheit zu bleiben, sie aber öffentlichkeitsfähig und gesichtswahrend darzustellen. Dabei empfehle ich immer,

---

[12] Leider ist es häufig Praxis in Unternehmen, dass keine offizielle Begründung oder Stellungnahme zu der Trennung von Führungskräften abgegeben wird. Das führt intern zu Verwirrung, nährt Gerüchte und verlängert die Dauer der Unruhe, die eine Trennung von wichtigen Personen in Unternehmen mit sich bringt.

diese Sprachregelung erst im unmittelbaren Bekanntenkreis zu „üben", weil damit vergleichsweise angstfrei erprobt werden kann, wie die Umwelt auf die Trennungsinforma-
tion reagiert. Wenn der Klient die Erfahrung macht, dass zumeist weit verständnisvoller
reagiert wird, als er angenommen hat, reduziert das seine Ängste und macht ihn frei für
die selbstbewusste Aufnahme der vielen Kontakte, die für seine berufliche Neuorientierung jetzt das Wichtigste sind.

Die Bewerbungsunterlagen vorbereiten

Oft dauert es Monate, bis Klienten das ihnen zustehende Zeugnis erhalten, auch wenn
ein qualifiziertes, wohlwollendes Zeugnis Bestandteil des Aufhebungsvertrages ist. Ich
dränge darauf, so schnell wie möglich das Zeugnis zu verlangen. Da Klienten dazu neigen, in der Anfangszeit möglichst wenig Kontakt zum Unternehmen aufzunehmen, übernehme ich in Einzelfällen eine Vermittlungsposition. Je länger die Klienten
sich also Zeit lassen, desto zeitraubender kann es sein, das Zeugnis zu erhalten. Es ist
eine für viele traurige Erfahrung, dass auch Führungskräfte schnell in Vergessenheit ge-
raten, wenn sie erst einmal das Unternehmen verlassen haben.

Obwohl ich vom Grundsatz her empfehle, einen qualifizierten Lebenslauf erst zu
schreiben, wenn Kompetenzen und neue Zielposition systematisch erarbeitet wurden[13],
haben die Klienten meistens den Wunsch, schnell einen Lebenslauf zu erstellen, um sofort auf interessante Stellenanzeigen oder Kontaktangebote reagieren zu können. Im
Verlauf der Beratung und mit Zunahme der Erfahrung bei der Bewerbung werden die
Lebensläufe noch ohnehin häufig verändert werden: Lebensläufe sind als „work in pro-
gress" zu verstehen und müssen bei jeder neuen Bewerbung auf die Position hin angepasst werden.

Das Kontaktnetz aufbauen

Mit einer anderen Strategie kann der Klient unmittelbar beginnen. Er kann seine persönlichen Kontakte nutzen, bestehende auffrischen und neue vorbereiten.[14] Dieser Rat entspricht übrigens nicht immer den Wünschen der Klienten. Oft ist jetzt der Wunsch nach
Rückzug groß. Immer wieder muss ich den Klienten überzeugen, dass der Kontakt zu
vielen Menschen nicht nur langfristig zu einer neuen Position führt, sondern auch durch
anregende und nette Gespräche zu neuen Ideen und, sehr wichtig in dieser Lage, zu einer deutlich besseren Stimmung. Ich muss ihn dabei auch (leider) immer wieder darauf
hinweisen, dass nicht nur gute Ideen und eine gute Beraterin zum Erfolg führen, sondern tägliche Disziplin und Beharrlichkeit. Die aktive Anwendung der Kontaktnetzstrategie ist eine wesentliche Voraussetzung für Erfolg bei der beruflichen Neuorientierung,
verlangt aber tägliche Überwindung und Hartnäckigkeit.

---

[13] Vgl. Baustein 2, S. 43 ff., 3, S. 50 ff., 4, S. 55 ff.

[14] Vgl. Baustein 6, S. 71 ff.

Übrigens reagieren Menschen sehr unterschiedlich auf diesen Vorschlag. Stark introvertierte Menschen haben eher Hemmungen, zum Hörer zu greifen und „fremde" Menschen anzurufen. Dazu gehören häufig Naturwissenschaftler, Informatiker, Ingenieure, Fachleute aus den Bereichen Finanzen und Controlling. Ihnen hilft es, wenn man eine gute Fragestrategie mit ihnen erarbeitet, die auch gemeinsam erprobt wird. Wenn durch gute Vorbereitung und Übung bei dieser Klientengruppe diese Hürde überwunden ist, gehen sie mit großer Zielstrebigkeit und Beharrlichkeit vor.

Klienten aus den Neuen Bundesländern erscheint diese – in der Tat sehr amerikanische – Vorgehensweise als aufdringlich. Sie sehen darin die typische Verhaltensweise von Westdeutschen, die schon von klein auf gelernt haben, sich zu präsentieren, um nach außen Eindruck zu machen. Da sie sich selbst als bescheiden und unaufdringlich sehen, ist ihnen die von mir vorgeschlagene Vorgehensweise unangenehm. Auch hier hilft Vorbereitung und Übung; aber viel wesentlicher ist es, sie davon zu überzeugen, dass diese Vorgehensweise nicht unbedingt vom Adressaten als aufdringlich empfunden werden muss. Da sie selbst auch gerne bereit sind, andere mit Rat zu unterstützen, können sie dieses auch von anderen verlangen. Eine weitere Gruppe, die sich mit einer aktiven Kontaktnetzstrategie anfangs schwer tut, sind Frauen. Obwohl Frauen der herrschenden Meinung nach über sehr viel höhere kommunikative Kompetenzen verfügen als Männer, haben sie allem Anschein nach leider Hemmungen, diese nutzbringend für ihre Bewerbungskampagne einzusetzen.

Wie kann in dieser Anfangssituation betriebsintern vorgegangen werden?

Die Klienten können sich vom Unternehmen, den Kollegen und Geschäftspartnern verabschieden. Klienten, vor allem Führungskräfte, neigen in dieser Situation dazu, aus dem Unternehmen zu „verschwinden". Das ist nicht gut für sie: Es hinterlässt bei ihm ein ungutes Gefühl, wenn er für Menschen, mit denen er oft jahrelang gearbeitet hat, von einem Tag auf den anderen verschwindet. Er macht es damit auch ehemaligen Kollegen oder Mitarbeitern, die ihm positiv gegenüber stehen, schwer, von sich aus den Kontakt zu suchen. Und diese Kontakte sind menschlich gut und strategisch nützlich. Es ist nicht gut für die Zurückgebliebenen, wenn sie nicht wissen, wie sie mit der Situation umgehen sollen. Es kann eine Art unausgesprochenes Schuldgefühl bei ihnen entstehen, weil es sie nicht getroffen hat, und es kann eine Art Schuldeingeständnis seitens der Führungskraft gewertet werden, wenn sie sich nicht mehr meldet. Die zurückbleibenden Mitarbeiter können Schwierigkeiten damit haben, wie sie innerhalb oder außerhalb des Unternehmens über den ehemaligen Kollegen oder Vorgesetzten sprechen.

Offizielle Verabschiedungen sind ein Ritual, das allen am Trennungsprozess Beteiligten einen gesichtswahrenden Umgang mit der Situation ermöglicht. Auch wenn es schwer fällt, muss die Initiative für dieses Abschiedsritual oft vom Hauptbetroffenen ausgehen.[15] Eine gute Möglichkeit der Verabschiedung in einem größeren Kreis ist die Teilnahme an Sommerfesten, Weihnachtsfeiern oder anderen betrieblichen Veranstaltungen, bei denen eine große Anzahl von Mitarbeitern versammelt ist. Das Gleiche gilt für die Verabschiedung von ehemaligen Geschäftspartnern. Durch eine selbstverständliche Verabschiedung wird den Geschäftspartnern die Peinlichkeit genommen, überlegen zu müssen, inwieweit dem „Trennungsopfer" ein Kontakt unangenehm sein könnte. Der positive Effekt zeigt sich immer wieder in der Überraschung und Entlastung der Klienten, die nicht erwartet haben, dass ihnen in dieser Trennungssituation durchaus von vielen Seiten Anteilnahme und Sympathie entgegengebracht wird.

Neben den emotionalen Aspekten der Verabschiedung stellen diese Kontakte nützliche Anknüpfungspunkte für die Bewerbungskampagne dar. Da in dieser Situation immer nach den künftigen beruflichen Plänen des Klienten gefragt wird, hat er hier bereits die Möglichkeit, Hinweise zu geben, zu denen dem Adressaten ein Tipp, ein weiterer Ansprechpartner oder sogar eine Vakanz einfällt.[16] Oft kommen durch diese ersten Gespräche bereits erste Kontakte zustande. In jedem Fall wird jeder Ansprechpartner auf diese Weise zu einem Multiplikator für den Klienten: Wieder eine Person mehr, die weiß, dass ein Arbeitssuchender auf dem Markt ist. Wenn eine persönliche Verabschiedung nicht möglich ist, kann ein freundlicher Abschiedsbrief oder eine Mail nützlich sein, da auf diese Weise der Adressat auch gleich die private Adresse bekommt.

Referenzen

Auch die Ansprache von potenziellen Referenzgebern ist eine gute Möglichkeit, zusätzliche Multiplikatoren zu finden. Gerade bei einer unfreiwilligen oder auch unfreundlichen Trennung vom Unternehmen kann über eine Referenz das angeschlagene Image des Klienten aufgebessert werden. Als Referenzgeber empfehlen sich aktuelle oder ehemalige Vorgesetzte, Personalleiter, Geschäftspartner, Beratungsunternehmen, mit denen kooperiert wurde, und Projektpartner. Es geht übrigens nicht darum, möglichst hochrangige Personen zu kennen, mit denen man zusammen Golf spielt. Die Referenzgeber sollten aus unterschiedlichen beruflichen Phasen und Zusammenhängen Auskunft über die Arbeit des Klienten geben können. Obwohl selten mehr als zwei bis drei Referenzen benötigt werden, kann die Frage nach Referenzen geschickt in die Kontaktnetzstrategie eingebaut werden: Wenn der Klient den Referenzgeber im Gespräch nach der Bereitschaft fragt, eine Referenz abzugeben, wird klar, dass er auf der Suche nach einer neuen Position ist. Und damit hat er auch in dem potenziellen Referenzgeber einen neuen Multiplikator gewonnen.

Auch wenn dies etwas ungewöhnlich klingt: Wenn die Bereitschaft zur Referenz vorhanden ist, sollte für den Referenzgeber ein „Sprechzettel" vorbereitet werden. Dabei

---

[15] Ich habe bereits darauf hingewiesen, dass der souveräne Umgang mit Trennungen in Unternehmen leider noch nicht zur Selbstverständlichkeit gehört.

[16] Vgl. Baustein 6, „Den Zufall wahrscheinlich machen", S. 71 ff.

geht es nicht darum, die Einschätzung des Referenzgebers zu beeinflussen. Aber nicht immer erinnert sich der Referenzgeber noch an alle Aufgaben, Zuständigkeiten und Erfolge des ehemaligen Mitarbeiters oder Kollegen. Die Einschätzung der eigenen Person wird kurz zusammengefasst nach dem Schema:

- Woher kenne ich Herrn Kramer?

- Was waren die Arbeitsaufgaben von Herrn Kramer?

- Wie hat er die Aufgaben ausgeführt?

- Was ist verbesserungswürdig?

- Wie kam es zur Trennung von Herrn Kramer?

Übrigens zuckt erfahrungsgemäß jeder Klient zusammen, wenn ich ihm rate, „verbesserungswürdige Aspekte" seiner Tätigkeit aufzuschreiben. Ich bitte ihn dann zu berücksichtigen, dass jede positive Beschreibung an Wahrheitsgehalt gewinnt, wenn auch eine gewisse Kritik deutlich wird. Der Referenzgeber erhält diesen Sprechzettel mit dem Hinweis, dass es sich nur um eine Gedächtnisstütze handele; sehr Mutige können auch – nur zur Information – noch einen Kurzlebenslauf dazulegen.

Eine Zeitstruktur festlegen – Projektmanagement Bewerbungskampagne

Herr Kramer war zu Beginn ungläubig bis überrascht, als ich ihm mitteilte, dass die Umsetzung einer Bewerbungskampagne eine Vollzeittätigkeit darstelle. Ihm war nicht klar, was er über das Studium der Stellenanzeigen hinaus für seine Neuorientierung tun kann und welcher Zeitaufwand damit verbunden ist. Das war auch einer der Gründe, warum er sich vor dem Gefühl von Sinnlosigkeit und Leere fürchtete, das nach der Freistellung beginnen würde. Der Tag würde beginnen, die Kinder oder sogar seine Frau wären aus dem Haus, drei neue Bewerbungen hätte er bereits zum Briefkasten gebracht, zwei Absagen abgeheftet und nun gäbe es nichts, was dringend getan werden müsse. Freunde, die er nun anrufen könne, hätten tagsüber keine Zeit, niemand sei da, mit dem man sich zu einem Business Lunch treffen könnte. Da für ihn der Tagesablauf bislang aus von außen vorgegebenen Terminketten bestand, belastete ihn diese Vorstellung sehr.

Um zu verhindern, dass dieses Gefühl, nicht gebraucht zu werden, zu depressiven Verstimmungen führt, oder – auch das ist möglich –, dass ein Freizeitgefühl entsteht, muss der Klient sich selbst eine Struktur geben. Als erstes wird ein straffer Zeitplan festgelegt. Sechs bis acht Stunden pro Tag für die berufliche Neuorientierung sind absolut notwendig. Selbst wenn der Klient zu Beginn der Neuorientierung noch nicht freigestellt sein sollte[17], sollte er dennoch ein bestimmtes Zeitkontingent pro Woche festlegen.

Das Festlegen und Einhalten einer Zeitstruktur hat auch weitere Vorteile: Der Klient bekommt eine realistische Einschätzung der Zeit und der Aktivitäten, die er für die Neuorientierung aufgewandt hat. Er kann einschätzen, dass es nicht nur die schwierige Situation auf dem Arbeitsmarkt ist, die bislang seinen Erfolg verhindert hat, sondern möglicherweise auch der Mangel an Aktivitäten. Nach meiner Erfahrung sprechen Arbeitsuchende sehr viel mehr über die Schwierigkeiten des Arbeitsuchens, als dass sie tatsächlich etwas unternehmen. Damit vergeht viel Zeit, ohne dass sich erste Erfolge zeigen, was wiederum die Schwierigkeit des Arbeitsuchens verdeutlicht und weiteren Gesprächsbedarf über dieses Thema mit sich bringt.

Meine Empfehlung für Herrn Kramer ist, ausschließlich in der vorab festgelegten Zeit für die berufliche Neuorientierung zu arbeiten und sich einige Abende und die Wochenenden frei zu nehmen. Wenn vier, sechs oder acht Stunden pro Tag intensiv gearbeitet wurde, werden schnell erste Erfolge sichtbar, die das Selbstbewusstsein erhöhen und Zukunftsängste verringern. Gerade in dieser nicht immer einfachen Phase muss der Klient an seine physische und psychische Gesundheit denken und sich ausreichend Zeit für Familie, Freunde, Sport oder andere Hobbys nehmen. In einer Phase, in der ein Klient für sich werben muss, sollte er selbstbewusst und ausgeglichen auftreten können, was durch Rückzug in die Familie und grüblerische Beschäftigung mit dem eigenen Schicksal selten erreicht wird.

Ergebnis Baustein 1

Bereits nach der dritten Beratungswoche ist Herrn Kramer klar, weshalb die Bewerbungskampagne zeitaufwendig werden wird. Aber damit geht es ihm gut. Er kann sich zunehmend unbefangen mit Familie, Bekannten, Geschäftspartnern und ehemaligen Kollegen über die Trennung und seine berufliche Ziele unterhalten und hat überraschend positive Erfahrungen mit den Reaktionen gemacht. Er verfügt weitgehend über die notwendigen Unterlagen für Bewerbungen und hat einen ausgearbeiteten Terminplan für die kommenden Wochen, der ihn davor bewahrt, sich zu isolieren und permanent über die Hintergründe der jetzigen Situation zu grübeln.

---

[17] Was nicht gut für ihn ist, auch wenn er das anfangs anders sieht.

Terminplan

WOCHE 1

Zeit	Montag	Dienstag	Mittwoch	Donnerstag	Freitag
09.00		Telefonat mit Personalleiter wegen Zeugnis, Festlegung Vorgehensweise	Lebenslauf, Zeugnisse, Diplome zusammensuchen	Organisation Abschiedsfeier	
10.00		Kontaktadressen zusammenstellen	Telefonate mit Freunden und Verwandten, Information über die neue Situation	Diskussion Sprachregelung mit Personalleiter; Personalleiter wird das mit Vorstand absprechen	Outplacementberatung: Abstimmung Zeugnisentwurf, Rede für Abschiedsfeier
11.00		Information über Drucker und Fax einholen	Zeugnisentwurf formulieren	Telefonate mit Referenzgebern, Eintragen der Infos in Kontaktformular Datenbank	Outplacementberatung: Vorbereitung Termin mit Personalberater, der sich selbst gemeldet hatte
12.00	Mittagessen	Mittagessen	Mittagessen	Mittagessen	Mittagessen
13.00	Outplacementberatung: Erste Schritte festlegen	Termin beim Fotografen	Outplacementberatung: Sprachregelung, Zeugnisentwurf durchsehen	Finanzplanung	Letzte Vorbereitung für Abschiedsfeier
14.00	Outplacementberatung: Abschied von der Firma, Zeugnis und Unterlagen besprechen	Termin beim Fotografen	Outplacementberatung: Einladungsliste, V, Rede besprechen	Finanzplanung	Letzte Vorbereitung für Abschiedsfeier
15.00	Kontaktadressen zusammenstellen	Unterlagen aus der Firma ordnen		Einkauf Drucker und Fax	Abschiedsfeier
16.00	Kontaktadressen zusammenstellen	Schreibtisch vorbereiten	Einladungsbrief/Mail formulieren und versenden		Abschiedsfeier
17.00			Rede für Abschiedsfeier vorbereiten		Abschiedsfeier
18.00		Sitzung mit dem Sohn, der eine Kontaktdatenbank entwerfen soll		Anschließen EDV und Faxgerät mit Sohn	
19.00	Gespräch mit der Familie	Sitzung mit dem Sohn wegen Kontaktdatenbank	Sprachregelung bei Einladung zu Freunden üben	Anschließen EDV und Faxgerät	
20.00	Gespräch mit der Familie				

WOCHE 2

Zeit	Montag	Dienstag	Mittwoch	Donnerstag	Freitag
09.00	Recherche nach alten Kontakten und	Abstimmung Zeugnis mit Personalleiter, Vorstand hat Sprachregelung akzeptiert	Letzte Korrekturen am Zeugnis, an Personalleiter mailen	Vorabtelefonate mit zwei Personalleitern wegen Stellenanzeigen	
10.00	Eingabe Kontakte in Datenbank	Vorbereitung Lebenslauf - Prototyp	Telefonate mit Referenzgebern	Anschreiben und Lebenslauf auf Telefonate abstimmen	Outplacementberatung: Plan für die nächste Woche machen, Vorgehen bei Stellenanzeigen
11.00		Vorbereitung Lebenslauf - Prototyp	Telefonat mit ehemaligem Kollegen wegen Adressen	Zwei Bewerbungen fertig machen, versenden	und Personalberatern besprechen
12.00	Mittagessen	Mittagessen	Mittagessen	Mittagessen mit Personalberater	Mittagessen
13.00	Outplacementberatung: Auswertung Abschiedskontakte, Finanzplanung und Ableitung	Gespräch mit Ehefrau über die Zukunft	Outplacementberatung: Lebenslauf, 2 aktuelle Stellenanzeigen durchsprechen	Mailen aller Unterlagen an Personalberater, er hat vielleicht ein Projekt	Zeitung lesen
14.00	und Ableitung Zeitplanung, Sprechzettel Referenzgeber	Gespräch mit Ehefrau über die Zukunft	Anschreiben - Prototyp	Sprechzettel überarbeiten, Telefonate mit Referenzgebern und Sprechzettel avisieren	Termin mit ehemalige Kollegen, der jetzt Geschäftsführer ist und der helfen will
15.00		Zeitung lesen	Fotos abholen		
16.00	Sprechzettel für 4 Referenzgeber formulieren		Lebenslauf – Prototyp fertig stellen	Spaziergang mit den Kindern	
17.00	Sprechzettel für 4 Referenzgeber formulieren, an Outplacementberaterin mailen	Tennis mit Freund aus Lyons Club	Anschreiben fertig stellen, zur Abstimmung an Outplacementberaterin mailen	Spaziergang mit den Kindern	
18.00		Tennis mit Freund aus Lions Club			Joggen mit Ehefrau
19.00					Joggen mit Ehefrau
20.00					

Baustein 2 Wie erkenne ich meine beruflichen Stärken?	• Biografisches Interview • Life Line Chart • Fachliche Kompetenzen • AHAs – Schlüsselqualifikationen	• Vorlieben und Abneigungen • Stärken und Schwächen

Herr Kramer hat in der Zwischenzeit schon Erfahrung damit gewonnen, dass es ihm nicht immer leicht fällt, anderen seine beruflichen und persönlichen Stärken zu vermitteln. Er hat auch gemerkt, dass oft nicht die Zeit ist, ausführlich zu erzählen, welche Erfolge er in den vergangenen Jahren hatte und was seine besonderen Vorzüge sind. Er ist überhaupt nicht Mann der Selbstdarstellung. Eine klar umrissene Aufgabe zu analysieren, ihre Umsetzung zu planen und zu organisieren, Anweisungen geben, ein Team von Spezialisten zu motivieren – das liegt ihm. Sich ausführlich mit sich selbst zu beschäftigen, die eigene Person anderen Menschen erklären zu müssen, permanent Kontakte zu fremden Menschen aufzunehmen, das alles liegt ihm wirklich nicht. Überhaupt will er endlich mit den Bewerbungen anfangen, um die gesamte Phase des Suchens zu verkürzen, er will endlich wieder eine neue Position haben und mit der Arbeit weitermachen.

Die Perspektive der Beraterin

Herr Kramer muss zur Geduld gezwungen werden. Es hilft, wenn ich ihm sage, dass er das Tempo vorgibt und es ausschließlich an ihm liegt, wie lange wir für diese Phase benötigen. Es hilft auch, wenn er parallel schon mit den Bewerbungen beginnt, aber i. d. R. merkt er selbst nach kurzer Zeit, dass ihm dazu das Rüstzeug fehlt.[19]

Er muss sich eine Zeit lang intensiv mit sich selbst beschäftigen, seinen Fähigkeiten, aber auch Defiziten, seinen beruflichen Erfolgen und Misserfolgen. Trotz anfänglicher Ungeduld oder Skepsis empfinden es aber die meisten Klienten als interessant, motivierend und entlastend, in einem wettbewerbsfreien Schonraum über eigene Person, berufliche Situation und Probleme reden zu können. Für mich wird an diesem Punkt immer wieder sichtbar, wie wenig Raum die Alltagsarbeit von Führungskräften für Selbstreflexion lässt und zu welchen Problemen das führen kann.

---

[19] Übrigens unterhalten wir uns hier über eine Phase von zwei bis drei Wochen intensiver Arbeit, nicht mehr.

Das biografische Interview

Wir beginnen mit einem biografischen Interview.[20] Es geht darum, den Klienten kennenzulernen und über ein strukturiertes Interview biografische Daten zu erfragen, wie Elternhaus, Jugend, Schule und Ausbildung, intellektuelle Vorlieben, Hobbys, berufliche Stationen, Mentoren, Erfolge und Misserfolge, Umgang mit Konflikten, aus denen Verhalten und Präferenzen in der aktuellen Berufssituation abgeleitet werden können. Obwohl die Klienten anfangs eher überrascht und zuweilen skeptisch auf die sehr persönlichen Fragen reagieren, führt dieses Interview bereits dazu, dass sie erkennen, welche – nicht immer nur situationsadäquaten – Verhaltensweisen sie aus ihrer Familie oder anderen Sozialisationserfahrungen übernommen haben. Es befähigt sie auch dazu, den eigenen Anteil an der Trennung vom Unternehmen objektiver zu sehen, was wichtig ist, damit der Klient sich nicht dauerhaft als Opfer sieht. Damit kann es ihnen gelingen, diesen beruflichen Misserfolg auch als Lernchance zu sehen.

Immer wieder stelle ich fest, dass nach anfänglicher Skepsis die Klienten diese intensive Beschäftigung mit sich selbst als sehr wohltuend empfinden und selbst merken, dass sie eine Reihe von Fehlern hätten vermeiden können, wenn sie bereits früher die Gelegenheit gehabt hätten, sich systematisch mit der eigenen Person zu beschäftigen. Die Tatsache, dass diese ersten Gespräche als so interessant und hilfreich empfunden werden, mag damit zusammenhängen, dass Führungskräften weder in der Ausbildung noch im Beruf viel Raum für Selbstreflexion ermöglicht wird.[21] Erfreulich ist daher, dass den Klienten zunehmend bewusst wird, dass diese Neuorientierung nicht nur negativ zu sehen ist. Sie stellen fest, welche Chance zu informellem Lernen ihnen diese Phase bietet. Im Anschluss an das Interview diskutieren wir gemeinsam, welche Erfahrungen und Verhaltensweisen für das neue berufliche Ziel und das Vermeiden von Fehlern in der Zukunft wichtig sind.

Life Line Chart

Der Klient lässt sein Leben noch einmal Revue passieren: Er dokumentiert auf einem Formblatt bestimmte politische oder andere einschneidende öffentliche Ereignisse und ordnet seine persönlichen Entwicklungsstufen dazu – Abitur, erste Liebe, Krankheiten im Elternhaus, Ausbildung, Projekte und beschreibt die entsprechenden Rahmenbedingungen. Diesen persönlichen Ereignissen ordnet er Erfolgserlebnisse, Gefühle oder Befindlichkeiten und Veränderungen in seiner Persönlichkeit zu. Gemeinsam diskutieren wir diese persönliche Rückschau und versuchen herauszufinden, in welchen Situationen er besonders erfolgreich war oder sich besonders wohl gefühlt hat. Auch hieraus ge-

---

[20] Schuler, H.; Stehle, W.: Biografische Fragebogen als Methode der Personalauswahl; Göttingen 1990

[21] Wenn man berücksichtigt, dass ein großer Anteil der Arbeit von Führungskräften im Coaching der Mitarbeiter und in der Kommunikation liegt, ist leicht zu verstehen, warum nicht immer nur positive Rückmeldungen über die Führungspraxis in Unternehmen zu hören ist.

winnt der Klient für sich Sicherheit bei der Festlegung eines beruflichen Ziels und der für ihn dazugehörigen wichtigen Erfolgsvoraussetzungen.

Berufliche Kompetenzen und Erfolge – AHAs

Während es im biografischen Interview vor allem um die Sozialisationserfahrungen der Klienten geht, erarbeiten wir über die AHAs konkrete berufliche Erfolge und leiten Schlüsselqualifikationen daraus ab. Inzwischen leuchtet allen Klienten ein, dass außerfachliche Qualifikationen wichtig sind; die Managementliteratur bietet ausreichend Artikel zu diesem Thema an. Ich habe in meiner Beratung manchmal den Eindruck, dass darüber die Bedeutung fachlicher Qualifikationen inzwischen vernachlässigt wird. Bei meinen Klienten stelle ich fest, dass sie diese Artikel auch gelesen haben. Viele sind daher in der Lage, mir gängige Schlüsselqualifikationen zu nennen, kaum einer kann mir nachvollziehbar darstellen, über welche fachlichen Qualifikationen er verfügt und welche beruflichen Erfolge er vorweisen kann. Die AHA-Übung hilft dem Klienten, sich an seine beruflichen Erfolge zu erinnern und daraus auch seine außerfachlichen Kompetenzen abzuleiten.

Herr Kramer macht hier keine Ausnahme. Befragt danach, was er in seiner Position als Leiter Controlling denn getan habe, redet er ausführlich über seine Funktion, Zuständigkeiten, die Mitarbeiterzahl. Wenn ich ihn nach konkreten Erfolgen und danach frage, wie er persönlich arbeitet, fällt es ihm schwer, meiner Bitte nachzukommen. Bei längerem Nachfragen verweist er auf die Komplexität seiner beruflichen Aufgaben, die er einfach nicht im einzelnen darstellen könne.[22] Er weiß aber auch, dass das auch gar nicht nötig ist. Jeder wisse, was ein Leiter Controlling mache. Herr Kramer hat vom Grundsatz her recht, es ist bekannt, was ein Leiter Controlling macht. Nicht bekannt ist aber, was Herrn Kramer von allen anderen Leitern Controlling unterscheidet.

Und darauf kommt es ganz wesentlich an: In einer Zeit des Arbeitskräfteüberangebots muss es dem betrieblichen Entscheider leicht gemacht werden, auf der Basis von konkreten und differenzierten Informationen über Berufserfahrung und Kompetenzen sich gerade für diesen Klienten zu entscheiden und nicht für einen anderen. Er muss ihm Kriterien an die Hand geben, warum seine Entscheidung gerade auf diesen Bewerber fallen sollte. Fehlen diese konkreten Hinweise, wird der Personalleiter gezwungen sein, sich an eher formalen Merkmalen zu orientieren: Alter, Studienabschluss, Noten, Image der vorherigen Firmen o. ä. Es ist umso wichtiger, die eigenen beruflichen Kompetenzen konkret beschreiben zu können, wenn der Klient nicht über das gewünschte Mainstreamprofil verfügt: Klienten über 40, Klienten mit einem abweichenden Abschluss, Quereinsteiger oder auch Frauen.[23] Kann Herr Kramer aber bestimmte Erfahrungen und Kompetenzen nachweisen, die für den Arbeitgeber besonders wichtig sind,

---

[22] Machen Sie eine Probe in Ihrem Bekanntenkreis: Fragen Sie einen Vorstand, was denn eigentlich ein Vorstand macht.

[23] D. h. die Mehrheit der Arbeitsuchenden, die aber erstaunlicherweise als Minderheit angesehen wird.

werden das Alter, die fehlenden Englischkenntnisse oder auch ein anderer Hochschulabschluss, als in der Ausschreibung angegeben, möglicherweise nicht die Rolle spielen.

Diese Sprachlosigkeit hinsichtlich der eigenen beruflichen Tätigkeit ist übrigens kein Defizit für die berufliche Alltagsarbeit. Sie ist so lange ohne Bedeutung, als im Beruf gehandelt werden kann. In der Tat ist es nicht vorrangig die Aufgabe von Managern, das eigene Tun genau zu benennen, sondern schnell Entscheidungen zu treffen und zu handeln. In einer Phase allerdings, in der es darum geht, anderen Menschen deutlich zu machen, welche Aufgaben bereits mit Erfolg bewältigt wurden, ist dies ein deutlicher Nachteil.

Der zweite Grund dafür, dass die nachvollziehbare Darstellung der fachlichen, methodischen und sozialen Kompetenzen so wichtig ist, liegt darin, dass Klienten künftig immer weniger in der Lage sein werden, nur das Unternehmen zu tauschen und die gleiche Funktion wieder zu übernehmen. Viele bislang noch übliche Positionen fallen vollständig weg, andere werden zahlenmäßig verringert, neue Positionen sind entstanden. Zukünftig geht es immer mehr darum, die in einer formalisierten Ausbildung und innerhalb des Berufs informell erworbenen Kompetenzen und Erfahrungen auf ein neues Berufsfeld zu übertragen. Dazu ist notwendig, sich diese bewusst zu machen sowie herauszufinden, welche Kompetenzen in einem neuen Berufsfeld von Bedeutung sein können.

Wie gehen wir vor?

Zielsetzung der AHA-Übung ist es also, präzise die eigenen fachlichen, methodischen und sozialen Kompetenzen herauszuarbeiten. Der Klient bekommt die Aufgabe, sich an ein berufliches Problem zu erinnern, auf dessen erfolgreiche Lösung er besonders stolz ist, was ihm besonders gut gelungen ist, wodurch er einen positiven Beitrag zum Unternehmenserfolg erzielt hat:

A = Aufgabe
Der Klient beschreibt hier ein Problem, das er lösen sollte oder eine Situation, die er verändert hat.

H = Handlung
Der Klient beschreibt detailliert, wie er vorgegangen ist und welche Aktivitäten er unternommen hat, um dieses Problem zu lösen. Jede Aktivität beginnt mit „Ich habe" und nicht mit „Dann haben wir...". Dem Einwand, dass doch fast alle Probleme im Team gelöst wurden, begegne ich mit dem Hinweis, dass es immer irgendetwas gebe, was nur der Klient getan habe.

A = Arbeitsergebnis
Als letztes wird das Ergebnis präzise – möglichst quantifiziert – zusammengefasst. Diese Übung hat auch die Funktion, dass der Klient sich systematisch bewusst machen

kann, was er bislang in seinem beruflichen Leben erfolgreich bewältigt hat. Er beschreibt die konkreten Inhalte und Vorgehensweisen detailliert. Dann wird die dargestellte Vorgehensweise bei der Problembewältigung genutzt, um herauszufinden, wie der Klient arbeitet und welche Kompetenzen sich daraus ableiten lassen. Es wird vom konkreten Inhalt abstrahiert und herausgearbeitet, welche Schlüsselqualifikationen sich aus seiner Vorgehensweise ableiten lassen.

A (Aufgabe):	Schlüsselqualifikationen:
Die Kandidatenzahl an einer internationalen Business School sollte erhöht werden. Bewerben können sich Studenten, die ein wirtschaftswissenschaftliches Vordiplom haben und fließend Englisch und Französisch oder Spanisch sprechen.	
H (Handlung): Ich habe:	
▪ mir einen Überblick verschafft über deutschsprachige Hochschulen, die Wirtschaftswissenschaften anbieten und gleichzeitig einen Schwerpunkt auf Sprachen legen	Analytisches und systematisches Vorgehen
▪ die Auslandsämter und Studienberatungen dort angesprochen und ihnen Informationen geschickt	Kommunikative Fähigkeiten, Organisationstalent
▪ mit diesen Institutionen vor Ort Podiumsdiskussionen zum Thema „Internationales Management" organisiert und moderiert	Kreativität, Moderationsfähigkeit, Kommunikative Fähigkeiten
▪ „Tage der Offenen Tür" mit interessanten Angeboten an unserer Business School organisiert	Organisationstalent, Kreativität
▪ Vorträge vor Verbänden gehalten	Rhetorische Fähigkeiten
▪ Artikel für Zeitungen geschrieben, Journalisten dafür gewonnen	Fähigkeit, Texte zu verfassen, Überzeugungskraft
▪ Kontakte zur Presse gehalten und Interviews mit Hochschullehrern organisiert	Kommunikationsfähigkeit, Organisationstalent
▪ Führungskräfte aus Unternehmen zu unserem Concours (Auswahl der geeigneten Studenten) eingeladen und als Multiplikatoren gewonnen	Überzeugungskraft, Kommunikative Fähigkeiten
▪ Studenten und Eltern beraten und gewonnen	Überzeugungskraft, Einfühlungsvermögen
A (Arbeitsergebnis):	
Erhöhung der Kandidatenzahlen im ersten Jahr um 50 % durch geeignete Kommunikationsmaßnahmen	

Auch wenn Herr Kramer nicht begeistert ist – er sollte unbedingt zwanzig AHAs bearbeiten. Wenn er in seinem ersten AHA bestimmte Schlüsselqualifikationen identifiziert
hat, kann dieses das einzige Mal sein, dass er in seinem Arbeitsleben soziale Kompetenz, Durchsetzungsvermögen oder Organisationstalent gezeigt hat. Erst mehrere AHAs
lassen Muster sichtbar werden, die zeigen, welchen Aufgaben er sich vorrangig widmet,
wie er üblicherweise bei der Aufgabenbewältigung vorgeht, ob er sich selbständig Aufgaben sucht oder auf Anweisungen wartet, ob er teamorientiert arbeitet oder lieber allein am Schreibtisch Konzeptionen entwickelt, ob er durchsetzungsstark ist oder ob seine Stärke darin liegt, über Kommunikation und Motivation andere Menschen zur Mitarbeit zu gewinnen.

Bei dieser Übung ist es auffällig, dass Klienten anfangs dazu neigen, sich alle in der öffentlichen Diskussion und den gängigen Stellenanzeigen angeführten Schlüsselqualifikationen zuzuschreiben. Sie müssen lernen, sich selbst realistisch zu beschreiben und
die Scheu zu verlieren, auch darauf hinzuweisen, dass nicht alle diese Schlüsselqualifikationen auf sie zutreffen.[24] Der Klient sollte nach dieser Übung in der Lage sein, seine
wirklichen Stärken nicht nur zu benennen, sondern auch mit Beispielen aus den AHAs
zu belegen.

Damit liegt der Vorteil der AHA-Methode darin, dass der Klient sich bestimmte Stärken nicht selbst zuschreiben, sondern sie durch Leistungen der Vergangenheit nachge-
wiesen werden. Zudem wird er dadurch gezwungen, sich damit zu beschäftigen, was er
in der Vergangenheit getan hat, wie er es getan hat, was ihm Spaß gemacht hat und was
er weniger gern oder erfolgreich getan hat. Damit legt er die Basis für seine gesamte berufliche Neuorientierung:

- Er wird sich über sein (neues) berufliches Ziel klar.

- Er hat Material zur aussagekräftigen Gestaltung seiner Bewerbungsunterlagen.

- Er verfügt über einen Pool von Erfolgen, mit denen er seine fachlichen und
  außerfachlichen Kompetenzen belegen kann.

- Er hat ausreichend Material für seine mündliche Präsentation.

- Er hat Material für sein Stellengesuch.

Und last but not least: Ich stelle immer wieder fest, dass der Rückblick auf berufliche
Erfolge zu einem erheblichen Zuwachs an Selbstbewusstsein führt, was in einer Phase,
die eher durch Selbstzweifel und Zukunftsängste geprägt ist, nicht zu unterschätzen ist.

---

[24] Ohnehin sollte überlegt werden, ob wirklich alle Positionen es verlangen, teamorientiert, innovativ, dyna-
misch und flexibel zu sein. Meine Buchhalterin z. B. muss das nicht unbedingt sein. Ich selbst bin keineswegs teamfähig und dennoch eine sehr gute Outplacementberaterin.

Schwächen erkennen

Es fällt Herrn Kramer schwer, eine Antwort auf meine Frage nach seinen Schwächen zu geben. Stattdessen fragt er mich, welche Schwächen denn angeführt werden können und ob man nicht Schwächen benennen solle, die eigentlich Stärken seien.

Traditionell fällt es den meisten Klienten noch schwerer, über Schwächen zu sprechen als über Stärken, und das trifft dabei auf Männer noch stärker zu als auf Frauen. Männliche Klienten reden äußerst ungern über Schwächen, aber es gibt Unterschiede: Männer aus den alten Bundesländern haben keine Schwächen, während männliche Klienten aus den neuen Bundesländern durchaus Schwächen haben, aber nicht darüber reden wollen. Sie gehen eher davon aus, dass es in einem „Verkaufsprozess", wie ihnen eine Bewerbung erscheint, sehr unklug wäre, auch Schwächen und damit Mängel des Produktes aufzuzeigen. Damit haben sie die Logik gängiger Bewerbungsratgeber verinnerlicht, in denen stets empfohlen wird, aus taktischen Gründen nur Schwächen zu benennen, die eigentlich Stärken sind. Das führt dann zum Leidwesen vieler Personalentscheider dazu, dass fast alle Bewerber im Vorstellungsgespräch ihre Ungeduld als Schwäche benennen, die – folgt man Bewerbungsratgebern – ein Indiz für hohe Motivation und Leistungsbereitschaft ist.

Ich teile diese Meinung nicht. Ich bin der Ansicht, dass erwachsene Klienten ihre tatsächlichen Schwächen ebenso gut kennen sollten wie ihre Stärken. Personalleiter gehen nicht davon aus, Menschen ohne Schwächen zu rekrutieren. Sie sind daran interessiert, erwachsene Menschen einzustellen, die wissen, in welchem Bereich sie gut und in welchem sie eher schwach sind. Werden berufsrelevante Schwächen bereits im Vorstellungsgespräch erwähnt – ebenso wie die Art und Weise, wie der Klient damit umgeht im Berufsalltag – ist es dem Personalleiter durchaus zuzutrauen, eine Entscheidung darüber zu fällen, ob diese Schwächen für die zu besetzenden Position wichtig sind oder nicht. Darüber hinaus ist davon auszugehen, dass kaum jemand einen Beruf ergreift oder sich auf eine Position bewirbt, für die er ungeeignet ist.[25]

Frauen gehen noch einmal anders an das Thema Schwächen heran: Frauen tun sich nach – meiner Beratungserfahrung – schwerer als Männer, ihre persönlichen Stärken zu erkennen, zu benennen oder gar offensiv damit umzugehen. Demgegenüber verfügen Frauen aber über eine ausgeprägte Fähigkeit, persönliche Schwächen zu erkennen und diese auch in den unpassendsten Situationen offensiv zu benennen. Diese von Frauen als Bescheidenheit und hohe Fähigkeit zur Selbstreflexion bezeichnete Eigenschaft ist (nicht nur) in der Situation der Neuorientierung wenig hilfreich. Das Coaching bei den weiblichen Klienten geht dann eher in die Richtung, Grundüberzeugungen hinsichtlich eines adäquaten weiblichen Verhaltens ins Wanken zu bringen.

Zur systematischen Erarbeitung der Schwächen lasse ich den Klienten darüber nachdenken, was ihm bislang im Leben misslungen ist und welche Gründe das gehabt hat.

---

[25] Zumindest würde ich in der Beratung davon stark abraten.

Auch hier zeigen sich Muster, die den Klienten erkennen lassen, welche persönlichen Dispositionen, Verhaltenspräferenzen, Vorlieben und Abneigungen zu welchen Schwächen im Arbeitsleben führen können. Er erkennt etwa, in welchen Situationen er nicht durchsetzungsstark genug ist, wo er zu wenig Disziplin oder zu wenig Einfühlungsvermögen zeigt oder wann er nicht systematisch genug vorgeht.

Ergebnis Baustein 2

Herr Kramer kennt sich mit seinen Stärken und Schwächen besser als zuvor, er hat Selbstbewusstsein gewonnen, weil ihm wieder mehr seine beruflichen Erfolge als die Misserfolge der letzten Zeit in Erinnerung gerufen worden sind. Er hat Hinweise dahingehend gewonnen, welche Arbeitsbereiche künftig zu ihm passen könnten. Er hat abrufbar gespeichert, welche Erfolge er in welcher Bewerbungssituation nennen sollte und kann jede soziale Kompetenz mit einem oder mehreren Beispielen belegen.

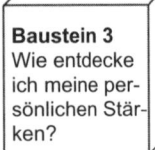

Baustein 3
Wie entdecke ich meine persönlichen Stärken?

- Myers-Briggs-Typenindikator MBTI
- Bochumer Inventar – BIP
- Stressverarbeitungsfragebogen – SVF
- Karriereanker
- Selbst-/Fremdeinschätzung

Es ist schön zu sehen, dass sich die Stimmung von Herrn Kramer nach diesen zwei Wochen bereits deutlich gebessert hat. Er kommt in die Beratungssitzung und berichtet, dass die vielen Gespräche zu zwei interessanten Optionen geführt haben, die ihn sehr optimistisch stimmen. Seiner Frau geht es auch besser, weil sie sieht, dass er mit guter Stimmung an seiner Neuorientierung arbeitet und sie mit seinem zunehmenden Optimismus ansteckt.

Meiner Ankündigung, jetzt eine Reihe von psychologischen Tests mit ihm durchzuführen, begegnet er mit der erwarteten Skepsis. Ebenso wie die meisten Führungskräfte befürchtet er eine „Entblößung" oder einen „Seelenstriptease", der dem Gegenüber einen zu großen Einblick in die eigene Persönlichkeit erlaubt. Meine Vermutung geht dahin, dass Menschen, die es gewöhnt sind, Kontrolle über andere auszuüben, große Bedenken haben, einen zu großen Einblick in die eigene Person zu geben, weil nicht klar ist, wozu der andere das (aus)nutzen könnte. Wenn ich erkläre, dass die Ergebnisse vor allem ihnen selbst nützen und dass ich keine Möglichkeit habe, diese Erkenntnisse zu ihrem beruflichen Schaden zu nutzen, tritt eine deutliche Entspannung ein.

Herr Kramer stellt wie viele andere Führungskräfte dann die Frage, inwieweit sich Testergebnisse durch falsche Antworten manipulieren ließen. Psychologen sagen nein, Klienten weisen dagegen stolz darauf hin, dass sie selbstverständlich bereits beim Durchlesen der Fragen gewusst hätten, worauf es ankäme und mit welcher Antwort sie welches Ergebnis erzielen könnten. Ich sage, dass ich es unabhängig von testmethodischen Fragen für relativ unerwachsen halte, auf diesem Wege einen unzutreffenden Eindruck von der eigenen Person erwecken zu wollen. Ich rege an, die Tests doch eher als eine Bereicherung auf dem Weg zur Selbsterkenntnis zu betrachten und Hinweise davon abzuleiten, wie die eigene Berufszufriedenheit und Leistung verbessert werden können.

Im Schonraum der Outplacementberatung bieten Tests darüber hinaus die Möglichkeit, Ängste vor psychologischen Tests abzubauen und unternehmensübliche Testverfahren kennen zu lernen. Ich erkläre, warum betriebliche Entscheider derartige Verfahren nutzen und was sie daraus ableiten. Ich weise auf die Grenzen von psychologischen Tests hin, aber gleichzeitig auch auf die Tatsache, dass in Unternehmen Psychologen beschäftigt sind, die sich auf die Durchführung von Einstellungstests spezialisiert haben und sehr stark an deren Aussagekraft glauben. Insofern sollten Klienten diese Tests ohne Ängste, aber mit Ernsthaftigkeit ausfüllen.

Myers-Briggs Typenindikator (MBTI)

Da der MBTI eine wesentliche Basis für unseren Beratungsansatz darstellt, beschäftigen wird uns damit ausführlich. Dieser Test geht zurück auf die Typenlehre des Psychoanalytikers C. G. Jung, der annahm, dass menschliches Verhalten und Denken auf vier Grunddimensionen – Typen – zurückzuführen ist. Im Verlauf des Lebens gewöhnen wir uns Verhaltens- und Denkstrategien an, entwickeln Präferenzen für bestimmte Verhaltensmuster, Denkgewohnheiten und die Art, wie wir uns Menschen nähern oder Probleme lösen. Die amerikanischen Psychologinnen Isabell Myers und Catherine Briggs entwickelten auf dieser Basis den Myers-Briggs Type Indicator – MBTI. Der MBTI wird heute weltweit eingesetzt für Personalauswahl, Personalentwicklung, Coaching und Organisationsentwicklung.

Aus meiner Sicht liegt der Vorzug des MBTI vor allem darin, dass menschliche Verhaltensweisen oder Einstellungen nicht bewertet, sondern nur beschrieben werden. Die Testpersonen fühlen sich durch das Ergebnis in ihrer Persönlichkeit zumeist treffend und positiv „beschrieben", sehen aber damit auch, welche Schwächen oder Gefahren in ihrer Struktur liegen können. Sie gewinnen Verständnis für die ihrem Verhalten oder ihren Wertvorstellungen zugrundeliegenden Einstellungen. Häufig fallen den Klienten bereits nach Lektüre ihres Testergebnisses selbstkritisch mögliche Schwächen auf, die mit ihrer spezifischen Ausprägung verbunden sein können.

Vor allem aber gelingt es über den MBTI, Verhalten, Wertvorstellungen und Handlungsweisen anderer Menschen besser zu verstehen, also die Fähigkeit zur Perspektivübernahme zu schärfen und damit zu einem toleranteren Umgang mit anderen Menschen zu kommen. Das Verhalten ehemaliger Kollegen wird nicht mehr unbedingt als gegen die eigene Person gerichtet empfunden. Viele der Konflikte, die Klienten im Unternehmen mit Vorgesetzten und Mitarbeitern hatten, werden nachvollziehbar und können damit vielleicht in Zukunft vermieden werden. Als Führungsinstrument hilft der MBTI, das Verhalten und die Erwartungen unterschiedlicher „Typen" von Mitarbeitern, Kollegen oder Vorgesetzten zu verstehen und adäquat darauf zu reagieren.

Die Typologie des MBTI nach C. G. Jung und Isabell Myers und Catherine Briggs

E	Extrovertierte Menschen ziehen ihre Kraft und Dynamik aus der Außenwelt. Sie brauchen andere Menschen zum Austausch, diskutieren gerne über jedes Thema, arbeiten gerne im Team, sind spontan und stellen schnell Kontakt zu anderen Menschen her.	**I**	Introvertierte Menschen ziehen ihre Kraft und Dynamik aus sich selbst. Sie brauchen andere Menschen wenig, arbeiten gerne alleine, mögen Spontaneität wenig, müssen alles erst „sacken lassen", reden nur, wenn ein Thema sie interessiert oder sie sich wohl fühlen.
S	S oder N bezeichnet die Art und Weise, wie wir die Welt wahrnehmen. Der S-Typ (S = Senses - die Sinne) nimmt die Welt durch seine Sinne wahr, er bemerkt, was er anfassen, fühlen, riechen, schmecken kann, er sieht das, was „ist". Er lebt im hier und heute, eine Stärke liegt in der Umsetzung, im Lösen von Problemen. Er organisiert gern und gut, liebt keine langen Diskussionen, er will Dinge regeln und hat eine Abneigung gegen Neues und Veränderung. Er schätzt Routine als die Möglichkeit, Probleme gut und ordentlich zu lösen. Manchmal handelt er, bevor er ausreichend die Konsequenzen bedacht hat.	**N**	Der N-Typ (N = Intuition) nimmt die Welt intuitiv wahr: Er sieht nicht das, was ist, sondern was möglich ist. Er denkt assoziativ; daran, was aus einer Sache werden kann, welche Konsequenzen es auch langfristig haben könnte, was man damit verknüpfen kann. Er denkt perspektivisch, seine Stärke liegt im Entwickeln von Konzeptionen. Er langweilt sich schnell bei Routinetätigkeiten und organisatorischen Aufgaben. Alles Neue fasziniert ihn. Manchmal bearbeitet er zu viele Projekte gleichzeitig und vernachlässigt die konsequente Umsetzung.
T	T oder F bezeichnet die Art und Weise, wie wir entscheiden. Der T-Typ (T = Thinker) entscheidet rational, danach, was sinnvoll, zweckmässig, vernünftig ist. Der T-Typ hält seine Gefühle unter Kontrolle und erwartet das auch von anderen Menschen. In Diskussionen wird er immer die Sachebene in den Vordergrund stellen. Manchmal fehlt ihm die Sensibilität im Umgang mit Menschen, und er kann aufgrund seines Bedürfnisses, detailliert zu planen, nicht zum Handeln kommen.	**F**	Der F-Typ (F = Feeler) entscheidet danach, was ihm gefällt, was er mag, was mit angenehmen Menschen zu tun hat oder was für andere Menschen schön ist. Der F-Typ hat seine Stärke in Beziehungen, im Eingehen auf Menschen, im Wahrnehmen der Befindlichkeiten anderer Mitarbeiter, im direkten Kundenkontakt. Manchmal ist er zu abhängig von der persönlichen Beziehung zu Mitarbeitern oder Kollegen, er kann launisch sein und bei Entscheidungen zu wenig rationale Argumente berücksichtigen.

J	J-Typen (J = Judging) verfügen über ein festgefügtes Orientierungssystem und klare Wertvorstellungen. Sie können schnell entscheiden, sind zuverlässig und erwarten das auch von anderen. Unpünktlichkeit ist für sie unverzeihlich. Sie bevorzugen Regelsysteme, haben die Dinge unter Kontrolle und schätzen Veränderung oder abweichende Meinungen wenig. Sie können intolerant gegenüber Menschen sein, die anders sind oder die Dinge anders sehen.	**P**	P-Typen (P = Perceiving) wissen, dass Menschen unterschiedliche Orientierungssysteme und Wertvorstellungen haben. Sie sind offen für neue Ideen und Menschen, urteilen weniger, sondern verstehen unterschiedliche Verhaltensweisen. Ihre Stärke liegt im Aufnehmen von Ideen, im Zuhören, im Vergleichen, bevor entschieden wird. Sie sind allerdings sehr beeinflussbar und sind leicht von ihren Entscheidungen abzubringen.

Bochumer Inventar zur berufsbezogenen Persönlichkeitsbeschreibung (BIP)[26]

Der BIP ist ein in Unternehmen weit verbreiteter Persönlichkeitstest. Es werden berufsrelevante Eigenschaften untersucht, wie

- berufliche Orientierung,

- Leistungsmotivation, Gestaltungsmotivation, Führungsmotivation,

- Arbeitsverhalten,

- Gewissenhaftigkeit, Flexibilität, Handlungsorientierung,

- soziale Kompetenzen,

- Sensitivität, Kontaktfähigkeit, Soziabilität, Teamorientierung, Durchsetzungsstärke,

- psychische Konstitution,

- emotionale Stabilität, Belastbarkeit, Selbstbewusstsein.

Über die Ergebnisse ergibt sich für die Klienten ein differenziertes Bild der Selbsteinschätzung hinsichtlich seiner berufsrelevanten Orientierungen und Stärken. In der jetzigen Phase ist es für den Klienten hilfreich, sich noch einmal über Motivation, Stärken und Schwächen Gedanken machen zu können.

---

[26] Hossiep, R.; Paschen, M.: Das Bochumer Inventar zur berufsbezogenen Persönlichkeitsbeschreibung, Göttingen 1988

Der Stressverarbeitungsfragebogen (SVF)[27]

Mit diesem Test werden individuelle, in Stresssituationen auftretende Verarbeitungsweisen aufgezeigt. Es wird sichtbar, wie der Klient unter Druck reagiert, wie sich sein Verhalten in Stresssituationen verändert, ob er gelassen oder aggressiv auf Stress reagiert, dazu neigt, in Hektik zu verfallen, den Stress zu negieren oder mit körperlichen Symptomen zu reagieren. Wichtig für den Umgang mit anderen Menschen in beruflichen Situationen ist die Frage, inwieweit jemand die „Schuld" für stresserzeugende Situationen bei sich selbst sucht, sie bagatellisiert oder anderen Menschen zuschreibt. Es zeigt, ob der Klient in Stresssituationen konstruktiv nach Lösungen sucht oder sich wenig zielführend damit beschäftigt, „Schuldige" zu suchen.

Karriereanker[28]

Der Karriereanker wurde von dem amerikanischen Wissenschaftler Edgar H. Schein am MIT entwickelt. Es handelt sich dabei um einen Fragebogen, dessen Auswertung Hinweise auf die berufliche Motivation des Klienten gibt. Nach Schein ergeben sich acht unterschiedliche Motivationsausprägungen. Damit fällt es den Klienten in dieser Phase leichter, noch einmal zu überprüfen, welche beruflichen Umgebungen und Aufgaben zu ihnen passen bzw. welche intrinsischen oder extrinsischen Belohnungen auf sie motivierend wirken.

Selbst-/Fremdeinschätzung

In Unternehmen wird mit unterschiedlichen Selbst- und Fremdeinschätzungsverfahren gearbeitet, die es ermöglichen herauszufinden, wie die eigene Einschätzung unserer Person von der anderer Menschen abweicht. Ziel dieser Übung ist es auch, zu erkennen, dass die Art, mit der Kollegen mit uns umgehen, vor allem etwas damit zu tun hat, wie diese Person uns wahrnimmt. Zu Beginn schätzt der Klient sich selbst ein und vergleicht dann die Fremdeinschätzungen mit seinen Ergebnissen. Unsere Empfehlung geht dahin, den Fremdeinschätzungsbogen von einem Vorgesetzten, einem Kollegen auf der gleichen Hierarchieebene und einem Mitarbeiter ausfüllen zu lassen. Es ist interessant, wie unterschiedlich hier der Klient aus diesen Perspektiven beurteilt wird. Gemeinsam diskutieren wir die Abweichungen, um herauszufinden, welches Verhalten zu diesen Einschätzungen führt oder um besser zu verstehen, warum Kollegen sich in einer bestimmten Weise verhalten. Wenn noch möglich, sollte der Klient die Fremdeinschätzung auch mit denjenigen diskutieren, die ihn beurteilt haben.

---

[27] Janke, W.; Erdmann, G.; Ising, M.: Stressverarbeitungsfragebogen – SVZ 120, Göttingen 1977

[28] Edgar H. Schein: Career Anchors,: Discovering Your Real Values, Sand Diego, Toronto, Amsterdam, Sydney, 1990

Bei Bedarf bieten wir weitere Tests an, wenn sie für den Beratungsprozess sinnvoll erscheinen. Abschließend werden die Ergebnisse der unterschiedlichen Tests zusammengefasst, mit den Ergebnissen der AHAs verglichen und die sich daraus ergebenden Konsequenzen für das berufliche Ziel, mögliche Konflikte im Beruf und Schwierigkeiten bei der Bewerbungskampagne diskutiert.

Ergebnis Baustein 3

Herr Kramer hat mit großem Interesse die Ergebnisse der unterschiedlichen Tests diskutiert und nach seiner eigenen Einschätzung besser verstanden, warum er in der Vergangenheit mit manchen Vorgesetzten oder Mitarbeitern nicht gut zusammenarbeiten konnten und warum ihm bestimmte Aufgaben mehr liegen als andere. Er hat für sich Entwicklungsbereiche erkannt und hat sich vorgenommen, bereits bei der beruflichen Neuorientierung daran zu arbeiten. Er hat aus dieser Beschäftigung mit sich selbst Stärke und Klarheit gewonnen und weiß, in welche Richtung seine neue Zielsetzung gehen sollte und welche Aufgaben er besser vermeiden sollte.

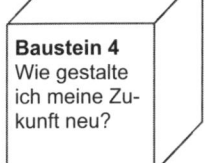

| Baustein 4 Wie gestalte ich meine Zukunft neu? | • Erstellung eines Fähigkeitenprofils
 • Neue Berufsfelder/Positionen
 • Neue Standortbestimmung
 • Bestimmung der Zielgruppen |

Nach den ersten drei Bausteinen ist nicht nur die Stimmung von Herrn Kramer besser, sondern er hat auch eine realistische Einstellung von seinen beruflichen Stärken und Schwächen, Wünschen und Abneigungen erhalten. Auch wenn er sich anfangs keine Alternative zu der bisherigen Position vorstellen konnte, kann er sich jetzt durchaus vorstellen, eine andere Aufgabe zu übernehmen, vielleicht sogar etwas völlig Neues zu beginnen. Vor allem weiß er, welche Aufgaben er in Zukunft nicht mehr übernehmen sollte. Er hat bereits einige interessante Gespräche geführt, die aber noch keine konkreten Angebote ergeben haben. Die absolut sicheren Tipps der Anfangszeit haben sich allerdings auch nicht realisiert und er vermutet, dass er doch noch ein wenig länger brauchen wird, um die neue Aufgabe zu finden.

Leider hat Herr Kramer auch inzwischen mit vielen anderen Fachleuten gesprochen. Jeder dieser Fachleute – und ich stelle immer mehr fest, dass fast jeder Mensch heute Fachkompetenz hinsichtlich des „richtigen" Vorgehens bei der Bewerbungskampagne besitzt – hat einen anderen Rat gegeben und vor allem gewarnt vor gravierenden Fehlern, die unter allen Umständen vermieden werden müssen. Gut an seinem Verhalten ist, dass er sich mit vielen Menschen unterhält. Schlecht für ihn ist, dass die vielen Dos und

Donts ihn blockieren. Fast jeder Ratschlag ist gut, der den Klienten zum Handeln befähigt. Schlecht sind Ratschläge mit Absolutheitscharakter, weil sie den ohnehin verunsicherten Klienten weiter verunsichern. Welchem Rat soll er folgen?

Ich gehe auf seine Fragen hinsichtlich der Ratschläge anderer Fachleute sehr vorsichtig ein. Wenn ich mich als Beraterin in den Machtkampf der guten Ratschläge einmische, helfe ich meinem Klienten nicht. Ich rate ihm, alle Ratschläge gut zu durchdenken und möglichst nicht zu oft von der festgelegten Linie abzuweichen. Ein permanenter Richtungswechsel hilft ihm in keinem Fall.

Die Perspektive der Beraterin

Jetzt geht es darum, dass Herr Kramer seine neue berufliche Zielsetzung festlegt. Es sollte bereits jetzt gelungen sein, unrealistische Vorstellungen vorsichtig zu revidieren. Bei Klienten, die vergleichsweise beratungsresistent sind, gibt es nur die Möglichkeit, sie auf dem selbst gewählten Weg zu unterstützen[29] und sie nach den voraussehbaren Misserfolgen langsam in die neue Richtung zu lenken. Bei einem zu direktiven Vorgehen in der Beratung wird der Klient die notwendige Offenheit verringern, seine Pläne nicht mehr mit der Beraterin diskutieren und dazu übergehen, entweder den Nachfragen über die Aktivitäten auszuweichen oder einen offenen Widerstand aufzubauen.

Zielfindung – Die Wunschlisten

Den Prozess der Zielfindung beginne ich mit dem Erstellen seiner Wunschlisten. Ich bitte den Klienten, die ihm wichtigen objektiven und subjektiven Faktoren für seine Berufstätigkeit aufzulisten. Dabei soll er sich nicht daran orientieren, was möglich oder realistisch ist, sondern auflisten,[30] was ihm wichtig ist und was seinen Wünschen entsprechen würde, wenn er denn wünschen dürfte.

Objektive oder „harte" Faktoren wie Gehalt, Position, Firmengröße, Mitarbeiterzahl und Aufstiegsmöglichkeiten sind dabei ebenso wichtig wie die subjektiven oder „weichen" Faktoren wie ein angenehmes Arbeitsklima, große Dispositionsspielräume oder ein sympathischer Vorgesetzter. Harte und weiche Faktoren lassen sich nicht immer ganz trennscharf voneinander unterscheiden, aber es ist wichtig, dass der Klient sich erst einmal bemüht, sehr genau festzuhalten, welche objektiven und subjektiven Bedingungen eines künftigen Arbeitsumfeldes für ihn von besonderer Wichtigkeit oder eher zu vernachlässigen sind.

---

[29] Farrelly mit seinem Ansatz der provokativen Therapie zeigt dazu sehr hilfreiche Möglichkeiten auf, vgl. Frank Farrelly: „Provocative Therapy", Heidelberg 2001

[30] Es ist übrigens interessant, dass sehr viele Klienten schon kaum mehr über die Fähigkeit zum Wünschen verfügen, da ihre Fantasie durch die Erwartung, keine Chancen am Arbeitsmarkt zu haben, weitgehend gebremst wird.

Zielfindung

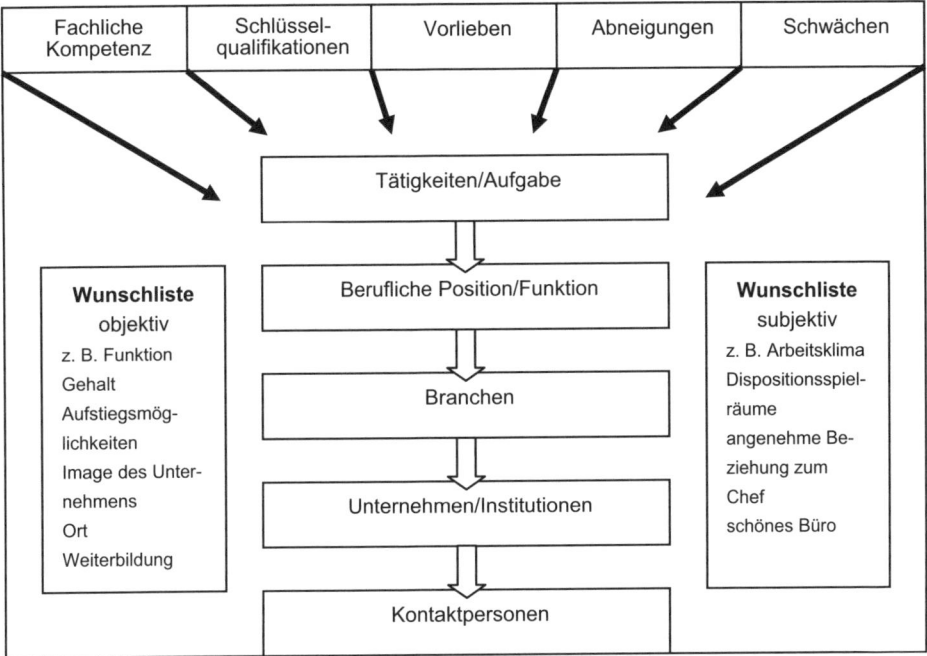

Die unterschiedlichen Faktoren werden nach einem Punktesystem bewertet, so dass noch einmal festgehalten wird, was für ihn besonders wichtig ist und woran er sich bei der neuen Zielsetzung orientieren sollte. Dieser Schritt dient noch einmal der inneren Orientierung und ist wichtig vor der Festlegung eines beruflichen Ziels. Er ist aber vor allem auch wichtig in der letzten Phase[31]: Bei Vertragsangeboten gehen wir diese vorab erstellte Wunschliste noch einmal gemeinsam durch und analysieren, inwieweit die angebotene Position diesen Wünschen entspricht oder vielleicht zu stark davon abweicht.

Ableitung des Berufsziels

Herr Kramer ist ein wenig irritiert über diese Aufgabe. Als realistischer Mensch denkt er sich, dass es wenig Sinn hat, sich über die eigenen Wünsche Gedanken zu machen, die sich auf dem Arbeitsmarkt ohnehin nicht verwirklichen ließen. Er muss immer wieder überzeugt werden, dass er erfolgreicher auf dem Arbeitsmarkt agieren können wird, wenn er erst einmal von dem ausgeht, was er einem potenziellen Arbeitgeber bieten

---

[31] Baustein 10: Am Ziel!, S. 113 ff.

kann und in welchem Umfeld er in der Lage ist, seine Stärken umzusetzen. Im zweiten Schritt muss er auf dem Arbeitsmarkt prüfen, welche Möglichkeiten für sein persönliches Arbeitsangebot bestehen. Eine verbreitetere und wenig erfolgsträchtige Vorgehensweise ist es, danach zu suchen, was der Arbeitsmarkt anbietet und sich darauf zu bewerben, in der Hoffnung, dass es schon irgendwie passe.

Durch die intensive Arbeit an seinem Profil ist Herr Kramer gut ausgerüstet, um sich Klarheit über ein neues berufliches Ziel zu verschaffen. Er hat in den vorangegangenen Phasen ausreichend Informationen über sich gesammelt und einen umfassenden Überblick über seine beruflichen und persönlichkeitsbezogenen Kompetenzen gewonnen. Aus diesen Kompetenzen werden Tätigkeiten abgeleitet und anschließend Positionen benannt, in denen diese Tätigkeiten ausgeübt werden können. Der nächste Schritt besteht darin, Branchen und Unternehmen zu identifizieren, in denen diese Positionen zu finden sind. Jetzt müssen die bisher identifizierten Branchen und Unternehmen mit der Wunschliste verglichen werden: Liegt dem Klienten ein Großunternehmen mehr als ein mittelständischer Betrieb, sollte er eher in einem sozialen Bereich arbeiten, ist ihm aus ethischen Gründen ein bestimmtes Produkt nicht angenehm, möchte eine Klientin in einem sehr traditionellen Unternehmen arbeiten, in dem vorwiegend Männer beschäftigt sind, ist es dem Klienten wichtig, dass sein neues Unternehmen einen bekannten Namen hat?

Für das weitere Vorgehen ergeben sich nun zwei Möglichkeiten. Entweder hat der Klient ein Berufsziel identifiziert, das ihm vertraut ist. Dann kann er umgehend mit der Erstellung seiner Unterlagen und danach mit den konkreten Bewerbungen beginnen.[32] Falls der Klient ein Berufsziel identifiziert hat, in dem er bislang noch keine Erfahrung hatte, muss er vor die Bewerbung noch eine Phase der Informationsgewinnung und des Networking schalten.

Informationsgewinnung für ein unbekanntes Berufsziel

Ganz häufig haben Klienten gute Ideen, was sie außer dem ihnen bekannten Beruf noch tun könnten, aber sie gehen selten den Schritt, diese Option durchzuspielen, bis sie entweder als unrealisierbar verabschiedet oder tatsächlich umgesetzt wird. Ich gehe mit ihnen diese Wunschvorstellungen[33] oder Ideen systematisch durch und überlege mit ihnen, wie diese Ideen umgesetzt werden könnten. Es gibt viele Möglichkeiten, ausreichend Informationen zu erhalten: Internetrecherche, Fachzeitschriften, Zeitungsartikel sind einfach zugänglich. Zusätzlich können ähnlich wie beim Thema Referenzen bestehende und neue Kontakte genutzt werden, um Informationen über diesen neuen Berufs-

---

[32] Zur Vorgehensweise vgl. Baustein 6: Wie finde ich den passenden Arbeitsplatz?, S. 71 ff.

[33] Und Wunschvorstellungen sind für viele Klienten heute nicht Ausdruck unrealistischer Erwartungen, sondern die Einsicht, dass viele klassische Arbeitsplätze verschwunden sind.

bereich zu erhalten. Dieses Vorgehen hat den Zusatzeffekt, dass jeder Befragte als Multiplikator für die eigene Sache gewonnen werden kann.[34]

Frau Siebert hat das Ziel, künftig in einer auf Umweltberatung spezialisierten Unternehmensberatung zu arbeiten. Sie ist Betriebswirtin mit einem Abschluss einer betriebsinternen Akademie und hat fünfzehn Jahre in einem Energieunternehmen gearbeitet, wo sie sich mit der Messung von Schadstoffen beschäftigt hat und sich zusätzlich sehr intensiv in EDV-Probleme eingearbeitet hat. Sie ist bereits 38 Jahre alt und persönlich sehr im Umweltbereich engagiert. Sie stellt sich vor, dass der Umgang mit Menschen, die Arbeit in einem kleineren Team und die Beratung von kleinen und mittleren Unternehmen ihren Kenntnissen und Fähigkeiten entgegenkäme und ihr vor allem sehr viel Spaß machen würde. Sie schließt eine Selbständigkeit nicht aus, denkt aber, dass sie vielleicht besser in einer etablierten Unternehmensberatung beginnen sollte. Sie kennt sich in Unternehmensberatungen nicht aus, hat aber die vage Vorstellung, dass dort ohnehin nur Hochschulabsolventen mit einem einschlägigen Studium genommen werden, im Umweltbereich ungern Frauen eingesetzt werden und man wahrscheinlich auch schon Erfahrung mitbringen muss.

Deshalb hat sie auch bereits für sich entschieden, dass dieses Ziel ohnehin nicht realistisch sei. Sie kenne niemanden, bei dem sie sich informieren könne und hat darüber auch schon mit ihrem Schwager geredet, der einen Freund hat, der auch als Fachfremder in eine Unternehmensberatung wollte und damit auch (!) keinen Erfolg gehabt habe.[35] Diese Erfahrungsberichte aus dem Hintergrund der Klienten sind der schlimmste Feind der Beraterin. Es gibt immer eine Person, die auch (!) gesagt hat, dass das Vorhaben schwierig sei. Und merkwürdigerweise reicht der Hinweis auf die Schwierigkeit oft aus, um das gesamte Projekt fallen zu lassen. Ich weise an diesem Punkt immer darauf hin, dass eine Wohnungssuche auch nicht gestoppt wird aufgrund der Tatsache, dass man jemanden kennt, der auch (!) keine passende Wohnung gefunden hat oder weil es schwierig ist.

Um Informationen zu erhalten, die ihr vernünftige Hinweise dafür liefern, ob ihr Ziel realistisch ist, muss Frau Siebert Menschen fragen, die genau darüber Informationen haben.[36] Als erstes erstellt sie sich eine Liste interessierender Unternehmensberatungen mit dem Schwerpunkt Umwelt – soweit dieses aus Nachschlagewerken zu entnehmen ist.[37] Sie sollte auch große Unternehmensberatungen befragen, deren Beratungsangebot nicht eindeutig festzustellen ist. Dann überlegt sie, was sie wirklich wissen will und hält diese Fragen schriftlich fest.

---

[34] Ausführlich wird dieses Thema auch noch einmal besprochen in Baustein 6, S. 71 ff.

[35] Es ist erstaunlich, dass in diesen Fällen eine Meinung ausreicht, um einen interessanten Plan fallen zu lassen.

[36] Als Beraterin bin ich immer wieder erstaunt, wie selten Klienten auf diese Idee kommen und wie überrascht sie von diesem eher schlichten Hinweis sind.

[37] Hoppenstedt, Gelbe Seiten, Handbuch des BDU u.v.a.m.

Niemals nach einen Arbeitsplatz fragen – das macht einsam

Mit diesem Fragezettel beginnt sie, die bereits zu Beginn der Beratung begonnenen Kontaktliste abzuarbeiten. Es ist erstaunlich, wie viele Menschen man im Bekanntenkreis, in der Nachbarschaft oder auch beim Sport oder anderen Vereinsaktivitäten treffen kann, die zum wichtigen Informationsgeber werden können. Wichtig ist, dass sie sich streng daran hält, niemals nach einem Arbeitsplatz zu fragen. Die Frage „Haben Sie einen Arbeitsplatz für mich?" macht einsam. Niemand hat Arbeitsplätze, niemand möchte jemanden enttäuschen, der auf der Suche nach einem Arbeitsplatz ist. Niemand möchte dauerhaft Kontakt mit einem Menschen haben, der einem ein Misserfolgserlebnis dadurch bereitet, dass man ihm nicht helfen konnte.

Aber alle Menschen verfügen über eigene Kontakte und eigene Informationen. Frau Siebert kann mit ihrem Nachbarn beginnen und ihn fragen, ob er jemanden aus dem Umweltbereich kennt. Vielleicht nicht, aber vielleicht kennt er jemanden, den er fragen und mit dem sie reden kann. Nach einer Weile ist Frau Siebert überrascht, wie viele interessante Informationen oder Kontakte sie bereits bei ihrer ersten Fragerunde erhalten hat.[38] Sie wusste das bislang nicht, weil sie immer nach einem Arbeitsplatz gefragt hat – den niemand hat – und nicht nach Informationen über den Umweltbereich, die zumindest viele in irgendeiner Form haben können. Fast alle Menschen sind gerne behilflich, zumal, wenn es sie nichts weiter kostet als etwas Zeit für ein Gespräch und es sich um ein Thema handelt, in dem sie sich gut auskennen und über das sie gerne reden.[39]

Informanten Erfolgserlebnisse verschaffen

Anders als bei der Frage nach einem Arbeitsplatz, die nicht nur bei dem Fragenden, sondern auch bei dem Befragten ein unbehagliches Gefühl auslöst, löst der Hinweis auf einen möglichen Informationsgeber oder die Übergabe einer nützlichen Telefonnummer auch bei dem Vermittler ein Erfolgserlebnis aus. Er hat jemandem helfen können, darüber freut er sich und Frau Siebert kann ihn sogar nach einer Zeit noch einmal anrufen, um weitere Fragen zu stellen. Das könnte sie nicht, wenn sie ihn nach einem Arbeitsplatz gefragt hätte: Er hätte mit Sicherheit keinen gehabt, hätte das als Misserfolgserlebnis verbucht, nicht mehr gerne mit Frau Siebert gesprochen und Frau Siebert hätte Hemmungen gehabt, ihn noch einmal anzusprechen.

---

[38] Machen Sie einen Test, erzählen Sie allen Menschen in Ihrer Umgebung, dass Sie nach Australien auswandern wollen und fragen nach Menschen, die Ihnen dazu einen Rat geben können. Sie werden erstaunt sein, wie viele Menschen mit Auswanderung positive und negative Erfahrungen haben und wie viele Ratschläge Sie zu diesem Thema bekommen. Oft wissen Sie das selbst on guten Bekannten nicht – Sie haben ja auch nie danach gefragt.

[39] Fragen Sie mich mal etwas über Outplacementberatung!

Wenn jemand sich schwer damit tut, unbekannte Menschen anzusprechen, hilft die Erwähnung eines gemeinsamen Bekannten. Die höfliche Frage, ob man sich vielleicht einmal treffen könne, ob man einmal vorbeikommen könne oder vielleicht die Einladung zu einem Glas Wein, um ein paar Fragen stellen zu können, wird nach meiner Erfahrung selten abgelehnt. Falls der neue Kontakt wirklich keine Zeit haben sollte, werden die vorbereiteten Fragen gleich am Telefon gestellt. Besser ist immer ein persönliches Gespräch, weil es neben der Informationsgewinnung immer auch das Ziel eines Kontaktgespräches ist, einen guten persönlichen Eindruck zu hinterlassen. Der Befragte soll Frau Siebert in guter Erinnerung behalten und sich in einem anderen Zusammenhang an sie erinnern. Wenn er dann ihren Namen nennt, will er nicht ihr einen Gefallen tun, sondern einem Freund oder einem Geschäftskontakt. Und das kann ihr nützen. Auch in der Phase der Informationsgewinnung ist es das Ziel der Kontaktnetzstrategie, einen Multiplikator zu gewinnen, der dazu beiträgt, den Zufall wahrscheinlicher zu machen".

Wie wird in diesen Kontaktgesprächen vorgegangen?

In diesem Kontaktgespräch stellt Frau Siebert ihre vorbereiteten Fragen. Wichtig ist, dass konkrete Fragen gefragt werden, deren Beantwortung der Kontaktperson keine Mühe bereiten. Völlig abzuraten ist von Fragen wie „Was soll ich Ihrer Meinung nach tun?" oder „Glauben Sie, dass ich eine gute Umweltberaterin sein könnte?" Weshalb sollte sich die Kontaktperson zu diesem Zeitpunkt für Frau Siebert interessieren? Sie kennt Frau Siebert nicht und hat von daher auch keine Veranlassung, sich über deren möglichen Einsatzbereiche den Kopf zu zerbrechen.[40] Allgemeine Fragen zum Thema Umweltberatung dagegen wird die Kontaktperson i. d. R. mit Freude und ausführlich beantworten und das auch nicht als Last empfinden, insbesondere wenn Frau Siebert aufgrund ihrer Vorbereitung in der Lage ist, intelligent nachzufragen. Ergebnis jedes Kontaktgesprächs sollte neben den Informationen und dem guten Eindruck immer eine neue Telefonnummer sein. Frau Siebert kann nach einer weiteren Person aus dem Umweltbereich fragen, sie kann auch ihre vorbereite Liste von etwa zehn Beratungsfirmen zeigen und fragen, ob ihre Kontaktperson dort vielleicht jemanden kennt, den sie ansprechen könnte. Die Erfahrung zeigt, dass immer jemand irgendjemanden kennt.

Was ist der Nutzen der Kontaktgespräche?

Frau Siebert hat eine Reihe von Informationen über die Situation in Umweltberatungen erhalten. Wenn sie nur eine Person befragt, kann sie kaum beurteilen, ob es sich nur um die subjektive Sicht dieser Person handelt. Je mehr Gespräche geführt werden, desto mehr verdichten sich diese Eindrücke zu einem Überblick über den Markt. Ein weiterer Effekt dieser Vorgehensweise ist es, das Frau Siebert mit jedem Gespräch mehr Kompetenz bekommt über den sie interessierenden Bereich. In den darauf folgenden Gesprä-

---

[40] Dafür ist die Outplacementberaterin da, sie wird dafür bezahlt.

chen wird sie mit immer mehr Sicherheit auftreten. Der kompetente Eindruck, den sie damit macht, kann ihr dazu verhelfen, den Ansprechpartner wieder zu einem ihrer Multiplikatoren zu machen. Vielleicht gehen diese Kontaktgespräche auch anders aus. Vielleicht sieht Frau Siebert im Ergebnis tatsächlich kaum Chancen im Umweltbereich oder stellt fest, dass die realen Bedingungen dort in keiner Weise ihren Vorstellungen entsprechen. Dann kann die Umweltberatung als Ziel zur Seite gelegt werden, und sie wird an einem neuen Plan arbeiten müssen. Diese Zeit ist niemals verloren. Frau Siebert hat Klarheit und vor allem viele neue Kontakte gewonnen, die ihr helfen werden, den Zufall herbeizuführen, der sie in eine neue Position führen wird.

Diese sehr zeitintensive Form der Informationsgewinnung und der Annäherung an ein neues berufliches Ziel wird von vielen Klienten als zu aufwendig empfunden. Vor allem zu Beginn der Neuorientierung ist es eine sehr ungeliebte Aktivität. Ich muss sehr viel Geduld aufbringen, um meine Klienten immer wieder dazu anzuhalten, diese Kontaktpflege beizubehalten und jeden einzelnen Kontakt systematisch vorzubereiten.

Ergebnis Baustein 4

Herr Kramer weiß jetzt, in welche Richtung er gehen will. Einerseits wird er versuchen, wieder eine Position im Controllingbereich zu finden. Dabei wird er möglichst keine Führungsaufgaben mehr übernehmen, da er festgestellt hat, dass ihm das doch nicht wirklich liegt. Daneben will er sich bei Beratungsgesellschaften bewerben, weil ihm eine Beratungstätigkeit mehr liegt, ihm eine Aufgabe mit maximal vier Tagen die Woche attraktiv erscheint und finanziell für ihn auch darstellbar ist.

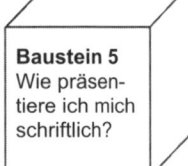

| **Baustein 5** Wie präsentiere ich mich schriftlich? | • Lebensläufe • (Zwischen)Zeugnis • Anschreiben/Marketingbrief • Projektlisten | • Referenzen • Vollständige Bewerbungsunterlagen |

Anders als Frau Siebert, die zahllose Bewerbungsratgeber gelesen hat und sich Musterlebensläufe und -anschreiben aus dem Internet ausgedruckt hat, hat Herr Kramer einen einzigen Lebenslauf vor zwanzig Jahren geschrieben – mit ihm hatte er Erfolg. Er ist etwas nervös und unsicher, weil er aus seiner Umgebung und der Zeitung weiß, dass Bewerbungen heute anders gehandhabt werden und befürchtet, dass er sich bereits bei den schriftlichen Unterlagen viele Chancen verbauen könnte.

Ich habe den Eindruck, dass die Flut der gut gemeinten Bewerbungsratgeber Klienten oft eher verunsichern, als dass sie in dieser Situation einen Halt geben. Es scheint so viel von der Optik der Bewerbungsunterlagen abzuhängen, es gibt so viele Aspekte im eigenen Lebenslauf, die bei Personalleitern dem Anschein nach eine Irritation hervorrufen können – ich bin immer wieder erstaunt, wenn ich höre, worüber sich Menschen während ihrer Bewerbungskampagne Gedanken machen, anstatt sich zu bewerben: die Farbe und Größe des Bewerbungsfotos, das gewählte Papier, Chronologie beginnend mit der aktuellen Position („das macht man wohl heute so") oder traditioneller Beginn mit der Grundschule, Bundeswehr in den Beruf oder die Ausbildung integrieren, Lebenslauf auf eine oder auf zwei Seiten (oder die berühmte „dritte Seite") und vor allem die Qualität der Bewerbungsmappe!

Vor einigen Jahren hatte ich den Eindruck, dass sich Personen, die keine Bewerbungsliteratur gelesen hatten, ungehemmter und offensiver an Unterlagen und die gesamte Bewerbungskampagne machten, als die Bewerbungsliteraturleser. Heute treffe ich niemanden, der sich noch nicht mit dieser Literatur beschäftigt hat. Es spricht nichts gegen diese teilweise mit viel Sachkenntnis geschriebenen Ratgeber. In der Beratungspraxis kann ich nur immer wieder feststellen, dass ein Buch, das für sich beansprucht „Die richtige Bewerbung"[41] zu beschreiben, eher blockiert als unterstützt. Was tun, wenn in zwei Büchern mit ähnlichen Titeln unterschiedliche Dinge beschrieben werden? Was tun, wenn ein befreundeter Experte, der einen Personalleiter sehr gut kennt, genau weiß, dass die beschriebenen Aspekte dort ganz anders gehandhabt werden? Was tun, wenn die Bewerbungen trotz der „richtigen" Bewerbung nicht zum Erfolg führen? Muss es dann nicht an der eigenen Person liegen, die eben nicht über die „richtigen" Qualifikationen verfügt?

Die Perspektive der Beraterin

In dieser Situation bemühe ich mich zuerst einmal um Ernüchterung und Versachlichung. Als erstes lenke ich die Aufmerksamkeit von Herrn Kramer auf die relevanten Aspekte seiner Bewerbungskampagne.[42] Ich versuche, ihm die Perspektive des betrieblichen Entscheiders nahe zu bringen: Wie geht ein Personalleiter mit Bewerbungsunterlagen um, wer selektiert nach welchen Kriterien, wie viel Zeit wird darauf verwandt und vor allem: welche relevante Information benötigt er, um eine Bewerbung für ein Vorstellungsgespräch vorzusehen. Herr Kramer kann in diesem Prozess seine Fähigkeit zur Perspektivübernahme schärfen – ein nicht zu unterschätzender Gewinn für weitere künftige Führungsaufgaben. Sicher muss er sich sorgfältig mit seinen Unterlagen be-

---

[41] Vgl. zahllose Literaturhinweise bei www.google.de

[42] Als Outplacementberaterin werde ich auch in privaten Zusammenhängen häufig nach Bewerbungsstrategien gefragt: Immer steht die Gestaltung der Unterlagen im Vordergrund, äußerst selten wird danach gefragt, auf welche Weise es gelingen könnte, Bewerbungsunterlagen bei relevanten Entscheidern zu platzieren.

schäftigen; die Optimierung der Bewerbungsunterlagen darf aber nicht – wie weit verbreitet – zur Hauptaktivität während seiner Bewerbungskampagne werden.

Was ist wichtig bei den Bewerbungsunterlagen?[43] Zuerst einmal sollte Herr Kramer sich weniger darüber Gedanken machen, was „richtig", sondern darüber, was „sinnvoll" ist. Es hilft immer, wenn ich den Klienten an diesem Punkt frage, was er persönlich denn wissen möchte, wenn er einen Bewerber seiner Qualifikation einstellen will. Viele Bewerber sind so auf eine Bittstellerposition konzentriert, dass sie vergessen, dass sie selbst die besten Informationen über die notwendige Qualifikation für einen ihnen vertrauten Aufgabenbereich verfügen. Sie können auch sehr gut selbst beurteilen, an welchen Aussagen eines Lebenslaufs sie merken können, ob der Bewerber über eben diese benötigten Qualifikationen verfügt.[44] Dieser Perspektivwechsel gibt Herrn Kramer mehr Sicherheit und damit mehr Handlungsorientierung.

Auch hinsichtlich des Umfangs der Bewerbung ist etwas mehr Nüchternheit angesagt. Für die gesamte Bewerbung gilt: Soviel wie nötig und so wenig wie möglich! Was ist hier die Perspektive des Personalauswählenden? Er muss sich in möglichst kurzer Zeit einen Überblick darüber verschaffen können, wer in die engere Wahl kommen soll. Die Unterlagen sollten ihn dabei unterstützen und ihn nicht mit einer Flut von Papier und Versuchen, möglichst originell zu sein, beschäftigen.

Anschreiben

Auch zum Thema Anschreiben gibt es ganze Abhandlungen. Sicher, es muss gut geschrieben sein, aber ich höre immer wieder von vielen Personalleitern, dass das Anschreiben eher überblättert wird,[45] um möglichst schnell zum Wesentlichen, dem tabellarischen Lebenslauf zu kommen. Ich helfe Herrn Kramer, möglichst schnell ein prototypisches kurzes Anschreiben fertig zu stellen, damit er aktionsfähig ist und sich nicht anhaltend mit diesem Thema beschäftigt.

Was ist wichtig am Anschreiben?

Es sollte kurz sein und nicht ausführlich nachzeichnen, was auf den folgenden Lebenslaufseiten noch einmal tabellarisch aufgeführt wird. Der Klient sollte weniger beschrei-

---

[43] Da mein Buch vorwiegend für Beraterinnen und Entscheider geschrieben wurde, gehe ich nicht ausführlich auf die Gestaltung von Bewerbungsunterlagen ein. Zu diesem Thema gibt es ausreichend Literatur auf dem Markt. Musterunterlagen können auch bei uns bezogen werden.

[44] Das trifft natürlich insbesondere für Führungskräfte zu, aber auch Menschen mit anderen Qualifikationen wissen sehr genau, woran sie einen guten Fliesenleger, eine MTA, einen Softwareentwickler oder einen Leitstandsfahrer erkennen können.

[45] Selbstverständlich wird es ebenfalls Personalleiter geben, die gerade dem Anschreiben besonders viel Aufmerksamkeit widmen.

ben, was ihn persönlich interessiert, sondern sich in die Situation dessen versetzen, der mit der ausgeschriebenen Position ein betriebliches Problem lösen muss: Aus dem Anschreiben muss deutlich werden, dass die Aufgabenstellung verstanden wurde und welche Qualifikationen und Motivationen der Bewerber mitbringt, um diese Probleme zu lösen. Mit diesem Vorgehen kann er seine fachliche Kompetenz deutlich machen und zeigen, dass er die Erwartungen des Unternehmens und die künftige Aufgabe realistisch einschätzen kann. Er weiß, dass diese Position nicht besetzt werden soll, um die Erwartungen und Bedürfnisse eines Bewerbers zu befriedigen, sondern weil bestimmte Aufgaben gelöst werden müssen.

Nachdem Herr Kramer über das obligatorische Telefonat mit dem ausschreibenden Unternehmen herausgefunden hat, welche Schwerpunkte seiner beruflichen Erfahrungen für das Unternehmen besonders interessant sein können, kann er diese beispielhaft auch im Anschreiben noch einmal erwähnen. Anschauliches Material dafür hat er über seine AHAs gewonnen.[46] Zusätzlich kann er einen kurzen Hinweis auf Schlüsselqualifikationen oder Eigenschaften, die vorherige Vorgesetzte, Kolleginnen oder Mitarbeiterinnen geschätzt haben, geben.

Er muss eine Begründung für die Arbeitssuche nennen, unabhängig davon, ob er sich aus der Arbeitslosigkeit oder aus einer vorhandenen Position bewirbt. Interessant ist auch der mögliche Arbeitsbeginn. Oft haben Klienten Hemmungen, ihre sofortige Verfügbarkeit aufgrund von Arbeitslosigkeit oder Freistellung anzugeben. Sie sollten bedenken, dass die Möglichkeit, sofort zu beginnen, für das Unternehmen aber besonders interessant sein kann. Lange Kündigungszeiten sind oft ein Problem für den einstellenden Betrieb. Keinesfalls sollte der Gehaltswunsch genannt werden, es sei denn, der Bewerber sieht sich in der glücklichen Lage, keine Tätigkeit unterhalb der von ihm gewünschten Gehaltshöhe annehmen zu müssen.[47]

Lebensläufe

Auch hinsichtlich des Lebenslaufes ist es sinnvoll, sich zunächst weniger Gedanken um die Form, sondern sich vor allem Gedanken um den Inhalt zu machen. Mit der Erarbeitung der beruflichen und persönlichen Erfolge und Kompetenzen[48] hat Herr Kramer ein gut sortiertes Material, mit dem er seinen Lebenslauf anschaulich aufbauen kann. Da er durch sein Telefonat mit dem Personalzuständigen oder Fachvorgesetzten des Unter-

---

[46] Vgl. Baustein 2, S. 43 ff.

[47] Mit ist klar, dass ich mir mit diesem Hinweis den Zorn aller Personalentscheider zuziehe, haben sie doch den Wunsch nach Gehaltshöhe in die Stellenanzeige mit dem klaren Ziel hineingeschrieben, Bewerber mit nicht passendem Gehaltswunsch auszusortieren. Hier zeigt sich wieder, dass der Outplacementberater der natürliche Feind des Personalleiters ist: Während der Personalleiter möglichst viele Bewerber aussortieren will, um mit wenig zeitlichem Aufwand den passenden Bewerber zu finden, will die Outplacementberaterin ihren Klienten zu möglichst vielen Vorstellungsgesprächen verhelfen.

[48] Vgl. Baustein 2, S. 43 ff., Baustein 3, S. 50 ff.

nehmens weiß,[49] welche spezifischen Anforderungen gestellt und welche Kompetenzen benötigt werden, um die anstehenden Probleme zu lösen, ist es einfach für ihn, zu prüfen, ob sein Profil auf diese Position passt und welcher seiner Erfolge und Vorerfahrungen er in den Lebenslauf integrieren sollte. Es zeigt sich in jeder Beratung, dass der Lebenslauf sich von selbst schreibt, wenn sowohl die eigenen Kompetenzen als auch die Anforderungen des Unternehmens klar sind.

Was will das Unternehmen?

Mit zwei Argumenten, die auch Herrn Kramer bei der Formulierung des Anschreibens und des Lebenslaufes für eine spezifische Bewerbung stark blockieren, bin ich immer wieder konfrontiert: Aufgrund der Stellenausschreibung könne er nicht wissen, welche Probleme im neuen Unternehmen gelöst werden sollen. Vor allem Führungskräften gegenüber genügt ein nüchterner Hinweis: Wenn Herr Kramer nicht weiß, was das Unternehmen von ihm erwartet, weshalb bewirbt er sich dann? Wenn er sich nicht vorstellen kann, welche Aufgaben bei einer bestimmten Stellenausschreibung auf ihn warten, dann liegen bei ihm offensichtlich keine Kenntnisse bzw. Erfahrungen über diesen Aufgabenbereich vor. Hier bin ich insbesondere bei Führungskräften sehr klar: Wenn er nicht in der Lage ist, über Stellenausschreibung, Recherchen und Gespräche mit der Personal- oder Fachabteilung des Unternehmens die inhaltlichen Anforderungen herauszufinden, dann ist er offensichtlich nicht für die ausgeschriebene Stelle geeignet.[50]

Chronologischer oder funktionaler Lebenslauf?

Bei der Gestaltung der Lebensläufe unterscheiden wir formal zwischen dem chronologischen Lebenslauf, bei dem traditionell die Inhalte der Aufgabe den einzelnen Positionen und Zeiten zugeordnet werden und dem funktionalen Lebenslauf, bei dem auf der ersten Seite die beruflichen Stationen chronologisch geordnet werden und auf der zweiten Seite ein gebündelter Überblick über die beruflichen Kenntnisse und Erfahrungen des Bewerbers dargestellt werden. Der funktionale Überblick eignet sich besonders für Personen,

- die aufgrund ihres Alters sehr viel Informationen auf zwei Seiten unterbringen müssen,

- die damit eine diskontinuierliche Berufsbiografie „harmonisieren" und übersichtlicher gestalten können,

- die in unterschiedlichen Unternehmen immer vergleichbare Aufgaben hatten.

---

[49] Vgl. Baustein 6, Suchstrategien auf dem Arbeitsmarkt, S. 71 ff.

[50] Das ist natürlich etwas anderes bei Berufsanfängern.

Für Kurzbewerbungen oder Direktbewerbungen kann ein Know-how-Profil, ein komprimierter Lebenslauf oder eine Projektliste erstellt werden.[51]

Was ist richtig?

Empfehlungen dahingehend, welche Form bei Personalleitern besser „ankommt", sollte die Beraterin vermeiden. Sie sollte dem Klienten Sicherheit vermitteln, welche Form zu seinem spezifischen Profil und der zu besetzenden Position passt. Es hilft dem Klienten zumeist, wenn man ihn darauf hinweist, dass Personalleiter sehr unterschiedlich sind, dass Empfehlungen aus der Bewerbungsliteratur häufig nur die Vorlieben der Autoren widerspiegeln oder Hinweise multiplizieren, die bislang auch schon in vielen Veröffentlichungen zu finden waren. Diese Hinweise sind nicht unbedingt falsch, helfen dem Klienten jedoch wenig, weil sie sich teilweise widersprechen. Ich erzähle meinen Klienten immer, dass ich alle mir bekannten Personalleiter bei der Akquisition oder der Zusammenarbeit frage, welche Form und welche Inhalte ihnen bei Bewerbungen besonders wichtig sind. Und das wenig erstaunliche Ergebnis ist, dass es unterschiedlich gesehen wird. Ich bitte in diesem Zusammenhang die Klienten, in ihrem Bekanntenkreis den Test zu machen, inwieweit die amerikanische Gewohnheit, den Lebenslauf mit der aktuellen Tätigkeit zu beginnen, statt der deutschen Vorliebe, auch bei 50jährigen mit der Volksschule zu beginnen, von ihnen für richtig gehalten wird. Und jedes Mal kommt der erstaunte Klient mit der Erkenntnis zurück, dass ein Drittel der Befragten der Meinung ist, diese amerikanische Form sei heute ein absolutes Muss, ein Drittel die Meinung vertritt, dass wir schliesslich den Amerikanern nicht alles nachmachen müssten und man auch nicht jeden neuen Trend mitmachen muss, und das letzte Drittel von sich gibt, dass es ihnen vollständig gleichgültig sei.

Gerade bei Führungskräften sollte davon ausgegangen werden, dass sie selbst wissen, welche Informationen ein Personalleiter benötigt, um entscheiden zu können, ob das Profil des Bewerbers und die ausgeschriebene Position zueinander passen. Wenn alle diese Informationen im Lebenslauf lesefreundlich und nachvollziehbar dargestellt sind, dann ist die Frage nach der Form des Lebenslaufs, der Farbe des Bewerbungsmäppchens oder der sich durch viele Beratungen ziehenden Frage nach der Notwendigkeit eines gesonderten Deckblatts eher marginal. Stark sicherheitsbedürftige Klienten befriedigt meine Argumentation nicht. Wenn ich das erkenne, rate ich zu einer bestimmten Form, allerdings nicht aus Überzeugung, sondern um dem Klienten die oft angstbesetzte Entscheidung abzunehmen.

---

[51] Ich habe in diesem Buch darauf verzichtet, detailliert das Thema Lebensläufe zu behandeln, da es dazu ausreichend Literatur gibt. Musterbeispiele können aus der existierenden Bewerbungsliteratur entnommen oder von uns angefordert werden. Obwohl ich überzeugt davon bin, dass die von uns gestalteten Lebensläufe besonders zweckdienlich sind, habe ich dem Leser inzwischen hoffentlich deutlich machen können, dass ich anderen Aspekten der Bewerbungskampagne mehr Bedeutung beimesse.

Grundsätzlich weise ich meine Klienten auf das Positive der Erkenntnis hin, dass es keine bestimmte Form gibt, die von allen Personalleitern bevorzugt wird: Das hat durchaus einen Vorteil, denn wenn es das „Richtige" nicht gibt, kann es auch das „Falsche" nicht geben. In Abwesenheit von Sicherheit kann der Klient gleich das tun, was er für richtig hält. Die Chancen, dass er damit den Geschmack des Personalleiters trifft, sind genau so gross wie sie es bei der Befolgung eines bestimmten Ratschlags gewesen wären. Letztlich muss der Klient selbst entscheiden, welche Form er sinnvoll findet oder welche ihm gefällt.

So viel wie nötig, so wenig wie möglich

Zur Ausbildung sollten nur die relevanten Zeugnisse beigelegt werden. Für ältere Hochschulabsolventen kann das Zeugnis der Mittleren Reife oder auch das Abiturzeugnis entfallen, es sei denn, der Bewerber will durch seine Zeugnisse den zweiten Bildungsweg dokumentieren. Dagegen sind alle Arbeitszeugnisse oder Beurteilungen für den potenziellen Arbeitgeber wichtig, was auch Praktikumnachweise oder Bescheinigungen über ehrenamtliche Tätigkeiten beinhalten kann.[52] Abhängig von der Qualifikation und der Berufssparte können Publikationslisten, Arbeitsproben, Unterlagen über Produktentwicklungen, Patente usw. dazu gelegt werden. In jedem Fall gilt „soviel wie nötig und so wenig wie möglich".

Der Lebenslauf als erster Kontakt zum künftigen Arbeitgeber?

Das blockierende Argument, der Lebenslauf stelle den ersten Kontakt zum potenziellen Arbeitgeber dar und sei daher von immenser Bedeutung, entkräfte ich mit dem Hinweis, dass der Lebenslauf eben möglichst nicht der erste Kontakt sein solle. Der erste Kontakt sollte z. B. über ein Eingangstelefonat bei Stellenanzeigen oder auch bei einer Direktbewerbung oder idealerweise über ein Kontaktgespräch hergestellt werden. Die Bewerbungsunterlagen sind dann eine schriftliche Zusatzinformation zu diesem positiven ersten persönlichen Eindruck. Auch auf die Gefahr hin, mich zu wiederholen: Es muss dem Klienten immer wieder deutlich gemacht werden, dass das systematische Herstellen positiver erster Eindrücke seine Hauptaktivität sein muss.[53]

Die Perspektive der Beraterin

Auch in dieser Phase ist es meine wichtigste Aufgabe, Herrn Kramer von nutzlosen und zeitraubenden Spekulationen über berufliche Chancen (eine der beliebtesten Beschäfti-

---

[52] Das gilt zumindest bis zu einer bestimmten Qualifikations- und Hierarchieebene. Je weiter die Bewerbung in der Hierarchie oben angesiedelt ist, desto weniger Unterlagen sind ausreichend und stattdessen gewinnen Referenzen an Bedeutung.

[53] Vgl. Baustein 7, S. 99 ff.

gung Arbeitssuchender) abzulenken und zu sinnvollen Aktivitäten zu bringen. Mein explizites Beratungsthema in diesem Baustein sind die Bewerbungsunterlagen; gleichzeitig geht es immer wieder darum, Herrn Kramer zu motivieren, über seine Erfolge nachzudenken, darüber, welchen Nutzen er einem bestimmten Unternehmen bringen kann und welche Art von Arbeit ihm wirklich liegt und Spaß macht. Darüber hinaus geht es auch immer darum, Herrn Kramer zu einer sinnvollen Nutzung seiner Zeit zu bringen und ihm damit auch Erfolgerlebnisse zu ermöglichen.

Ergebnis Baustein 5

Herr Kramer ist versorgt mit allen Unterlagen, die ihm ermöglichen, jederzeit schnell zu reagieren, wenn eine interessante Stellenanzeige oder ein Kontakt zu einem Multiplikator entstanden ist. Mit seinen prototypischen Anschreiben oder Marketingbriefen fällt es ihm leicht, in kurzer Zeit zielgenau auf Stellenanzeigen zu reagieren oder bei Unternehmen durch Marketingbrief und einen komprimierten Lebenslauf ein erstes Interesse zu wecken. Ich weise meine Klienten immer wieder darauf hin, wie wichtig es ist, alle Unterlagen abrufbar im Rechner zu haben, um schnell reagieren zu können. Ich erlebe es immer wieder, dass Menschen bei interessanten Kontakten oder Stellenanzeigen nicht reagieren, nur weil sie Schwierigkeiten hatten, die Unterlagen zu erstellen. Nachdem die aufwendige Arbeit an den Unterlagen erledigt ist, kann Herr Kramer sich in Ruhe auf die nächsten wichtigen Schritte konzentrieren.

WOCHE 6

Zeit	Montag	Dienstag	Mittwoch	Donnerstag	Freitag
09.00	Zeitungsdurchsicht	Telefonate mit Personalleitern	Telefonate mit Kontaktpartnern		Urlaub
10.00	Telefonate mit Personalleitern, drei Bewerbungen nachtelefonieren	4 Absagen aus dem Briefkasten holen, Vorstellungsgespräch und Absagen in Orga-Ordner eintragen	Recherche nach Unternehmen für Direktbewerbung	Telefonat nach Bewerbung mit Personalleiter: ist in Urlaub, kommt in 3 Wochen wieder, vorher keine Entscheidung	Urlaub
11.00	Telefonat mit Outplacement-beraterin um Vorstellungsgespräch abzuklären	Orga-Ordner überprüfen, welche Aktivitäten offen sind		Personalberater teilt mit, dass Entscheidung für anderen Kandidaten gefallen ist	Urlaub
12.00	Mittagessen	Mittagessen	Outplacement-beratung: Herr Kramer ist demotiviert, langes Gespräch über familiäre und finanzielle Situation	Mittagessen	Urlaub
13.00	Vorstellungs-gespräch	Telefonat mit zwei Personalberatern, denen er Unterlage zugeschickt hatte	Vorschlag: Herr Kramer nimmt sich ein langes Wochenende und fährt mit seiner Frau an die Ostsee	Recherche nach vier Unternehmen, die interessante Ausschreibungen hatten	Urlaub
14.00	Vorstellungsge-spräch	Recherche nach Firmen für die Direktbewerbung	Telefonate mit drei Personalleitern auf eine Anzeige,	Recherche nach vier Unternehmen, die interessante Ausschreibungen hatten	Urlaub
15.00	Anschließend Kaffee mit ehemaligem Mitarbeiter, der auch in diesem Unternehmen arbeitet	Recherche nach Firmen für die Direktbewerbung	zwei finden Herrn Kramers Profil interessant, soll Unterlagen schicken		Urlaub
16.00			Arbeit an den Lebensläufen und neuen Anschreiben	Meeting mit Personalberater, der vor Wochen Bewerbung bekam und jetzt vielleicht doch ein Projekt hat	Urlaub
17.00	Auswertung des Vorstellungsgesprächs	Tennis mit Arbeitskollegen	Arbeit an den Lebensläufen und neuen Anschreiben	Orga-Ordner und Terminplaner prüfen, damit Freitag kein Telefonat vergessen wird	Urlaub
18.00		Tennis mit Arbeitskollegen	2 Bewerbungen versenden		Urlaub
19.00	Treffen mit Kontaktpartner				Urlaub
20.00	Treffen mit Kontaktpartner				Urlaub

| Baustein 6 Wie finde ich meinen passenden Arbeitsplatz? | Strategie 1 – Andere suchen lassen:
▪ Kontaktnetz
▪ Personalberater
▪ Staatliche/private Arbeitsvermittlung | Strategie 2 – Selbst suchen:
▪ Stellenanzeigen/Internet
▪ Direktbewerbung
▪ Stellengesuch |

Nach vier Wochen geht es Herrn Kramer nicht mehr so gut. Er ist mutlos und desillusioniert. Nach mehrwöchiger intensiver Sonntagslektüre der entsprechenden Zeitungen und Recherche in den einschlägigen Jobbörsen des Internets hat er festgestellt, dass es nur wenig Stellenausschreibungen gibt, die ihn interessieren oder die auf sein Profil passen. Angebote gibt es vorrangig für Kandidaten, die unter 35 Jahre alt und promoviert sind und über lange einschlägige Auslandserfahrung verfügen. Er hat sich auch auf einige Stellen beworben, die nicht genau auf sein Profil passen, aber da hat er entweder nichts gehört oder seine Bewerbungen postwendend zurückbekommen. Die guten Kontakte, über die er sich zu Beginn schnell eine neue Position erhoffte, haben sich nicht als erfolgreich erwiesen. Er „weiß" aus vielen Gesprächen mit Menschen aus dem Bekanntenkreis, dass Stellenanzeigen in den meisten Fällen nur ausgeschrieben werden, um Marketing für das Unternehmen zu machen. Außerdem seien die meisten Stellen bereits intern vergeben.

Zur Zeit ist er ziemlich deprimiert, weil doch alles schwerer ist, als er sich das vorgestellt hat. Etwas verbittert stellt er fest, dass er über keine guten Kontakte zu betrieblichen Entscheidern verfügt, weil er sich jahrelang auf die Inhalte seiner Arbeit konzentriert und nicht, wie andere, vorwiegend strategisch ein Beziehungsnetz aufgebaut hat.[54] Er finde überhaupt die gesamten Bewerbungsaktivitäten unerfreulich, es liege ihm nicht, sich zu verkaufen, und die lange unausgefüllte Zeit des Wartens auf Reaktionen sei zermürbend und führe zu Resignation.

Die Perspektive der Beraterin

Ich bin immer wieder erstaunt, dass auch berufserfahrene Führungskräfte wenig Fantasie entwickeln (können), wenn es um die Suche nach einer neuen Position geht. Daher ist es meine wichtigste Aufgabe in dieser Phase, Herrn Kramer neue Möglichkeiten zu eröffnen und gemeinsam mit ihm Ideen zu entwickeln, was er als nächstes tun kann. Ich erkläre ihm, nach welchen Mechanismen Stellen besetzt werden und stelle ihm die danach auszurichtenden Vorgehensweisen dar. Er muss verstehen, dass Stellenausschreibungen für Menschen, die nicht (mehr) über das gesuchte Mainstreamprofil verfügen,

---

[54] Herr Kramer hält das für einen Beweis seiner Integrität und Leistungsorientierung - es kann aber auch Ausdruck seiner nicht stark ausgeprägten Kommunikationsfähigkeit sein. In jedem Fall stellt sich in der jetzigen Situation als deutlicher Fehler heraus.

die unwahrscheinlichste Möglichkeit sind, eine neue Position zu bekommen und daher andere Suchstrategien sinnvoller für ihn sind. Er ist so sehr auf die bekannte Suchstrategie der Stellenanzeigen konzentriert, dass andere Möglichkeiten aus seinem Blickfeld ausgeblendet bleiben. Auch bei diesem Baustein gibt es wieder ein explizites Beratungsziel: Es werden ihm weitere Suchstrategien erklärt und die Umsetzung detailliert beschrieben. Das implizite Ziel in dieser Phase ist es, seine Wahrnehmung von beruflichen Chancen zu erweitern und sein Verhalten bei der Informationsgewinnung zu verändern.

Die dargestellten Suchstrategien findet Herr Kramer einleuchtend und nachvollziehbar. Schwieriger ist es, Herrn Kramer dazu zu bringen, bei der Umsetzung mit Systematik und Ausdauer vorzugehen. Die Zurückhaltung der Klienten hat eine Reihe von Gründen. Zu Beginn besteht oft eine verständliche Zurückhaltung bis Scham, Marketing in eigener Sache zu machen. Die Vorliebe für das Beantworten von Stellenanzeigen liegt aber auch daran, dass es eine relativ zeitökonomische und wenig beanspruchenden Tätigkeit zu sein scheint.[55] Wenn man sich jedoch den offenen und den verdeckten Arbeitsmarkt ansieht und die Suchstrategien betrachtet, die in den jeweiligen Sektor führen, dann wird deutlich, wo der Vorteil des Bewegens auf dem offenen Arbeitsmarkt liegt: Die Kosten der Informationsgewinnung sind im offenen Arbeitmarkt niedrig, der Erwerb von Tageszeitungen oder die Recherche im Internet ist wenig aufwendig. Betrachtet man demgegenüber die Vorgehensweisen auf dem verdeckten Arbeitsmarkt, dann wird deutlich, dass die Kosten der Informationsgewinnung erheblich sind. Die Recherche nach Unternehmen, die Ansprache von Kontaktpartnern beanspruchen ebenso viel Zeit, wie es ein ausgefüllter Arbeitstag tut.

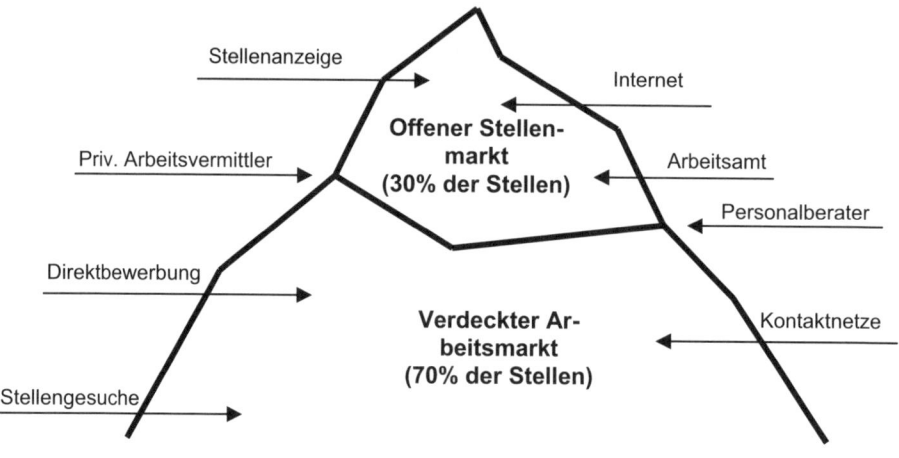

---

[55] Zumindest so lange Herr Kramer noch nicht weiß, wie er tatsächlich vorgehen sollte.

Betrachtet man dagegen das Ergebnis, „rechnen" sich die hohen Kosten der Informationsgewinnung: Bewegt sich Herr Kramer auf dem offenen Arbeitsmarkt, befindet er sich in Gesellschaft mit hundert bis dreihundert anderen Arbeitssuchenden, was die Wahrscheinlichkeit, eingeladen zu werden, sehr gering macht. Bewegt er sich auf dem verdeckten Arbeitsmarkt, ist er häufig die einzige Person, die zu diesem Zeitpunkt mit dem Unternehmen in Kontakt tritt.

Ein weiterer Grund für die Zurückhaltung vieler Klienten liegt darin, dass es sich um eine Arbeit handelt, die sehr sachorientierten Menschen nicht unbedingt liegt. Es geht um den Aufbau eines neuen Beziehungsnetzes, es geht um Beziehungsmanagement, es geht letztlich darum, täglich in eigener Sache zu akquirieren. Für Führungskräfte, zu deren Aufgabenbereich die Akquisition gehörte, ist dieser Aspekt der Bewerbungskampagne einfacher. Herr Kramer als Controller gehört nicht dazu. Ihm muss ich immer wieder deutlich machen, was jeder erfolgreiche Akquisiteur weiß: Der Erfolg in der Akquisition liegt nicht vor allem in einem hervorragenden Produkt und aussagekräftigen und attraktiven Produktunterlagen, sondern an der Zähigkeit und Systematik, mit der permanent potenzielle „Käufer" angesprochen werden. Ich habe festgestellt, dass es Klienten hilft, wenn ich ihnen meine eigene Akquisitionsstrategie erkläre und ihnen mitteile, dass Akquisition keinesfalls zu meinen Lieblingsaktivitäten gehört. Ohnehin sollten wir immer wieder Verständnis dafür zu zeigen, dass es nicht angenehm ist, alle guten Ratschläge zu befolgen, die wir geben müssen und dass wir auch nicht davon ausgehen, dass alle diese guten Ratschläge tatsächlich befolgt werden. Unsere Aufgabe ist es aber, immer wieder darauf hinzuweisen, dass letztlich nur deren konsequente Umsetzung zum Erfolg führt.[56]

Andere für sich suchen lassen

Viele Klienten sind überrascht, wenn ich ihnen zu diesem Zeitpunkt erkläre, dass sie nicht nur selbst suchen müssen, sondern auch andere für sich suchen lassen sollen. Sie finden, dass diese doch meinem Verbot, direkt nach einem Arbeitsplatz zu fragen, widerspräche. Aber es widerspricht sich nicht. Keinesfalls sollte der Arbeitssuchende seine Umgebung permanent nach einem Arbeitsplatz fragen. Er muss dafür sorgen, dass die Angesprochenen ein eigenes Interesse daran entwickeln (können), eine Position für den Suchenden zu finden oder durch die Weitergabe des Namens des Arbeitssuchenden einer dritten Person einen Gefallen zu tun.

Wie geht man nun vor? Als erstes bitte ich Herrn Kramer, sich in Erinnerung zu rufen, auf welche Weise er an seine letzte Position gekommen ist: In den meisten Fällen wird er mir mitteilen, dass seine Situation untypisch sei, dass er die letzte Position einem „zufälligen" Kontakt verdanke. Die Information meinerseits, dass diese Zufälle bei den

---

[56] Erstaunlicherweise und zur Freude der Outplacementberaterin hat eine Untersuchung über Erfolgskriterien der Arbeitssuche von 2002 herausgefunden, dass Erfolg vor allem diejenigen haben, die sich besonders häufig bewerben. So einfach kann das Leben manchmal sein.

meisten Kandidaten der Hintergrund für eine Position waren, führt zu großem Erstaunen. In der Gruppen-Outplacementberatung wird dies noch deutlicher: Zumeist 70 bis 80 Prozent der Seminarteilnehmer haben ihre Tätigkeit einem zufälligen Kontakt zu verdanken, nur weitere 10 Prozent einer Direktbewerbung und der Rest verteilt sich auf Stellenanzeigen, Arbeitsamt oder Personalberater.[57] Rein statistisch gesehen ist also die Nutzung von Stellenanzeigen zur Arbeitssuche eine wenig erfolgsträchtige Strategie. Umso erstaunlicher ist es übrigens, dass bei der Arbeitssuche die Durchforstung der Tageszeitungen oder seit einiger Zeit des Internets nach wie vor die verbreitetste Strategie ist.

Gemeinsam gehe ich jetzt mit Herrn Kramer die einzelnen Suchstrategien durch, damit er die für ihn passenden auswählen und anschließend seine Marketingstrategie festlegen kann.

Die sechs Suchstrategien lassen sich aufteilen in:

Strategie 1 – Andere suchen lassen
- Kontaktnetz nutzen oder den Zufall wahrscheinlich machen
- Personalberater suchen lassen
- Staatliche und private Arbeitsvermittler suchen lassen

Strategie 2 – Selbst suchen
- Stellenanzeigen auswerten (Printmedien und Internet)
- Direktbewerbung
- Stellengesuch

Suchstrategie 1: Andere suchen lassen – Kontaktnetz oder den Zufall wahrscheinlich machen

Gerade mit der Aktivierung des eigenen Kontaktnetzes tun sich die meisten Klienten zu Anfang schwer. Aber die Schwierigkeiten liegen je nach Kliententypus anders. Die eher extrovertierten Klienten, die ohnehin über sehr viele Kontakte verfügen und kommunikativ sind, haben damit weniger Probleme. Sie müssen eher zu einer gewissen Systematik und guten Vorbereitung genötigt werden. Oft haben sie bereits zu Beginn ihrer Suche schon alle Bekannten angerufen und nach einem Arbeitsplatz gefragt. In der Regel haben diese Kontakte auch zugesagt, etwas zu tun und der Klient kommt hoffnungsfroh in die Beratung und ist der Meinung, dass er eigentlich die vielen mühsamen Schritte der Outplacementberatung nicht mehr unternehmen müsse, da er über diese Kontakte bereits mehr oder weniger einen neuen Arbeitsplatz „in der Tasche" habe. Oft ist er nicht bereit, aktiv an der Neuorientierung weiter zu arbeiten, weil er „erst mal abwarten wolle", was sich aus diesen Anfangskontakten ergibt. Diese Klienten machen mir große Sorgen. Nach meiner Erfahrung wird in diesen Anfangskontakten in der besten Absicht

---

[57] Es ist dem Leser sehr zu empfehlen, diesen „Test" einmal in seinem Bekanntenkreis zu machen.

sehr viel versprochen und meistens zeigt sich im nachhinein, dass entweder die Position nicht passte, oder die Position zur Zeit doch nicht besetzt wird oder einfach doch zur Zeit gar keine Position existiert. Diese Erfahrung führt zumeist zu großer Entmutigung und die Bereitschaft, systematisch wieder mit der Neuorientierung zu beginnen, muss erst wieder aufgebaut werden.

Die zweite Klientengruppe ist weniger kommunikativ, eher introvertiert, redet nicht gerne über die Arbeitssuche und hat die Tendenz, sich in die eigenen vier Wände zurückzuziehen. Diese Klienten weisen mich gleich darauf hin, dass sie ohnehin kaum Kontakte haben und wenn, dann keine Personalentscheider, die ihnen weiterhelfen könnten. Diese Klientengruppe macht mir anfangs weniger Sorgen. Es gelingt immer, sie davon zu überzeugen, dass ein Kontaktnetz nach dem Schneeballsystem systematisch aufgebaut werden kann und dass jeder Kontakt nützen kann, auch wenn es sich nicht um Personalleiter oder Geschäftsführer handelt. Sie sind auch leichter davon zu überzeugen, dass ein systematisches Vorgehen den Erfolg der Kontaktnetzstrategie und der gesamten Bewerbungskampagne wahrscheinlicher macht. Manchmal fehlt ihnen die Leichtigkeit bei der Ansprache anderer Menschen. Je häufiger sie das tun, je mehr gewinnen sie Freude daran und profitieren damit nicht nur für die Phase der Neuorientierung, sondern auch für die künftige neue Berufstätigkeit.

Die Perspektive der Beraterin

Die schwierigste Aufgabe der Beraterin besteht darin, die Klienten davon abzuhalten, mit dem Satz „Haben Sie vielleicht einen Job für mich?" auf den Lippen durch die Welt zu laufen. Dieser Satz macht einsam. Niemand hat Jobs zu vergeben, aber niemand möchte einem sympathischen und deprimierten Menschen dieses sagen müssen. Immer wieder muss der Klient dazu gezwungen werden, den etwas mühsamen Weg der „Vorwandstrategie" zu wählen, um dann letztlich den erwünschten Erfolg zu haben.

Auch Herr Kramer hat inzwischen gemerkt, dass fast jeder Mensch potenziell ein wichtiger Kontakt sein kann, dass man vorab nicht wissen kann, welche Kontakte z. B. der eigene Nachbar durch Verwandtschaft, Sportverein, politische Partei oder Freundeskreis zu einem interessanten Unternehmen haben kann. Er muss jetzt nur immer wieder motiviert werden, konsequent bei dieser Strategie zu bleiben, auch wenn sich Erfolge nicht sofort einstellen. Mit jedem neuen Gesprächspartner hat er Multiplikatoren bei seiner Suche auf dem Arbeitsmarkt gewonnen. Mit jedem Gespräch weiß eine weitere Person, dass der Klient frei und zu haben ist. Mit dieser Strategie bleibt der Zufall nicht dem Zufall überlassen.

Was tun? – Den Zufall wahrscheinlich machen

Wenn die meisten Besetzungen von Positionen durch Zufall über das Kontaktnetz zustande kamen, dann muss der Zufall herbeigeführt werden. Auch wenn es dem Wesen des Zufalls zu widersprechen scheint, dass man ihn herbeiführt, ist es doch leicht vorstellbar, dass Situationen, in denen solche Zufälle passieren können, herbeigeführt werden können. Kontakte entstehen nicht oder selten durch das Versenden von Unterlagen, sondern dadurch, dass Herr Kramer Veranstaltungen aufsucht, auf denen er viele Menschen treffen kann oder gezielt Menschen anspricht, von denen er sich Unterstützung verspricht. Er muss einer großen Anzahl von potenziellen Multiplikatoren deutlich zu verstehen geben, dass er auf dem Markt und zu haben ist.[58]

---

[58] Vgl. Baustein 4, S. 55 ff.

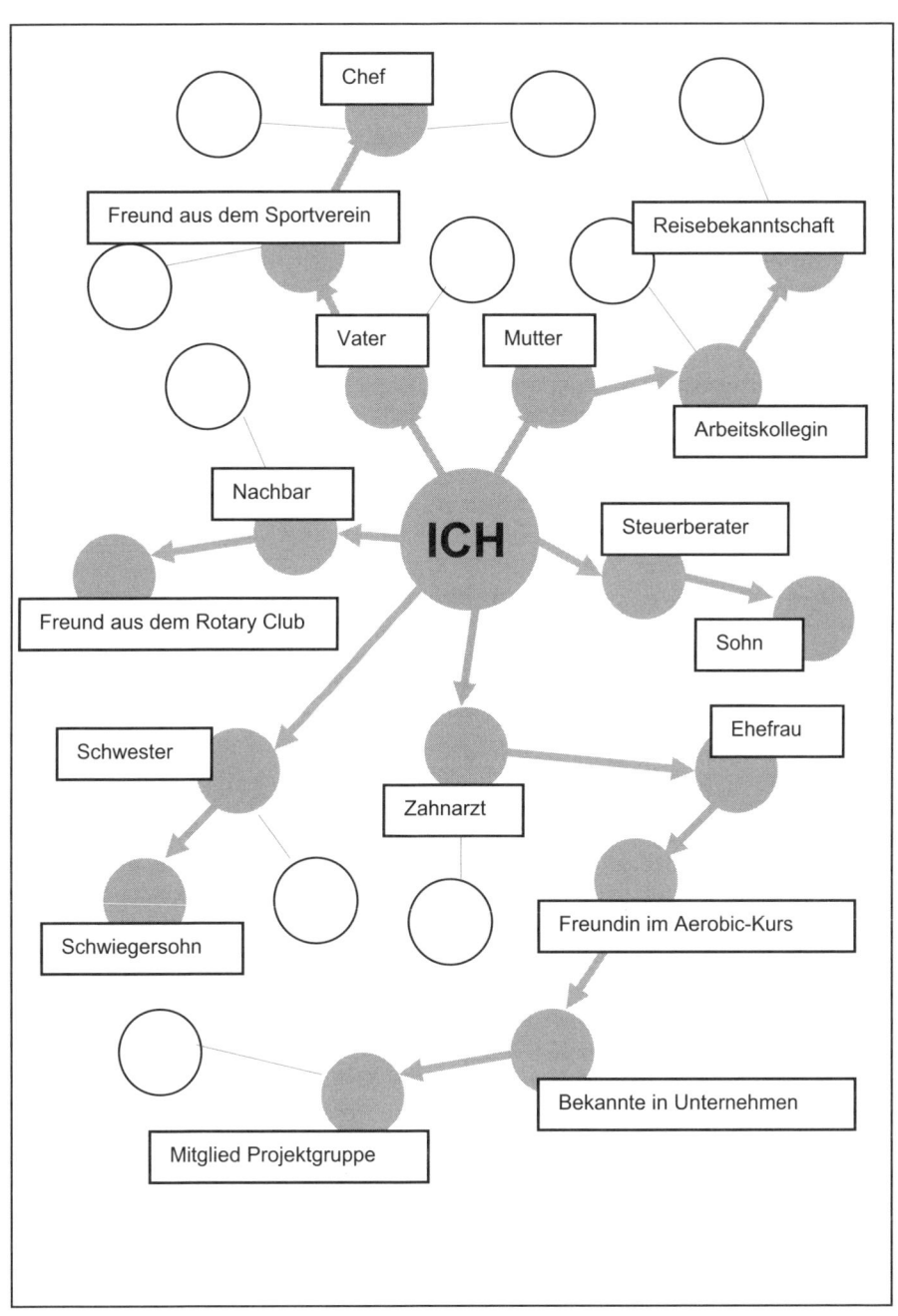

„Ich brauche Ihren Rat" – Eine erfolgreiche Vorwandstrategie

Es ist zeitaufwendig und mühsam, das eigene Kontaktnetz systematisch anzuzapfen und neue Kontakte aufzubauen – aber ertragreich. Das explizite Ziel dieser Strategie, mit der vom ersten Tag der Bewerbungsphase an begonnen werden sollte, ist es, Informationen über neue Berufsfelder, Arbeitsmarktchancen, Unternehmen, Positionen oder mikropolitische Bedingungen in Unternehmen in Erfahrung zu bringen. Das implizite Ziel dieser „Vorwandstrategie" ist es, durch sinnvolle und überlegte Fragen und eine geschickte Darstellung der eigenen Berufsbiografie[59] einen positiven und kompetenten Eindruck zu erzeugen, der wiederum dazu führt, dass sich der Gesprächspartner bei der Besetzung von Positionen im eigenen Hause, bei entsprechenden Nachfragen von Geschäftspartnern oder einfach im Freundeskreis an den Klienten erinnert.

Niemals sollte explizit nach einem Arbeitsplatz gefragt werden; ebenso wenig wie die allgemein gehaltene Bitte hilfreich ist, doch „einmal an ihn zu denken, wenn man von einer interessanten Position höre...". Wenn der Klient das Gespräch mit dem Hinweis auf seine berufliche Neuorientierung eröffnet und Fragen zu einem neuen Berufsbereich oder den Chancen eines bestimmten Arbeitsmarktsegments stellt, ist dem Gesprächspartner klar, dass der Klient einen neuen Arbeitsplatz sucht und die erbetenen Informationen ein wichtiger Baustein für seine Entscheidungsfindung sind. Er sollte nicht durch direkte Fragen genötigt werden, sich direkt dazu zu äußern, ob er den Klienten passend findet oder ob er überhaupt Informationen über eine Position besitzt. Es sollte allein dem Gesprächspartner überlassen bleiben, ob er dem Klienten von sich aus einen Arbeitsplatz anbietet.

Misserfolge für den Informanten vermeiden

Weicht der Klient von dieser Strategie ab und fragt direkt nach einer Arbeitsplatzmöglichkeit, ist die Wahrscheinlichkeit gering, dass der Gesprächspartner zufällig gerade über eine passende Vakanz verfügt und darüber hinaus auch noch der Meinung ist, dass der Klient darauf passt. Findet er den Klienten interessant und sympathisch und hat keine Vakanz für ihn, ist es ihm unangenehm, nichts für den Klienten tun zu können – und vielleicht erweist er sich auch nicht als so einflussreich, wie er sich gerne sehen würde. Damit besteht die Gefahr, dass der Klient ihm ein Misserfolgserlebnis bereitet. Das hat niemand gerne und so kann das dazu führen, dass er sich bei künftigen Kontaktversuchen des Klienten verleugnen lässt, um nicht wieder in die gleiche Situation zu kommen. Wenn dagegen tatsächlich eine Vakanz vorhanden ist, er aber den Klienten nicht für passend hält, wird es ihm unangenehm sein, diese Einschätzung direkt auszusprechen zu müssen. In beiden Fällen ist der Kontakt mit dem Klienten mit einem unangenehmen Gefühl assoziiert und wird künftig nach Möglichkeit vermieden.

---

[59] Vgl. den Two-Minute-Spot, Baustein 7, S. 99 ff.

Hat der Klient sich jedoch an das vorbereitete Skript gehalten und ausschließlich um Rat über einen den Gesprächspartner interessierenden und daher für ihn unkomplizierten Gegenstand gefragt, wird der Klient sich als kompetenter oder sympathischer Gesprächspartner einprägen. Damit ist das mittelfristige Ziel bereits erreicht. Wenn es dem Klient auch noch gelingt, den Eindruck zu vermitteln, dass die Informationen für ihn höchst nützlich waren, hat er seinem Gesprächspartner ein Erfolgserlebnis vermittelt, was den positiven Eindruck verstärken wird und vor allem die Möglichkeit bietet, ein weiteres Mal diesen möglicherweise wichtigen Gesprächspartner um Rat zu bitten. Hat der Klient den Gesprächspartner dagegen durch direktes Fragen „gezwungen", seinen Arbeitsplatzwunsch abzulehnen, ist kaum anzunehmen, dass die Bitte um weitere Gespräche akzeptiert werden wird. Es ist ebenfalls kaum anzunehmen, dass der Klient motiviert ist, trotz der Ablehnung mehrfach bei einem Gesprächspartner nach einer Position zu fragen. Im weiteren Verlauf der Bewerbungskampagne kann es aber ein deutlicher Nachteil sein, wenn ein wichtiger Kontakt durch dieses ungeschickte Vorgehen zerstört würde.

Suchstrategie 1: Andere suchen lassen

Personalberater für sich suchen lassen

Auch Herr Kramer hatte – wie viele - den Eindruck, dass Personalberater eine Position für ihn suchen würden. Er wusste nur nicht so recht, wie er die ihm bekannten Berater ansprechen sollte. Dabei handelt es sich um ein verbreitetes Missverständnis. Personalberater suchen im Auftrag eines Unternehmens eine passende Führungskraft für eine Vakanz. Sie werden vom suchenden Unternehmen und nicht von der vermittelten Führungskraft bezahlt. Aber gerade deshalb kann er den Personalberater für sich suchen lassen. Herr Kramer muss sich so vielen Personalberatern wie möglich vorstellen, weil einer von ihnen vielleicht gerade ein Projekt betreut, in das Herrn Kramers Profil passt. In dem Fall ist das Interesse des Personalberaters sofort geweckt. Herr Kramer sollte immer daran denken, dass er möglicherweise eine interessante ökonomische Ressource für den Personalberater darstellt.

Da ich selbst viele Anrufe von suchenden Führungskräften erhalte, die vermuten, dass ich als Personalberaterin, die ich nicht bin, für sie eine Position suchen könnte, weiß ich, wie ungeschickt sich die meisten dabei verhalten. Personalberater haben wenig Zeit. Ihnen muss kurz und präzise dargestellt werden, was der Klient bislang gemacht hat und was er sich künftig vorstellt. Durch einen gezielten One- oder Two-Minute-Spot muss der Personalberater sofort das Profil der Klienten erkennen, um entscheiden zu können, ob der Klient für ihn interessant ist.

Perspektive der Beraterin

Ich erlebe immer wieder, dass auch erfahrene Führungskräfte mich bitten, als Outplacementberaterin selbst bei dem Personalberater anzurufen. Das könnte ich, aber ich halte es nicht für sinnvoll.[60] Wenn eine Führungskraft nicht in der Lage ist, einen Personalberater anzurufen und diesem die eigenen Kompetenzen darzustellen, was sagt das über diese Führungskraft aus? Es ist eine Grundüberzeugung der Outplacementmethode, dass der Bewerber sich selbst „verkaufen" muss, wenn er Erfolg haben will. Dieses gilt umso mehr, je weniger der Bewerber über eine Mainstream-Berufsbiografie verfügt oder zu den absolut gesuchten Kräften des Arbeitsmarktes gehört. Umso mehr muss er durch seine fachlichen und sozialen Kompetenzen und seine Persönlichkeit überzeugen, um von den fehlenden Mainstreamqualifikationen abzulenken.

Meine Aufgabe ist es, Herrn Kramer dazu anzuhalten, systematisch alle passenden Personalberater anzusprechen und ihn auf die Gespräche mit dem Berater ebenso vorzubereiten wie auf klassische Vorstellungsgespräche. Personalberater haben wenig Zeit und sind schwer zu erreichen – hier muss an die Geduld und die Zähigkeit des Klienten appelliert werden. Vor allem aber muss ich Herrn Kramer trösten, wenn der von ihm sehr positiv und freundschaftlich empfundene Kontakt zu einzelnen Personalberatern abrupt abbricht. Er darf das nicht persönlich nehmen: Personalberater melden sich und haben Zeit für den Klienten, solange er eine interessante Ressource darstellt. Das ändert sich sofort, wenn der Klient nicht mehr interessant ist.[61]

Personalberater als Multiplikatoren nutzen

Der Personalberater sucht zwar i. d. R. nicht für Klienten, er ist aber ein äußerst wichtiger Multiplikator und Informant. Er weiß, ob und wo es offene Positionen gibt und welche Profile gesucht werden. Er wird sich mit dem Klienten schnell und unkompliziert treffen, den er als eine interessante Ressource für ein vorhandenes Projekt einschätzt. Natürlich kann es auch bei Personalberatern hilfreich sein, wenn man das Gespräch mit dem Verweis auf einen gemeinsamen Bekannten beginnen kann. Notwendig ist es nicht. Personalberater können direkt darauf angesprochen werden können, ob zur Zeit ein passendes Projekt für das Profil des Suchenden vorhanden ist. Wichtig ist es dabei, bereits am Telefon durch gute Vorbereitung kurz und präzise die Kompetenzen und Zielsetzungen darstellen zu können. Ebenso wie bei anderen Kontakten muss der Klient es dem Personalberater leicht machen, einzuschätzen, ob sich dieser Kontakt lohnt oder nicht. Auch für den Klienten ist das wichtig: Wenn er eine schnelle Rückmeldung erhält, sind das einerseits nützliche Informationen über den Markt und seinen Wert und zum anderen kann er sich schnell anderen Bewerbungsaktivitäten zuwenden.

---

[60] Ich weiß, dass andere Outplacementkollegen das tun. Aber man stelle sich nur vor, ich riefe bei einem Personalberater an und berichte von einer Führungskraft, die neben ihren fachlichen Kompetenzen auch noch über hohe kommunikative und soziale Kompetenz verfüge – aber nicht so gerne selbst anrufen wolle.

[61] Das spricht nicht gegen Personalberater, sondern verweist auf den Fokus ihrer Tätigkeit. Sie handeln im Auftrag eines Unternehmens. Das ist anders bei uns Outplacementberatern: Wir werden dafür bezahlt, dass wir nett zu unseren Klienten sind.

Wie viele Klienten weiß Herr Kramer nicht, woher er Adressen von Personalberatern bekommen kann. Dabei ist es einfach, Personalberater zu identifizieren: Er kann in die gelben Seiten schauen, Handbücher über Personalberatungen[62] durchsehen und vor allem täglich die Anzeigen von Personalberatern in den relevanten Tageszeitungen. Den Anzeigen lässt sich i. d. R. auch entnehmen, auf welche Branchen oder Hierarchieebenen sich Personalberater spezialisiert haben. Da es eine hohe Fluktuation unter Personalberatern gibt, sind Handbücher nicht immer aktuell. Am einfachsten ist es, die überregionalen und regionalen Tageszeitungen durchzusehen und sich eine Datenbank mit den dort inserierenden Beratern anzulegen Wenn möglich sollte er immer einen bestimmten Berater anrufen in einer Beratungsgesellschaft, um nicht gleich an der Sekretariatshürde zu scheitern.[63] Die wöchentliche Durchsicht ist auch hilfreich, weil der Klient damit immer auf dem aktuellen Stand ist, in welchen Bereichen und für welche Funktionen gesucht wird.

Je nach persönlicher Neigung kann er direkt anrufen oder vorab einen Lebenslauf mit einem kurzen Anschreiben schicken oder mailen, um einen Anruf in der nachfolgenden Woche zu avisieren. E-Mails haben oft den Vorteil, dass sie vom Adressaten selbst direkt mehrmals am Tag abgerufen und schnell beantwortet werden können. Briefe oder gar Bewerbungsmappe gehen den regulären Weg über Postmappen, der dauern kann. Wenn man sich dann noch vorstellt, dass die interessanten Personalberater täglich mit Bewerbungen überschwemmt werden, dann ist der direkte Anruf oder die E-Mail vorzuziehen.[64] Eine Möglichkeit, die bei Personalberatern und bei Direktbewerbungen genutzt werden kann ist es, einen guten Lebenslauf mit Bild und ein geschickt formuliertes Anschreiben ins Internet zu stellen. Hat der Personalberater nach dem Anruf Interesse gezeigt, kann er ein Passwort bekommen und sich unmittelbar den Lebenslauf aus dem Internet ausdrucken.

Personalberater können in der Regel sehr schnell entscheiden, inwieweit das Profil des Klienten von Interesse ist; der Klient hat daher auch schnell eine Rückmeldung. Es kann durchaus Sinn machen, nicht nur große Personalberatungen anzusprechen; die Größe steht nicht immer in einem direkten Zusammenhang zur Qualität oder Anzahl der Unternehmenskontakte des Beratungsunternehmens. Kleinere Beratungsgesellschaften nehmen sich unter Umständen sogar mehr Zeit für den einzelnen Klienten.

---

[62] Z.B. das BDU-Verzeichnis der Unternehmensberater

[63] Wir stellen unseren Klienten eine solche Datenbank zu Verfügung und führen auch Mailings an Personalberater für sie durch.

[64] Wichtig: Bei Online-Bewerbungen an ein gutes gescanntes Foto denken! Eine Bewerbung mit einem sympathischen und kompetent wirkenden Foto wird (etwas) weniger leicht zur Seite gelegt als eine „gesichtslose" Bewerbung.

Andere suchen lassen – Staatliche Arbeitsvermittler

Herr Kramer schätzt – wie die meisten Menschen – die Möglichkeiten der staatlichen Arbeitsvermittlung nicht sehr hoch ein.[65] Er hat nur schlechtes gehört oder gelesen und auch von anderen gehört, dass man dort nur wenig hilfreiche Erfahrungen machen kann. Ohnehin stellt er es sich sehr unangenehm vor, dorthin gehen zu müssen und würde es als eine große Niederlage empfinden, wenn er nicht vor dem Ende seiner Freistellung schon eine neue Position gefunden haben sollte.

Perspektive der Beraterin

Das Arbeitsamt und seine Möglichkeiten sollten nüchtern betrachtet werden. Vermutlich ist das Arbeitsamt weniger schlecht als sein Ruf und sollte in jedem Fall mit in die gesamten Suchstrategien einbezogen werden. Klienten sollten nicht allzu viel Hoffnung in das Arbeitsamt setzen, aber die sich dort bietenden Möglichkeiten nicht außer acht lassen. Und außerdem kann es bei geschicktem Vorgehen gelingen, auch die Beraterin des Arbeitsamtes zu einer Multiplikatorin zu machen. Für Führungskräfte ist zu empfehlen, dass die Zentralstelle für Arbeitsvermittlung (ZAV), die wie eine Personalberatung arbeitet, angesprochen und in jedem Fall in die Gesamtkampagne integriert wird.

Vorgehensweise gegenüber dem Arbeitsamt

Zu Beginn sollte sich der Klient Informationen über die Leistungen des Arbeitsamtes beschaffen. Folgt er meinem Projektmanagement, hat er das bereits zu Beginn seiner Kampagne getan.[66] Er kann bereits einige Wochen vor der Arbeitslosigkeit zum Arbeitsamt gehen und seine Ansprüche geltend machen, vor allem aber der zuständigen Arbeitsberaterin gegenüber signalisieren, dass er hochmotiviert ist, eine passende Tätigkeit anzunehmen. Es ist immer wieder mein Eindruck bei Vorträgen mit Vertretern des Arbeitsamtes, dass geklagt wird über das mangelnde wirkliche Interesse von Arbeitssuchenden. Diese Frustration der Arbeitsvermittler sollte sich der kluge Klient zunutze machen. Statt frustriert bis verärgert auf die zuweilen geringen Aktivitäten und meistens noch geringeren Möglichkeiten des Arbeitsamtes, personifiziert durch die jeweilige Beraterin, zu reagieren, sollte der Klient gut vorbereitet und mit ausreichend Empathie bewaffnet zu seinem Arbeitsamtstermin gehen. Wenn es ihm gelingt, die Arbeitsberaterin in ein angenehmes Gespräch zu verwickeln, ihr deutlich zu machen, dass er wirklich Arbeit sucht und dass er Verständnis für den oft schwierigen Beruf der Beraterin hat, kann er auch hier ein neues Mitglied seines persönlichen Netzwerkes gewinnen. Aller Wahrscheinlichkeit nach hat er anschließend noch keine neue Position, aber er hat –

---

[65] Die Debatte um einen etwas freien Umgang mit der Vermittlungsstatistik wird diese Einschätzung nicht verbessern.

[66] Vgl. Baustein 1: Klärung der finanziellen Situation, S. 32 ff.

bestenfalls – eine Person gewonnen, die von zu Zeit zu Zeit über Arbeitsplatzinformationen verfügt.

Dieser Nachfragetermin kostet den Klienten einmal einen halben oder ganzen Tag, aber er kann sich lohnen – als ein Mosaikstein im Rahmen der gesamten Bewerbungskampagne. Im Anschluss an diesen Termin kommt die Arbeitsberaterin in die Wiedervorlage.[67] Spätestens drei oder vier Wochen danach sollte dort angerufen werden. Das in diesem Zusammenhang gerne gebrauchte Argument, dass es so schwierig sei, im Arbeitsamt jemanden zu erreichen, lasse ich hier nicht gelten. In der Tat ist es schwierig, aber kann das ein Grund sein, es nicht anhaltend zu versuchen? An dem in der Wiedervorlage vermerkten Termin gehört der Anruf beim Arbeitsamt eben zu den fünf Aktivitäten, die an diesem Tag unbedingt erledigt werden müssen. Insgesamt ist die Zeit, die für das Arbeitsamt aufgewandt werden muss, nicht sehr hoch, aber der Klient vermeidet es, auch den kleinsten Hinweis zu verpassen.

Für Führungskräfte lohnt sich in jedem Fall, frühzeitig den Kontakt zur ZAV aufzunehmen. Die Vorgehensweise entspricht der beim Arbeitsamt, aber gerade hier ist der ständige persönliche Kontakt besonders wichtig. Die Berater der ZAV haben sich schon häufig darüber beklagt, dass sie sich große Mühe bei der Vermittlung geben, aber selten eine Rückmeldung darüber erhalten, inwieweit die Empfehlungen genutzt haben, die Kontakte wahrgenommen wurden oder die Vermittlung vielleicht erfolgreich war. Umso angenehmer fällt ein Klient auf, der von Zeit zu Zeit über seine Erfolge oder auch Misserfolge berichtet und weiterhin erkennen lässt, dass er sich bemüht und die Aktivitäten der ZAV zu würdigen weiß.

Über den persönlichen Kontakt hinaus kann es sich sogar für Führungskräfte lohnen, wöchentlich einen Blick in die Jobbörse des Arbeitsamtes (SIS) zu werfen.[68] Selbst wenn keine direkt passenden Angebote dort zu finden sind, kann man einen Eindruck von der Nachfrage erhalten oder auch auf Firmenadressen stoßen, die einem vorher nicht bekannt waren. Diese lassen sich wieder für Direktbewerbungen nutzen. Den häufigen Klagen, dass viele der Angebote nicht mehr aktuell seien, kann man nur entgegenhalten, dass bei wöchentlicher Durchsicht auch die aktuellen Angebote gefunden werden. Wer nur einmal alle drei Monate die Datenbank durchsieht, wird natürlich auf viele alte Angebote stoßen. Auch bei dieser Durchsicht gilt, dass nur Regelmäßigkeit und Systematik zum Erfolg führen.

Andere suchen lassen – Private Arbeitsvermittler für sich suchen lassen

Für Herrn Kramer als Führungskraft sind private Arbeitsvermittler weniger interessant. Bei Klienten aus anderen Hierarchieebenen empfehle ich, auch diese Multiplikatoren in die Gesamtstrategie mit einzubeziehen. Erstaunlicherweise existieren für diesen Bereich

---

[67] Vgl. Projektmanagement Bewerbungskampagne, Baustein 1, S. 32 ff. und Baustein 9, S. 108 ff.
[68] Aller Erfahrung nach werden hier allerdings wenig Angebote für Führungskräfte zu finden sein.

größte persönliche Vorbehalte und irrationale Befürchtungen, die für mich oft nur schwer nachzuvollziehen sind. Jeder hat irgendetwas von „schwarzen Schafen" gehört, die abenteuerliche Dinge mit hilflosen Arbeitssuchenden anstellen. Auch hier bemühe ich mich wieder, Nüchternheit in die Gefühlslage zu bringen. Sicher wird es hier wie überall „schwarze Schafe" geben. Aber die meisten Klienten, auch diejenigen ohne akademische Vorbildung, sind keinesfalls hilflos und durchaus in der Lage, sich ein Bild von der Seriosität der Arbeitsvermittler zu machen.[69]

Vorgehensweise gegenüber Arbeitsvermittlern und Zeitarbeitsfirmen

Grundsätzlich zeigt die Erfahrung, dass private Arbeitsvermittler oder Zeitarbeitsfirmen eine sehr gute Möglichkeit darstellen, auch an einen längerfristigen Arbeitsplatz zu kommen. Arbeitsvermittler tun das für Arbeitskräfte aller Qualifikations- und Hierarchieebenen das, was Personalberater oder Headhunter vorwiegend für Fach- und Führungskräfte tun. Meine Empfehlung geht dahin, sich gleich zu Beginn der Kampagne über das Internet oder das Branchenverzeichnis einen Marktüberblick zu verschaffen. Wenn nicht direkt aus der Anzeige hervorgeht, für welche Branchen, Berufe oder auch Hierarchieebenen Personal vermittelt wird, lässt sich das leicht über ein Telefonat klären. Aber auch bei diesen Telefonaten muss der Klient daran denken, dass es sich nicht um ein reines Informationsgespräch handelt, sondern dass auch hier der Two-Minute-Spot angewendet werden kann. Auch dieses Gespräch sollte dafür genutzt werden, einen positiven Eindruck zu machen und einen Multiplikator zu gewinnen. Die Gespräche müssen ebenso dokumentiert werden wie alle anderen Kontaktnetzgespräche und kommen anschließend in die Wiedervorlage.

Bei interessanten Vermittlern kann auch ein persönliches Gespräch nützlich sein, aber der Klient sollte daran denken, dass die wenigsten Menschen es schätzen, mit einem forschen „Ich war gerade in der Nähe, da dachte ich, ich komme mal vorbei"[70], bei ihrer Tagesplanung gestört zu werden. Je nach Absprache werden Bewerbungsunterlagen hinterlegt und im Anschluss kann der Klient nichts weiter zu tun, als etwa alle drei Wochen dort anzurufen und zu dokumentieren, dass er noch aktiv sucht. Gerade Arbeitsvermittler oder auch Zeitarbeitsfirmen sind für den Klienten nicht nur unter dem Aspekt des Arbeitsplatzangebotes interessant. Diese Berufsgruppe verfügt oft über sehr fundierte Informationen zur Nachfrage von Unternehmen und ist auch aus dieser Sicht äußerst interessant für den Klienten. In jedem Fall lohnt sich das stetige Nachfragen: Es ist immer wieder festzustellen, dass ein Arbeitsplatzangebot sich nur dadurch ergibt, dass der

---

[69] Im Zusammenhang mit der Diskussion um Gutscheine für Arbeitssuchende wetterte ein Mitglied des Bundestags gegen private Arbeitsvermittler, von denen er befürchtete, dass einige von ihnen nicht einmal eine entsprechende Berufsausbildung hätten! Wenn ein Außenminister ohne Berufsausbildung Deutschland im Ausland äußerst kompetent vertritt, weiß ich nicht, warum wir einem engagierten und kommunikativen Mensch ohne entsprechende Ausbildung nicht zutrauen sollten, Langzeitarbeitslose und Unternehmen zusammenzubringen.

[70] Ausnahmen bestätigen natürlich auch hier die Regel.

Klient gerade zum richtigen Zeitpunkt „zufällig" angerufen hat. Und der Zeitaufwand ist – ähnlich wie beim Arbeitsamt moderat: Zwei Tage für die Eingangsrecherche und anschließend alle drei Wochen maximal dreißig Minuten für die fünf Arbeitsvermittler, die aus der Sicht des Klienten für ihn interessant sein könnten.

Suchstrategie 2: Selbst suchen

Stellenanzeigen auswerten (Printmedien und Internet)

Natürlich kann Herr Kramer die Suche nach seinem neuen Arbeitsplatz nicht nur Multiplikatoren überlassen, er muss auch selbst suchen. Schon vor Beginn der Beratung hat er die entsprechenden Zeitungen durchgesehen, aber seine Vorgehensweise war nicht immer optimal. Man sollte denken, dass das Auswerten von Stellenanzeigen nicht geübt werden müsste. Aber immer wieder drängt sich mir der Eindruck auf, dass Klienten sich auf Stellenanzeigen bewerben, die sie nicht wirklich durchgelesen haben. Zur Entlastung muss man sagen, dass auch nicht alle Stellenanzeigen wirklich so präzise formuliert sind, dass eindeutig daraus hervorgeht, welches das gesuchte Profil ist. Wenn sich über 400 Personen auf eine bestimmte Stelle bewerben, dann ist sie häufig nicht eindeutig genug formuliert.

In den meisten Fällen sind den Klienten die für ihn relevanten Zeitungen mit Stellenanzeigen bekannt. Bei Jobbörsen im Internet[71] verhält es sich oft anders. Sie sind zwar inzwischen allgemein bekannt, häufig haben Klienten allerdings nicht den Überblick, welche Datenbanken wirklich informativ oder gerade für ihren beruflichen Hintergrund passend sind. Ältere Klienten sind auch oft unsicher, wie eine Bewerbung im Internet aussehen sollte. Das größte Problem bei allen Stellenanzeigen wird von den meisten Klienten allerdings darin gesehen, dass nicht erkennbar für sie wird, welche konkreten Anforderungen mit der ausgeschriebenen Aufgabe verbunden sind. Und aufgrund dieser Unsicherheit entscheidet sich die eine Hälfte der Bewerber dafür, sich gar nicht erst zu bewerben und die andere Hälfte, sich auf alle Positionen zu bewerben, die sie sich zutrauen.

Perspektive der Beraterin

Beide Reaktionen sind nicht ideal. Daher bemühe ich mich bei diesem Thema darum, den Klienten zu einer systematischen Aufbereitung aller interessierenden Stellenanzeigen zu bringen. Er lernt, Stellenanzeigen sinnvoll auszuwerten und kann dann entscheiden, ob er sich eine Chance bei der Bewerbung ausrechnet oder ob er die Stellenanzeige nur nutzt, um an den verdeckten Arbeitsmarkt zu kommen. Er kann sich auch auf Stellen bewerben, die ihn nicht interessieren – die aber auf sein Profil passen, nur um Vorstellungsgespräche entspannt und ohne Erfolgsdruck zu üben. Darüber hinaus kann er

---

[71] Z.B. www.jobpilot.de, www.stepstone.de, www.futurestep.de, www.job-consult.de u. v. a .m.

telefonisch auf Stellenanzeigen reagieren und die dortigen Ansprechpartner auch zum Bestandteil seines Kontaktnetzes machen.

Auswertung von Stellenanzeigen

Herr Kramer hat eine Reihe von Stellenanzeigen ausgewählt, die wir gemeinsam durchgehen und mit seinen beruflichen Erfahrungen, Kompetenzen und Schlüsselqualifikationen abgleichen.[72] Nur bei einer aussichtsreichen Übereinstimmung von Anforderungen und Profil sollte er sich bewerben. Bewerbungen nur abzuschicken, um irgendetwas getan zu haben, ohne es als einen ernsthaften Versuch zu betrachten, verursacht Kosten und außerdem Frustrationen, wenn die Unterlagen schnell zurückkommen.

Bei einer sorgfältigen Analyse der Stellenanzeigen wird schnell sichtbar, dass nicht eindeutig aus der Anzeige hervorgeht, welche konkreten inhaltlichen Anforderungen gestellt werden, wie die Niederlassung oder Abteilung strukturiert ist, ob das Unternehmen gerade in der Umstrukturierungsphase ist. Es bleiben also viele Fragen offen. Wie alle Klienten beginnt Herr Kramer nun zu spekulieren, was das Unternehmen mit einzelnen Formulierungen gemeint haben könnte. Dabei sind gerade diese offenen Fragen eine Chance, das Unternehmen kompetent anzusprechen. In keinem Fall sollte eine Bewerbung abgeschickt werden, ohne dass vorher telefonisch Kontakt aufgenommen wurde. Dieser Hinweis wird leider am häufigsten vernachlässigt. Immer wieder gestehen mir Klienten, dass sie eben doch nicht angerufen haben – weil es ihnen unangenehm war, weil sie nicht wissen, was sie fragen sollen, weil sie keine Telefonnummer haben... In meiner langjährigen Beratungspraxis habe ich festgestellt, dass sie mit den Vorabtelefonaten erst nach einer langen Zeit morgendlicher Enttäuschungen vor dem gut gefüllten Briefkasten beginnen. Und dass sie erstaunt feststellen, dass sie deutlich mehr Einladungen bekommen, wenn sie vor der schriftlichen Bewerbung einen telefonischen Kontakt gewagt haben.

Angerufen werden sollte auch dann, wenn ausschließlich um schriftliche Bewerbungen gebeten wird und keine Telefonnummer angegeben wurde. Auch hier fällt wieder das entgegengesetzte Interesse von Personalleiter oder Outplacementberaterin und Arbeitsuchendem auf: Oft schreiben Unternehmen, dass sie ausschließlich schriftliche Bewerbungen erwarten. Das ist verständlich, weil sie damit während der Arbeit nicht durch Anrufe von einer großen Anzahl von Bewerbern gestört werden möchten. Aus der Sicht des Bewerbers und der ihn unterstützenden Outplacementberaterin kann aber auf dieses Interesse keine Rücksicht genommen werden. Das vorgeschaltete Gespräch und die daraus gewonnenen Informationen sind so entscheidend für den Erfolg, dass sich auch der gehorsamste Bewerber darüber hinweg setzen sollte.[73]

---

[72] Vgl. Baustein 2, S. 43 ff., Baustein 3, S. 50 ff.

[73] Mir ist klar, dass ich mich nicht bei allen Personalleitern beliebt machen werde.

Allerdings muss das Gespräch sorgfältig vorbereitet werden.[74] Herr Kramer sollte sich genau überlegen, welche Fragen er stellen möchte. Gleichzeitig muss er darüber nachdenken, wie die Hürden „unwilliger" Ansprechpartner überwunden werden und er seine Fragen an die zuständige Person richten kann. Bei seinen Fragen kann er sich an den offen gebliebenen Punkten der Stellenanzeige orientieren und sich auf das Unternehmen, die Position und den künftigen Aufgabenbereich beziehen.

Den Personalverantwortlichen für das persönliche Kontaktnetz gewinnen

Mit diesem Telefonat werden zwei Ziele verfolgt: Wenn Herr Kramer die Fragen gut vorbereitet hat und es ihm gelingt, seinen Ansprechpartner dazu zu bringen, über die künftige Aufgabe zu sprechen, wird er viele auch informelle Informationen erhalten, die niemals in einer Stellenanzeige stehen können. Diese Zusatzinformationen können entscheidend sein; sie können dazu führen, dass er einsieht, dass eine Bewerbung keinen Sinn macht. Sie werden aber im Regelfall dazu führen, dass er sowohl Anschreiben als auch Lebenslauf sehr viel zielgenauer auf die genauen Anforderungen der ausgeschriebenen Stelle hin formulieren kann. Oft werden Erfahrungen verlangt, die der Klient für unwesentlich hielt, die aber in diesem spezifischen Fall von besonderer Bedeutung sein können. Bereits damit hat er einen Wettbewerbsvorteil gegenüber Klienten, die sich nur aufgrund der Stellenanzeige und ihrer Spekulationen darüber, was mit der Stellenanzeige gemeint sein könnte, bewerben.

Das zweite und fast noch wichtigere Ziel dieses Telefonates ist es, den Ansprechpartner zu einem Bestandteil des eigenen Kontaktnetzes zu machen. Wenn es gelingt, über intelligente Fragen und kommunikative Kompetenz nicht nur einen kompetenten Eindruck zu machen, sondern auch eine persönliche Beziehung herzustellen, ist es sehr wahrscheinlich, dass sich der Gesprächspartner an den Klienten erinnert. Das sichert in keinem Fall bereits die neue Position, macht aber die Wahrscheinlichkeit größer, dass der Klient wenigstens zu einem Gespräch eingeladen wird. Wenn im Gespräch auch noch die Möglichkeit entsteht, dass er seinen Two-Minute-Spot platziert, wird der Klient dadurch weniger anonym als die Masse der Bewerber, die nur über ihre schriftliche Bewerbung auf dem Schreibtisch landen. Er kann Interesse wecken und wird weniger anonym bleiben als die Masse seiner Mitbewerber.

Herr Kramer hat an diesem Punkt eine gewisse Skepsis, ob diese Vorgehensweise sicher das gewünschte Ziel – eine Gesprächseinladung – erreichen kann. Ich muss ihn enttäuschen, es gibt keine Sicherheit, aber die Wahrscheinlichkeit wird größer, dass er eingeladen wird. Und das ist immer wieder das Ziel aller Ratschläge der Outplacementberatung: Die Wahrscheinlichkeit erhöhen, eingeladen zu werden, als kompetenter Gesprächspartner wirken zu können oder zufällig gerade zur Stelle zu sein, wenn dringend jemand für eine bestimmte Position gesucht wird.

---

[74] Befreundete Personalleiter berichten genervt, dass so beratene Bewerber am Montag früh anrufen und vorsichtig nachfragen, ob die Stelle, die in der Sonntagszeitung ausgeschrieben wurde, bereits besetzt wurde.

Nach dem Telefonat

Bei der Bewerbung bezieht Herr Kramer sich im Anschreiben auf das Telefonat und die dort angesprochenen Aufgabenbereiche. Er bedankt sich für das informative Telefonat und muss im Anschreiben und seinem adaptierten Lebenslauf zeigen, dass er wirklich verstanden hat, worauf es bei der Stellenbesetzung ankommt. Er muss weniger über sich selbst sprechen und stattdessen mehr über die zu anstehenden Probleme des Unternehmens und welche Erfahrung er damit hat, derartige Probleme zu lösen.

Die Bewerbung auf eine Stellenanzeige muss äußerst sorgfältig vorbereitet werden, sobald sie allerdings abgeschickt ist, kommt sie in die Wiedervorlage und wird vergessen. Es ist wieder eine der Lieblingsbeschäftigungen von Arbeitssuchenden, Spekulationen über abgeschickte Bewerbungen anzustellen, für die Sache bringt das allerdings wenig. Nach jeder abgeschickten Bewerbung oder jedem abgeschlossenen Kontaktgespräch wird die damit einhergehende Aktivität im Projektordner dokumentiert und anschließend vergessen, bis zu dem Zeitpunkt, zu dem in dieser Sache wieder etwas getan werden muss. Stattdessen wird sich Herr Kramer sofort mit weiteren Aktivitäten beschäftigen – oder mit seiner Frau etwas Schönes unternehmen.

Erst drei Wochen nach Versendung der Bewerbung wird telefonisch nachgefragt, ob bereits eine Entscheidung gefallen sei. Nicht immer wünschen Unternehmen diese Anrufe, aber ein höfliches Telefonat wird die eigenen Chancen kaum verschlechtern, beruhigt aber die Ungewissheit des Klienten, der damit einen Überblick über den Stand seiner Bewerbungen erhält. Da Herr Kramer sich trotz meiner guten Ratschläge weiterhin den Kopf über bereits abgeschickte Bewerbungen zerbricht, kann es ihm helfen, wenn er erfährt, dass noch keine Entscheidung getroffen wurde, weil der entscheidende Hauptabteilungsleiter krank geworden ist („Ich bin noch im Rennen!"), oder dass alle nicht infrage kommenden Bewerber bereits über diese Entscheidung informiert wurden („Ich werde wahrscheinlich eingeladen!"), oder, ganz trivial, dass man einfach aus Arbeitsüberlastung noch gar nicht dazu gekommen ist, die Bewerbungen zu sichten („Es wird also noch eine Weile dauern!"). Oft ergibt sich auch ein interessantes Gespräch über die zu besetzende Stelle und der angesprochene Personalleiter erfragt noch weitere Informationen von Herrn Kramer, wodurch Herr Kramer wieder weniger anonym bleibt als sein Wettbewerber. Er hat wieder eine persönliche Beziehung herstellen können und damit seine Chancen erhöht, mindestens zu einem Vorstellungsgespräch eingeladen zu werden. Alles ist besser, als einfach abzuwarten und sich Sorgen zu machen.[75]

Üben, Üben, Üben

Es ist nicht immer einfach für mich, die Klienten dazu zubringen, vorher und nachher anzurufen. Bei besonders zurückhaltenden Klienten empfehle ich, jeden Tag mit min-

---

[75] Es ist immer wieder erstaunlich, wie viele Klienten noch Bewerbungen offen haben, die bereits mehrere Monate zurückliegen und bei denen sie nie gewagt haben, nachzufragen.

destens drei Telefonaten zu üben, wobei zu Beginn bei Positionen angerufen werden sollte, die nicht interessieren oder in Städten, in die der Klient auf keinen Fall ziehen möchte. Es hilft ungemein, täglich zu erproben, wie die eigenen Ängste überwunden und die zu Beginn nicht immer redewilligen Adressaten überzeugt werden. Die überraschende Erfahrung, dass zumeist positiv auf diese Anrufe reagiert wird und sich häufig sogar sehr nette Gespräche ergeben, in denen auch nützliche Ratschläge gegeben werden, entspannt den Klienten und hilft ihm, diese Strategie weiter durchzuhalten.

Herr Kramer ist jetzt frustriert und demotiviert

Die Stimmung von Herrn Kramer ist heute nicht besonders gut. Er hat bislang sehr engagiert in allen Phasen mitgearbeitet und die Beschäftigung mit sich selbst hat ihm auch gut getan. Die Kontaktgespräche sind gut angelaufen, stagnieren aber jetzt. Einige ihm wichtig erscheinende Kontakte sind schwer zu erreichen, die lange zurückliegenden Gespräche der Wochen haben noch nicht gefruchtet. Einige wollten zurückrufen, andere haben ihm mitteilen lassen, dass sie den zugesagten Kontakt zu einem befreundeten Personalleiter erst in drei Wochen nach dessen Urlaub realisieren können, sind für Nachfragen nicht zu sprechen und er hat das Gefühl, dass sie sich verleugnen lassen. Herr Kramer fragt sich, ob die von mir vorgeschlagene Vorgehensweise überhaupt nützt oder ob das nicht alles viel zu lange dauert. Inzwischen hat er auch acht Bewerbungen auf Stellenanzeigen abgeschickt, aber kann nichts weiter tun als warten. Auch seine Frau fragt sich inzwischen, ob denn diese teure Outplacementberatung wirklich etwas nützt. Herr Kramer ist ungeduldig und wirkt frustriert.

Diese Phasen werden immer wiederkommen. Die anfängliche Begeisterung, die die gute Beratung und die permanente Zuwendung der Outplacementberaterin bei den Klienten hervorruft, nützt sich ab. Diese Erfahrung hat auch dazu geführt, dass ich nach der anfänglichen Zuwendung, die nötig ist, um den unmittelbaren Trennungsschock zu mildern, durchaus zu einer etwas direktiven und fordernden Haltung dem Klienten gegenüber übergegangen bin. In der oben beschriebenen Stimmung von Herrn Kramer kann ich zwar Verständnis für seine Ungeduld zeigen, muss ihn aber darauf hinweisen, dass vier bis fünf Wochen objektiv eine sehr kurze Zeit sind, auch wenn ihm das subjektiv sehr lang vorkommt. Des weiteren gehe ich mit ihm den Terminkalender der letzten Woche und den der kommenden drei Wochen durch. Im Allgemeinen lässt sich in den Phasen der Ungeduld bei den Klienten immer wieder feststellen, dass zu wenig Aktivitäten laufen. Trotz Beteuerung des Klienten, dass er die festgelegten sechs bis acht Stunden an der Neuorientierung arbeite, stellt sich bei genauem Nachfragen heraus, dass durchaus noch Zeitkapazitäten innerhalb dieser Stunden frei sind. In diesen Fällen unterstütze ich den Klienten mit Ideen, wie er diese Zeit sinnvoll füllen kann.

WOCHE 4

Zeit	Montag	Dienstag	Mittwoch	Donnerstag	Freitag
09.00	Zeitungsdurch-sicht	Telefonate mit Personalleitern	Telefonate mit Kontakt-partnern	Sprechzettel Refe-renzgeber formu-lieren	
10.00	Zeitungsdurch-sicht	Telefonate mit Kontakt-partnern	Frühstück mit ehemali-gem Vorgesetzten, der aus dem Unternehmen	Telefonate mit Kontaktpartnern, Durchsicht von Zeitungen nach Informationen über Unternehmen	Outplacement-beratung: letzte Redaktion aller Sprechzettel für Referenzgeber
11.00	Telefonate mit Personalleitern, Üben Two-Minute-Spot	Arbeit an A-HAs	ausgeschieden ist und jetzt als freier Berater arbeitet	Sprechzettel Refe-renzgeber formu-lieren	Auswertung aller Kontakte, Über-prüfung Termin-kalender für die kommenden Wo-chen, Ab-sprache zusätz-licher Akti-vitäten
12.00	Mittagessen	Mittagessen		Mittagessen	Mittagessen
13.00		Arbeit an A-HAs	Outplacementberatung: Auswertung der AHAs,	Auto zur Werkstatt bringen, auf dem Weg Drucker zur Reparatur bringen	Briefe an alle Re-ferenzgeber,
14.00	Telefonate mit Personalleitern	Arbeit an A-HAs	Ableitung von Schlüssel-qualifikationen, Üben Two-Minute-Spot		Versendung der Post
15.00	Arbeit an AHAs	Üben Two-Minute Spot		Telefonat mit altem Freund, der vor Jahren auch eine neue Position su-chen musste	Telefonat mit Outplacementbe-ratung: Vorge-hens-weise in kurzfristig zustan-de gekommenen Vorstellungstermin
16.00	Arbeit an AHAs	Tennis	Telefonat auf Bewer-bung: Gibt es schon eine Entscheidung?	Telefonat mit Per-sonalleiter aus früherer Firma, um Informationen über Marktchancen zu erhalten	Üben Two-Minute-Spot
17.00	Arbeit an AHAs	Tennis	Telefonat mit Referenz-geber, der einen Tipp hatte		Joggen
18.00	Termin mit Per-sonalberater, der				Joggen
19.00	ihn nur kennen lernen möchte		Üben Two-Minute-Spot mit Ehefrau und Schwa-ger		
20.00					

Die bisherige Vorgehensweise muss evaluiert werden

Hat Herr Kramer aber seine Kontakte wirklich genutzt und bekommt dennoch keine Termine, keine Kontakt- oder Vorstellungsgespräche, bespreche ich mit ihm noch einmal exakt seine Vorgehensweise. Hält er sich doch nicht an das Verbot, nach einem Arbeitsplatz zu fragen? Ist er vielleicht zu zurückhaltend, wenn nicht sofort ein Gesprächsangebot kommt? Kann er nicht wirklich deutlich machen, worum es ihm geht? Jeder Klient kämpft mit anderen Schwierigkeiten und als Beraterin kann ich mich nicht darauf verlassen, dass meine Ratschläge einmal verstanden und anschließend auch entsprechend umgesetzt werden. In einer solchen Phase kann es Herrn Kramer auch helfen, wenn ich ihm eine neue Strategie vorschlage. Er kann sich mit einem neuen Thema beschäftigen und kann wieder das Gefühl entwickeln, etwas vorantreiben zu können.

Vorgehensweise bei der Direktbewerbung

Auch Herr Kramer hat schon davon gehört, dass er Unternehmen auch direkt ansprechen kann. Er hat das noch nicht getan, weil er nicht genau weiß, nach welchen Kriterien er die Unternehmen auswählen soll und wen er im Unternehmen ansprechen soll. Und - ganz wichtig für ihn – er befürchtet, sich Chancen zu verbauen, wenn er als Führungskraft einem Unternehmen zeigt, dass er tatsächlich auf einen Arbeitsplatz angewiesen ist.

Zu dieser Befürchtung kann ich ihm nur sagen, dass er sich möglicherweise Chancen verbauen kann, dass er aber tatsächlich auf einen Arbeitsplatz angewiesen ist und dass seine Chancen nicht besser werden, wenn er Unternehmen nicht anspricht. Und darüber hinaus ist es meine feste Überzeugung, dass inzwischen auch in den Entscheidungsebenen in Unternehmen angekommen ist, dass viele fähige Führungskräfte heute ihren Arbeitsplatz verlieren, ohne dass daraus automatisch Rückschlüsse auf ihre Leistungsfähigkeit zu ziehen wären.[76] In der Tat muss Herr Kramer genau prüfen, ob aufgrund der von ihm angestrebten Hierarchieebene Direktbewerbungen Sinn machen oder ob in seinem Fall tatsächlich vorwiegend über Stellenanzeigen oder Personalberater vorgegangen werden sollte. Wenn er sich allerdings für die Direktbewerbungsstrategie entscheidet, sollte sie wieder gut vorbereitet werden. Zufallstreffer sind zwar möglich – die erfolgsträchtigere Vorgehensweise ist die systematische Abarbeitung ausgewählter Unternehmen. Und das gibt Herrn Kramer wieder viel zu tun und lenkt ab von seiner derzeitigen resignativen Phase.

---

[76] Obwohl mir klar ist, dass das in der Beschreibung gängiger Karriereverläufe in entsprechenden Publikationen anders dargestellt wird. Dort hat die Freisetzung ganzer Führungsebenen nicht stattgefunden. Beschrieben werden stets optimal verlaufende Karriereverläufe künftiger Führungskräfte oder erfolgreiche Verläufe gegenwärtiger Führungskräfte.

Welche Unternehmen werden angeschrieben?

Falls Herr Kramer grenzenlos mobil ist – was nur bei wenigen Führungskräften der Fall ist – kann er aus dem Hoppenstedt[77] Unternehmen der von ihm gewünschten Branche und Größe deutschlandweit aussuchen. Je offener er bei der Auswahl der Unternehmen ist, desto größer die Ansprachemöglichkeit, nur zeigt die Erfahrung, dass Herr Kramer sich mit seinem beruflichen Know-how und der von ihm angestrebten Position auf bestimmte Branchen und Unternehmensgrößen konzentrieren sollte.

Ist er regional eingeschränkter, wird er in der von ihm bevorzugten Region weniger Auswahlmöglichkeiten hinsichtlich Branche, Unternehmensgröße, Produkt und auch Position und Gehaltshöhe haben. Aber zu Beginn der Suche sollte Herr Kramer durchaus festlegen, was ihm wichtig ist: Will er aus familiären Gründen am jetzigen Wohnort bleiben, wird er vielleicht mehr Reisetätigkeit und ein niedrigeres Gehalt akzeptieren müssen. Und vermutlich auch länger suchen müssen. Ist ihm trotz des vergangenen Misserfolgs wichtig, dass die nächste Position keinen Karriererückschritt bedeutet, ist er gut beraten, wenn er den Radius seiner Aktivitäten über den Wohnort hinaus ausdehnt.

In jedem Fall ist es für den Beginn der Direktbewerbungen sinnvoll, sich an eine Prioritätenliste zu halten. Um von der Vorstellung „Ich muss Unternehmen direkt ansprechen" zu einer Handlungsanleitung zu kommen, wird das Thema Direktbewerbung zu einem überschaubaren Projekt gemacht. Hat er eine branchengebundene Tätigkeit, wird er den Wettbewerb kennen und seine Suche ist einfach, die Erfolgsaussichten allerdings auch geringer. Ist er z. B. als Personalleiter in der Branchenwahl freier, recherchiert er entsprechend seiner Prioritätenliste nach Unternehmen. Diese Unternehmen werden nach relevanten Kriterien sortiert – Größe, Branche, Produkt, Entfernung –, um weitere Prioritätenlisten erstellen zu können.

Vorbereitung der Direktbewerbungen

Dann beginnt wieder eine neue Phase der Informationsgewinnung. Informationen über diese Unternehmen werden eingeholt, vor allem über sein inzwischen größer gewordenes Kontaktnetz – aber auch Internet und Zeitungsartikel helfen. Auch die Öffentlichkeitsabteilung größerer Unternehmen kann direkt angesprochen werden. Über das Kontaktnetz erhält er allerdings Informationen, die bei der Ansprache von entscheidender Bedeutung sein können. Herr Kramer erfährt etwas über die Situation im Unternehmen, mögliche zukünftige Veränderungen und Vakanzen, Machtverhältnisse oder Stimmungen und wichtige Ansprechpartner. Je mehr er über das Unternehmen weiß, desto besser kann er seine Bewerbung formulieren und auf den richtigen Schreibtisch bringen. Diese Recherchephase ist übrigens unschätzbar für die Gewinnung weiterer Kontakte. Der von allen Klienten gefürchtete Anknüpfungspunkt „Wie begründe ich meinen Gesprächswunsch?" ist da. Herr Kramer will wissen, ob Kontakt X irgendwelche Informationen

---

[77] Hoppenstedt, CD-ROM „Großunternehmen" und „Mittelständische Unternehmen", Verlag Hoppenstedt

über das von ihm recherchierte Unternehmen Y besitzt. Oder, wenn nicht, ob er nicht vielleicht jemanden kennt, der Informationen besitzen könnte?

Erst nach dieser Informationsgewinnungsphase – die durch die vielen Gespräche zu unerwarteten Angeboten führen kann – beginnt er mit der systematischen Ansprache der Unternehmen. Er sollte sich nicht scheuen, sehr viele Unternehmen anzusprechen. In der heutigen schwierigen Zeit für Nachfrager ist eine Rasterfahndung auf dem Arbeitsmarkt angesagt. Herr Kramer muss selbst entscheiden, ob er erst anruft und anschließend – wenn erwünscht – eine Bewerbung schickt oder ob er die bereits versandte Direktbewerbung als Aufhänger für seine Telefonate nutzt. Das ist vor allem eine Frage der Kommunikationsfähigkeit und Unerschrockenheit gegenüber desinteressierten bis ablehnenden Reaktionen am Telefon. Aber auch die Kontaktanbahnung über eine interessant geschriebene Bewerbung kann Interesse wecken und darüber das anschließende Telefonat sehr erleichtern.

Projektmanagement Bewerbungskampagne

Sehr pragmatisch muss ein Plan für die Versendung der Direktbewerbung gemacht werden.[78] Da im Marketingbrief das telefonische Nachfassen in der kommenden Woche avisiert wird, hat es wenig Sinn, an einem Tag dreißig oder fünfzig Bewerbungen zu versenden. Um diese Telefonate in der kommenden Woche auch abzutelefonieren, werden jeden Tag maximal drei bis fünf Bewerbungen abgeschickt. Auch damit wird Herr Kramer stark beschäftig sein: Nicht alle Entscheider sind verfügbar, nicht immer erinnern sich Unternehmen an die Bewerbung. Es ist enorm arbeitsaufwendig, diese Direktbewerbungen konsequent zu verfolgen, da in dieser Phase auch viele andere Telefonate und Termine aus anderen Suchstrategien im Kalender stehen werden. Aber nur damit kann der Erfolg herbeigeführt werden.

Viele Klienten argumentieren bei der großen Anzahl von Bewerbungen mit den hohen Kosten. Ich halte die Versendung von kompletten Bewerbungsmappen bei einer Direktbewerbung für überflüssig. Ein aussagekräftiger Lebenslauf mit Bild – es ist eine Frage der Philosophie, ob es sich um einen zweiseitigen Lebenslauf handelt oder ein einseitiges komprimiertes Kurzprofil – mit einem einseitigen Anschreiben reicht aus. Wenn Interesse geweckt wurde, wird der interessierte Entscheider sicher nach mehr verlangen. Auch im Zusammenhang mit Direktbewerbungen kann eine eigene Webseite nützlich sein. Ein kurzer Hinweis per Brief oder Mail mit Basisinformationen kann Interesse wecken: Ruft ein interessierter Personalberater oder eine Führungskraft aus einem Unternehmen an, erhält er das Password und kann sich den ausführlichen Lebenslauf ansehen oder ausdrucken.

---

[78] Vgl. Projektmanagement Bewerbungskampagne, Baustein 9, S. 108, ff.

Personalabteilung oder Fachabteilung ansprechen?

Herr Kramer ist unsicher, wer der korrekte Ansprechpartner für seine Direktbewerbung sein könnte. Grundsätzlich lässt sich sagen, dass die Geschäftsleitung bei hohe Hierarchieebene des Bewerbers der Ansprechpartner ist. Führungskräfte der mittleren Ebene sind oft unsicher, ob sie die Personalabteilung ansprechen sollen oder die entsprechende Fachabteilung.

Möglicherweise wäre der Personalleiter der korrekte Ansprechpartner. Mein Rat geht allerdings dahin, die Fachabteilung direkt anzusprechen.[79] Dazu muss man sich klar machen, was die Aufgabe der Personalabteilung ist: In den meisten Fällen müssen Stellen reduziert bzw. muss darauf geachtet werden, dass keine zusätzlichen Arbeitskräfte eingestellt werden. Insofern ist es wahrscheinlich, dass aus der Personalabteilung schnell eine höfliche Absage kommt. Demgegenüber sind die Fachabteilungen aus ihrer Sicht chronisch unterbesetzt und damit kann die zufällig hereinkommende Bewerbung mehr Interesse wecken. Die Hoffnung dabei ist, dass der Leiter der Fachabteilung vielleicht sogar mit Unterstützung der Geschäftsleitung zur Personalabteilung eilt und sich dort für eine zusätzliche Stelle stark macht. Oder dass er zumindest ein Gespräch mit Herrn Kramer führen will.

Die Absicht dahinter ist es wieder, den Leiter der Fachabteilung zu einem Multiplikator oder Fürsprecher zu machen. Es kann auch sein, dass der Leiter der Fachabteilung die Bewerbung ungelesen an die Personalabteilung weitergibt; aber dann ist die Situation auch nicht anders als vorher und Herr Kramer hat zumindest eine zusätzliche Chance gehabt. Natürlich gibt es auch Personalabteilungen, in denen attraktive Bewerbungen grundsätzlich angesehen und an die Fachabteilungen weitergegeben werden. Wenn aber keine genauen Informationen über die Praktiken des Unternehmens einzuholen sind, halte ich den Weg über die Fachabteilungen für potentiell ertragreicher.

Wie soll das Unternehmen angesprochen werden, wenn keine Stelle ausgeschrieben ist?

Vor allem kurz. Ausführliche grundsätzliche Betrachtungen über das Unternehmen, seine Marktpräsenz und die Attraktivität des Unternehmens für den Bewerber halte ich für überflüssig. Auch beim Marketingbrief – dem Anschreiben bei einer Direktbewerbung - sind längliche Prosaausführungen über die eigene Berufsbiografie, die anschließend im Lebenslauf tabellarisch dargestellt wird, nicht hilfreich.

Der Marketingbrief unterscheidet sich vor allem durch den Aufhänger, der sich im Anschreiben durch die Stellenanzeige ergibt und im Marketingbrief weitgehend der Kreativität des Bewerbers überlassen bleibt. Ein Aufhänger kann ein Zeitungsartikel sein, allgemeine Wirtschaftsnachrichten über die Branche oder – noch besser – der Bezug auf einen Kontaktpartner. Wenn all dies nicht möglich ist, helfen einige allgemeine Bemerkungen über die zunehmende Bedeutung des Controllings im Unternehmen und eine

---

[79] Mir ist klar, dass ich mich damit bei Personalleitern unbeliebt mache.

Bemerkung darüber, über welche Art von persönlicher und fachlicher Qualifikation Personen verfügen sollten, die dort erfolgreich arbeiten können. Es liegt auf der Hand, dass der Brief anschließend deutlich machen muss, dass der Klient über eben diese Qualifikationen und Berufserfahrungen verfügt. Der Brief schließt ab mit der Begründung für die Bewerbung – und die Begründung dafür, warum Herr Kramer sein aktuelles Unternehmen verlassen will oder warum er es bereits verlassen hat und dem Hinweis auf das Telefonat in der kommenden Woche.

Zähes Nachfassen

Und das ist für Herrn Kramer in den folgenden Wochen die wichtigste Aufgabe – er muss nachtelefonieren, ohne allerdings dabei die Stellenausschreibungen und seine Kontakttermine zu vernachlässigen. Auch hier ist wieder Durchhaltevermögen und eine hohe Frustrationstoleranz gefragt: Wenn er auf zehn Direktbewerbungen ein Gesprächsangebot bekommt, ist er richtig gut. Aber auch nur drei Gespräche bei fünfzig Anschreiben hätte er nicht bekommen, wenn er diesen großen Aufwand nicht betrieben hätte. Zumindest muss Herr Kramer sich das immer wieder sagen, wenn er Aufwand und Ergebnis vergleicht.

Suchstrategie 2: Selbst suchen - Stellengesuche

Bringen Stellengesuche etwas?

Diese Frage ist einfach zu beantworten: Es bringt auf jeden Fall nichts, wenn man keines aufgibt. Ich schließe den Überblick über Suchstrategien auf dem Arbeitsmarkt mit dem Thema Stellengesuch ab. Davon hält Herr Kramer aber gar nichts. Er hat sich die Stellengesuche in der Frankfurter Allgemeinen Zeitung angesehen und rechnet sich keine Chance aus, in dieser Menge von Suchenden gefunden zu werden. Außerdem weiß er gar nicht, ob Personalleiter auch Stellengesuche durchlesen. Und von einem Freund weiß er, dass diese Stellengesuche in der FAZ extrem teuer sind. Die gesamte Bewerbungskampagne bislang ist schon kostenintensiv genug. Ob ich eine Vorstellung davon habe, wie teuer seine Telefonrechnung geworden ist? Und die vielen abendlichen Kontakttreffen, bei denen er häufig den Gesprächspartner einladen müsse. Da will er sich in der jetzigen unsicheren Situation nicht auch noch die hohen Ausgaben für ein Stellengesuch mit unsicherem Ausgang leisten.

Herr Kramer hat recht. Stellengesuche sind teuer und haben einen ungewissen Ausgang. Aber Herr Kramer ist nicht in der Situation, es sich leisten zu können, auch nur eine Möglichkeit auszulassen, um an den verdeckten Arbeitsmarkt zu kommen. Ich kann ihm nicht garantieren, dass alle Personalleiter Stellengesuche lesen, aber einige tun es mit Sicherheit. Wenn er sich die hohen internen und externen Kosten einer Stellenanzeige für das Unternehmen vor Augen hält, ist die Suche in Stellenanzeigen sicher eine vernünftige Option für die Personalabteilung. Ob er von den Suchenden gefunden wird, hängt vor allem davon ab, wie er die Stellenanzeige gestaltet. Und die Kosten kann er reduzieren, in dem er über eine Anzeige in einer Fachzeitschrift nachdenkt, die deutlich kostengünstiger ist und darüber hinaus nur von einer interessierten Zielgruppe gelesen wird.

Vorgehensweise

Abhängig von der Qualifikation des Klienten bieten sich unterschiedliche Medien an: Akademiker, Fach- und Führungskräfte können, wenn sie die Kosten nicht scheuen, neben einer relevanten regionalen auch überregionale Tageszeitungen wählen. Alle Zeitungen geben Mediadaten heraus, in denen man alle relevanten Daten findet, nach denen entschieden werden kann, ob sich ein Inserat lohnt. Darüber hinaus bieten sich eine Fülle von Medien an: Neben Fachzeitschriften auch Verbandszeitungen, Stadtteilzeitungen und Anzeigenblätter bis hin zu Anzeigen an Stellwänden von Supermärkten oder an Bäumen in einem Bezirk, in dem man gerne arbeiten würde.

Wer antwortet auf Stellengesuche?

Ich bitte Herrn Kramer, auch hinsichtlich seiner Erwartung realistisch zu sein. Es werden Reaktionen kommen, aber nicht nur die gewünschten. Nach meiner Erfahrung lassen sich die Reaktionen auf gut formulierte und richtig platzierte Stellengesuche in drei Kategorien einteilen.

Kategorie 1: Finanzdienstleister, Anbieter von Strukturvertrieben und Unternehmen, die dem Suchenden hohe Einkünfte durch den Verkauf von Espressomaschinen in Aussicht stellen. Selbstverständlich spricht nichts gegen Finanzdienstleister, wenn der Klient Interesse daran hat. Da aber diese Zuschriften sich i. d. R. wenig an der Vorerfahrung des Klienten orientieren, sondern sich an alle Inserenten wendet, die sichtbar machen, dass sie auf der Suche nach einem Einkommen sind, passen hier Angebot und Nachfrage meistens nicht zusammen.

Kategorie 2: Bewerbungstrainer oder Outplacementberater, die dem Klienten anbieten, ihm für ein angemessenes Honorar die Bewerbungsunterlagen und seine Performance im Vorstellungsgespräch zu optimieren. Auch dagegen ist selbstverständlich gar nichts zu sagen und es ist zuweilen auch dringend geboten. Nach meiner Erfahrung entspricht es aber in diesem Stadium der Bewerbungskampagne nicht den Erwartungen und Bedürfnissen des Klienten.

Kategorie 3: Personalberater oder Unternehmen, die tatsächlich einen Arbeitsplatz zu vergeben haben. Und auf diese Kategorie kommt es an. Wenn Herr Kramer auf diese Weise auch nur zu ein oder zwei Gesprächen kommt, dann hat sich die Anzeige gelohnt, auch wenn diese Gespräche nicht direkt zu einem Vertragsangebot führen.

Die Gestaltung des Stellengesuchs

Ich erinnere Herr Kramer daran, dass er alle nur denkbaren Möglichkeiten ausschöpfen muss – er soll über eine Fülle von unterschiedlichen Aktivitäten eine Lawine auslösen. Das Stellengesuch gehört unbedingt dazu. Ich empfehle als erstes, dass Herr Kramer sich Stellenanzeigen aus Zeitungen danach ansieht, welche er als gelungen oder weniger gelungen einschätzt. Es wird ihm schnell auffallen, wie schlecht und ungeschickt die meisten formuliert sind. Wenn jemand inseriert:

> „Maschinenbauing., 52 J., kath., verh.,
> 2 Kinder, sucht neue Herausforderung."

frage ich mich, was einen Personalleiter motivieren sollte, aufgrund dieser Anzeige anzurufen? Es ist verständlich, dass versucht wird, durch wenig Worte Geld zu sparen. Aber diese Anzeige hätte sich der Inserent vollständig sparen können. Welche entscheidungsrelevante Information kann der Personaleiter daraus ziehen, dass der Inserent 52 Jahre alt, verheiratet und katholisch ist? Und selbst die Information „Maschinenbauingenieur" nützt bei einem 52jährigen wenig: Was hat er seit Abschluss seines Studiums gemacht? War er in der Konstruktion, im Vertrieb, in der Produktion? Hat er Gutachten geschrieben oder eine Abteilung mit 200 Mitarbeitern geführt? War er in der Automobilbranche, bei einem mittelständischen Filter-Hersteller oder in einem Ingenieurbüro, das sich mit Umweltgutachten beschäftigt? Die Zeitungen sind voll mit ähnlichen Anzeigen[80], was vermutlich auch der Hintergrund dafür ist, dass die meisten Inserenten der Meinung sind, dass das dann gut sein müsse, obwohl diese Inserate wenig ertragreich sind.

Was sucht der professionelle Leser von Stellengesuchen?

Wie bei Lebenslauf und Anschreiben sollte Herr Kramer hier wieder einmal die Perspektive des Anzeigenlesers übernehmen. Was interessiert den Personalleiter? Was muss er wissen, um einschätzen zu können, ob diese Person für ihn nützlich sein kann? Mit welchen Formulierungen mache ich ihn auf mich aufmerksam? Der introvertierte und sachorientierte Klient hat – und das spricht menschlich natürlich für ihn – eine ausgesprochene Abneigung dagegen, sich selbst nach Werbegesichtspunkten zu vermarkten. Aber ein Blick auf gut gestaltete Werbeplakate oder -broschüren kann hier durchaus hilfreich sein. Natürlich müssen Form und Inhalt sich entsprechen. Ein Volljurist wird sich anders in der Anzeige darstellen, als es ein Produktmanager bei Jakob Suchard tun muss. In jedem Fall muss die Anzeige lesefreundlich sein und das Augenmerk auf die relevanten Informationen lenken. Sie sollte formal gut gestaltet und gut strukturiert sein, keinen zu engen Text enthalten, Luft zwischen den Texten lassen und Überschriften („Eye Catcher") haben, die den Leser zu den relevanten Inhalten hinlenken. Ganz wichtig: Der Klient sollte kein breit gefächertes Angebot an Berufserfahrun-

---

[80] Leider auch in „Markt und Chance", dem Fachblatt der Arbeitsmarktverwaltung.

gen und Kompetenzen anbieten in der Hoffnung, dass der Leser sich das heraussucht, was passt. Die Anzeige muss deutlich machen, für welche spezifische Aufgabe sich der Klient anbietet; bei unterschiedlichen Zielpositionen werden mehrere Anzeigen mit klarem Profil erarbeitet.[81]

Die Gestaltung einer Anzeige ist einfacher, wenn man dem Schema folgt:

Ich kann: Hier sollte aufgezählt werden, welche Problemlösungen Herr Kramer dem Unternehmen anbietet.

Ich habe: Hier werden die Erfahrungen aufgeführt, mit denen Herr Kramer belegt, dass er ebensolche oder ähnliche Probleme auch im künftigen Unternehmen lösen kann.

Ich bin: Hier sollte Herr Kramer sich beschreiben: persönliche Daten, Eigenschaften oder Mobilitätsbereitschaft.

Wie letztlich das Stellengesuch formal gestaltet wird, sollte der Klient nach seinen Vorlieben entscheiden. In vielen Zeitungen und Zeitschriften wird er interessante Vorlagen finden.

Ergebnis Baustein 6

Herr Kramer hat alle Suchstrategien kennen gelernt und einiges davon auch bereits in die Praxis umgesetzt. Vor allem aber hat er seine Wahrnehmung von Möglichkeiten und Chancen erweitert. Außerdem kann inzwischen einschätzen, welche Strategien zu seinem Ziel und vor allem zu seiner Person passen. Vor allem aber ist ihm klar geworden, dass es eine Fülle von bislang ungenutzten Möglichkeiten gibt, an einen neuen Arbeitsplatz zu kommen. Er fühlt sich wesentlich handlungsfähiger als zu der Zeit, in der er auf das Wochenende und die neue Ausgabe der Frankfurter Allgemeinen Zeitung wartete.

---

[81] Musterstellengesuche können bei uns bezogen werden.

Baustein 7
Wie präsen-
tiere ich mich
mündlich?

- Kommunikation
- Präsentation
- Interviewvorbereitung
- Vorstellungsgespräche mit Videotraining

Herr Kramer ist ein eher introvertierter Mensch, der bei konkreten Fragen auch präzise Antworten gibt, aber sich ansonsten mit längeren Ausführungen nach seinem beruflichen Lebensweg eher zurückhält. Besonders auf persönliche Fragen reagiert er knapp und die Motivation für bestimmte Entscheidungen, die das Berufsleben betreffen, blendet er vollständig aus. Ganz anders reagiert Frau Ehrenfeld auf die Frage nach den wichtigen Stationen ihres bisherigen Berufslebens. Sie ist ein sehr kommunikativer Mensch und neigt dazu, in epischer Breite das Auf und Ab ihres Berufsweges zu beschreiben, wobei wesentliche und unwesentliche Dinge zuweilen ineinander übergehen. Auch über den persönlichen Hintergrund und die Motivation ihrer beruflichen Entscheidungen erzählt sie gerne und ausführlich.

Wie sollte sich der Klient präsentieren?

In der Phase der beruflichen Neuorientierung sind beide Ansätze nicht immer optimal. Da sich die Klienten in dieser Zeit mit ihren Antworten auf diese Fragen immer selbst darstellen und möglichst auch als potenzielle Mitarbeiter einprägen sollen, sollte die Darstellung der eigenen Berufsbiografie nicht (nur) den persönlichen Kommunikationspräferenzen überlassen bleiben. Niemand kann oder sollte sich verstellen, aber die Antwort auf die Frage nach den beruflichen Erfahrungen sollte gezielt so erfolgen, dass der Fragende schnell erkennt, welche Aufgaben der Arbeitssuchende gut bewältigen kann und was für ein Mensch er ist. Unabhängig von persönlichen Kommunikationsgewohnheiten gehen Führungskräfte häufig davon aus, dass die Erwähnung von Unternehmen, Funktion, Budget- und Personalverantwortung ein hinreichende Information für den potenziellen Arbeitgeber darstelle. Mitarbeiter anderer Hierarchieebenen haben oft Schwierigkeiten, den eigenen Aufgabenbereich konkret darzustellen, weil im eigenen Selbstverständnis diese Aufgaben „nicht wirklich wichtig" oder „nichts Besonderes" seien.

Die mündliche Selbstdarstellung wird in der Phase der Neuorientierung oft noch beeinträchtigt durch die Unsicherheit, wie die Trennung vom letzten Unternehmen gesichtswahrend darzustellen ist. Da in dieser Phase verständlicherweise das Selbstbewusstsein gelitten hat, schwankt die Selbstdarstellung häufig zwischen Rechtfertigung und Selbstbezichtigung. Für Führungskräfte kommt oft erschwerend hinzu, dass sie wissen, wie häufig in der Vergangenheit Bewerber äußerst kritisch von ihnen selbst beurteilt wurden. Für fast alle gilt, dass es ihnen schwer fällt, berufliche Erfolge und Kompetenzen nachvollziehbar und in kurzer Zeit darzustellen.

Die Perspektive der Beraterin

Herr Kramer empfindet die Frage des Personalleiters nach seinen beruflichen Erfahrungen als unangenehm. Er verweist darauf, dass dies doch schliesslich alles im Lebenslauf stünde und ihm unklar sei, was der Personalleiter von ihm hören möchte. Andere Klienten wissen nicht, ob sie mit der Grundschule oder gleich mit der Darstellung der Berufstätigkeit beginnen sollen. Selbstverständlich will der Personalleiter nicht noch einmal all das hören, was bereits im Lebenslauf steht. Er möchte den Klienten kennen lernen und über die Darstellung des beruflichen Lebenswegs einen Eindruck von der Person des Klienten gewinnen.

Damit hat der Klient mit der Kurzdarstellung seiner Berufsbiografie die einmalige Chance, seine beruflichen Stationen, Erfolge und Zielsetzungen in eigener Dramaturgie so aufzubereiten, dass

- seine beruflichen Erfolge und Kompetenzen ohne jede Nachfrage sichtbar werden,

- er deutlich macht, was er für das Unternehmen tun könnte,

- er sich als Mensch mit seinen Stärken und Schwächen zeigt und

- jede „dunkle Stelle" in seinem Lebenslauf nachvollziehbar erklärt wird und damit kein Interesse mehr an kritischen Nachfragen besteht.

Die Klienten müssen ermutigt werden, eine realitätsnahe Darstellung der eigenen Biografie zu erproben, die allerdings öffentlichkeitsfähig aufbereitet werden muss. Dabei geht es nicht nur darum, eine gute Selbstdarstellung zu üben, sondern auch darum, Herrn Kramer (wieder) Vertrauen in die eigenen Fähigkeiten, in die eigene Biografie mit allen möglichen Fehlschlägen und Klarheit über seine persönlichen Zielsetzungen zu geben.[82]

Vorgehensweise

Gleich zu Beginn lasse ich meine Klienten unvorbereitet ihren „Two-Minute-Spot" vortragen. Anschließend bringe ich ihn durch kritisches Nachfragen dazu, die Schwächen seiner Darstellung zu sehen. Selten werden in diesen ersten Präsentation alle beruflichen Erfolge und die damit verbundenen Kompetenzen deutlich, vor allem begründen

---

[82] Das ist im Falle von Herrn Kramer nicht allzu schwer; bei Klienten mit weniger privilegierten Berufsbiografien ist das schwere Arbeit – aber umso wichtiger.

Klienten selten, warum sie zu welchem Zeitpunkt eine bestimmte berufliche Entscheidung getroffen haben. Wichtigster Punkt in der Outplacementberatung ist die Begründung für die Trennung vom letzten Unternehmen.

Herr Kramer sieht nicht ganz ein, warum er das alles so ausführlich erzählen soll, schließlich könne der Personalleiter im Vorstellungsgespräch ja anschließend die Fragen stellen, für die er eine Antwort erwartet. Das könnte er, aber woher weiß Herr Kramer, dass der Personalleiter die Fragen, die er gerne beantworten möchte, auch stellen wird? Vielleicht hat Herr Kramer im Gesprächsverlauf gar keine Chance mehr, bestimmte Dinge darzustellen, weil das Gespräch in eine andere Richtung läuft? Vielleicht hat er nach einer Weile keine Gelegenheit mehr, auf wichtige Erfolge hinzuweisen? Wenn das Gespräch erst einmal eine Dynamik entwickelt hat, ist es oft nicht leicht für den Klienten, das Gespräch dahin zulenken, wo er es gerne haben möchte. Und: Vielleicht möchte der Klient nicht, dass im Vorstellungsgespräch gefragt wird, warum er

- sein Studium nicht abgeschlossen hat oder

- in fünf Jahren in drei unterschiedlichen Unternehmen gearbeitet hat oder

- nach vier Jahren als Abteilungsleiter anschließend im gleichen Unternehmen auf eine Projektleiterstelle gewechselt ist oder

- eine gut bezahltem, interessante Position aufgegeben hat, um nach Berlin zu ziehen und dort erst einmal eine Weiterbildung zum Personalassistenten zu machen?

Warum haben Sie dreiundzwanzig Semester Soziologie studiert?

Dies alles sind Themen, die den Personalleiter mit Sicherheit interessieren, nach denen Klienten aber nicht besonders gerne ausführlich befragt werden wollen. Mein Ziel ist es, mit den Klienten eine Präsentation zu üben, mit der alle Fragen, die ihm in der Situation unangenehm sein könnten, der Wahrheit entsprechend aber für die Öffentlichkeit aufbereitet so erschöpfend beantwortet werden, dass keine Nachfrage kommt. Das ist aus zwei Gründen für ihn wichtig. Herr Kramer möchte im Vorstellungsgespräch vermutlich nicht über Dinge in seinem Leben reden, die er sich nicht als Erfolg zurechnet – und das geschieht mit Sicherheit, wenn er sie nicht in seiner ersten Präsentation bereits offen und geschickt beantwortet hat. Was aber noch viel wichtiger ist: Ein erfahrener Personalleiter kann durchaus auch mit den Untiefen im Leben eines Bewerbers umgehen. Aber Herr Kramer wird sich unwohl fühlen, wenn er im Vorstellungsgespräch sitzt und befürchtet, dass möglicherweise unangenehme Fragen kommen könnten. Und wenn er sich unwohl fühlt, wird er nicht entspannt und konzentriert über die relevanten Themen mit einem potenziellen Arbeitgeber sprechen können.

Warum Two-Minute-Spot?

Die gut vorbereitete Präsentation der eigenen Berufsbiografie muss kurz sein, weil kaum jemand in der Lage ist, mehr als nur ein paar Minuten konzentriert zuzuhören. In der Realität kann der Spot auch vier oder fünf Minuten lang sein, aber nicht zehn und schon gar nicht fünfzehn. In der Vorbereitung geht es darum, dass Klienten lernen, kurz, gut strukturiert und begründet alles zu erwähnen, was sie dem potenziellen Arbeitgeber oder einem möglichen Multiplikator mitteilen möchten. Und dabei auch als Mensch den beabsichtigten Eindruck zu machen. Wenn die Klienten diesen Two-Minute-Spot wirklich zu ihrer eigenen Zufriedenheit beherrschen, sind sie auch in der Lage, das zu tun, was bei kurzen Telefonaten mit fremden Kontaktpersonen absolut wichtig ist, um ein erstes Interesse zu wecken: Einen gut strukturierten One-Minute-Spot abzuliefern.

Ein mündlicher Lebenslauf wird entwickelt

Material für den Two-Minute-Spot hat Herr Kramer bereits über seine beruflichen Erfolge und Kompetenzen[83] erarbeitet. Auf dieser Basis entwickelt er einen „mündlichen Lebenslauf", bei dem zu jeder beruflichen oder für einen potenziellen Arbeitgeber relevanten persönlichen Entscheidung begründet wird, warum diese Entscheidung zu diesem Zeitpunkt getroffen wurde. Für jede berufliche Phase hält er fest, welche Aufgaben er mit welchem Erfolg bewältigt hat; je nach Alter und Berufserfahrung muss dabei sinnvoll strukturiert und komprimiert werden. Eine kurze Darstellung der beruflichen Erfolge hilft dem Gesprächspartner nachzuvollziehen, inwieweit Herr Kramer ähnliche Probleme im eigenen Unternehmen lösen könnte. Wenn Herr Kramer darstellt, welche Probleme er wie gelöst hat, welchen Interessen oder ehrenamtlichen Aktivitäten er in seiner Freizeit nachgeht, wird es für den Gesprächspartner einfacher festzustellen, ob Herr Kramer auch als Mensch in sein Unternehmen passt.

Misserfolge müssen ebenfalls sorgfältig vorbereitet werden

Besonders sorgfältig wird auf die Darstellung und Begründung der Schwachpunkte, Niederlagen, Unstimmigkeiten, schwarzen Löcher, Misserfolge der eigenen Berufsbiografie eingegangen. Oft hoffen die Klienten ängstlich darauf, dass das Vorstellungsgespräch an diesen Schwachpunkten vorbeimanövriert werden kann. Das kann durchaus manchmal gelingen, die Angst vor der Entdeckung der Schwachpunkte macht den Klienten jedoch u. U. während des gesamten Interviews unsicher und verspannt. Meine Empfehlung ist es, offensiv mit einer öffentlichkeitsfähigen Begründung darzustellen,

- warum das Studium zwanzig Semester gedauert hat oder nicht beendet wurde,

---

[83] Vgl. Baustein 2, S. 43 ff.

- warum die Ausbildung erst nach längerem Indienaufenthalt begonnen wurde,

- warum ein mehrfacher Studien- oder Berufswechsel stattgefunden hat,

- warum die Englischkenntnisse eher dürftig sind,

- warum der Klient eine Zeitlang arbeitslos war oder warum er zweimal in der Probezeit das Unternehmen verlassen musste.

Mit einer sorgfältigen Vorbereitung können alle derartigen „Schwachpunkte" nachvollziehbar erklärt werden. Es kann sein, dass die Erwähnung dieser Schwachpunkte dazu führt, dass der Klient nicht genommen wird. Rechnet der Klient aber während des gesamten Interviews damit, dass der Personalleiter sie aufdeckt, wird er währenddessen nervös und angespannt sein und sicher keinen überzeugenden Eindruck machen. Eine vernünftige Erklärung, gepaart mit ein wenig nützlicher Selbstkritik, wird eher überzeugen.

Haben Sie auch Schwächen, Herr Kramer?

Das gilt ebenso für das leidige Thema der Darstellung von persönlichen Schwächen. Erstaunlicherweise ist das sowohl im Einzelcoaching wie in Seminaren ein Thema, das längere Diskussionen auslöst. Die Klienten erwarten angstbesetzt, dass der Personalleiter ihnen listig gravierende Schwächen entlocken will, die in jedem Fall zum Ausschluss von der angestrebten Stelle führen. Bekannte Bewerbungstrainer empfehlen zu diesem Punkt, möglichst Schwächen auszuwählen, die aus dem nichtberuflichen Kontext stammen („Ich bin schlecht im Stabhochsprung") oder Schwächen zu benennen, die eigentlich Stärken darstellen („Ich bin ungeduldig" oder „Ich kann nicht lockerlassen. Wenn ich eine Arbeit begonnen habe, muss ich sie auch fertig stellen, egal wie lange es dauert").

Nicht nur, dass erfahrene Personalentscheider diese Antworten schon nicht mehr hören können. Mit diesem Rat wird auch die Zielsetzung der Frage nach den Schwächen verkannt. Der Personalleiter möchte mit dieser Frage herausfinden, inwieweit der Bewerber ein erwachsener Mensch ist, der sich mit seiner Person auseinandergesetzt hat und nicht nur seine Stärken, sondern auch seine Schwächen kennt. Er geht nicht davon aus, dass ein fehlerloser Mensch vor ihm sitzt, er hat aber Sorgen, Menschen einzustellen, die sich selbst und ihre Schwächen nicht kennen und bei denen es für das Unternehmen zu einem kostenintensiven Lernprozess wird, diese Schwächen herauszufinden. Der Personalleiter möchte keine Fehlentscheidung treffen.

Aus dem AHA-Pool schöpfen

In dieser Phase verfügt der Klient aufgrund der Beschäftigung mit Persönlichkeitstests und den beruflichen Erfolgen bereits über die notwendigen Kenntnisse [84]; es geht jetzt darum, diese in eine öffentlichkeitsfähige Präsentation zu bringen. Diese Präsentation wird mit dem Berater geübt, bis es für den Klienten selbstverständlich geworden ist, in einer ihm gemäßen Form die eigene Berufsbiografie mündlich so darzustellen, dass der potenzielle Arbeitgeber sich eine klare Vorstellung von den beruflichen Fähigkeiten und der Person des Klienten machen kann.

Kaum ein Klient ist ohne Übung in der Lage, entscheidungsrelevante Informationen über die eigene berufliche Leistung und Person kurz und nachvollziehbar mündlich darzustellen. Hintergrund ist dabei nach meiner Erfahrung die – nicht zutreffende – Annahme, dass sich mit der Erwähnung einer bestimmten Funktion – Marketingleiter, Sekretärin, Vorstand, Softwareentwickler, Verkäufer – dem Zuhörer unmittelbar die Inhalte dieser Tätigkeit erschließen. Hintergrund dieser Schwierigkeit ist nicht Unfähigkeit, sondern die Tatsache, dass es im beruflichen Alltag weniger auf die Reflexion über die eigene Tätigkeit ankommt, sondern auf schnelles Handeln. Dem Klienten muss jetzt deutlich gemacht werden, dass es in der Situation des „Verkaufs" seiner Handlungsmöglichkeiten darauf ankommt, präzise und schnell darzustellen, welche konkreten Aufgaben er erfolgreich gelöst hat und gleichzeitig was die eigene Person von allen anderen Personen mit ähnlichen Erfahrungen unterscheidet.

Der Klient muss erkennen, dass der Two-Minute-Spot seine wichtige Chance ist: In eigener Dramaturgie kann er alles über die eigene Person darstellen, was der potenzielle Abnehmer wissen sollte. Er kann Fragen vorwegnehmend beantworten, die der Personalleiter vielleicht nicht stellen wird, aber deren Antworten er kennen sollte und gefürchtete Fragen durch eine geschickte Darstellung vorwegnehmen, so dass der Personalleiter sie nun nicht mehr stellen kann.

Statt „Wie kommt das bei Personalleitern an?" besser die Frage stellen „Was interessiert Personalleiter"

Die erste Frage stellen viele Klienten, die zweite sollten sie stellen. Auch hier ist wieder die Fähigkeit zur Perspektivübernahme gefragt: Was kann den Personalentscheider interessieren? Was würde mich in seiner Rolle zu meiner beruflichen Laufbahn und meiner Person interessieren? Hier kann der Klient seine über die Beschäftigung mit der eigenen Person[85] gewonnenen psychologischen Kenntnisse nutzen: Wie bringe ich die mir wichtigen Informationen an welchen „Typ"? Welche Sprache versteht ein Personalleiter eines bestimmten „Typs"? Inhaltlich wird der Klient auf die klassischen Fragen aller Personalleiter vorbereitet; dies allerdings weniger, indem er vorfabrizierte Antwor-

---

[84] Vgl. Baustein 2: S. 32 ff, Baustein 3: S. 43 ff.

[85] Vgl. Baustein 3, vor allem MBTI, S. 49 ff.

ten einzustudiert, sondern um ihm die Angst vor bestimmten Fragen zu nehmen und ihm immer wieder zu zeigen, dass eine gut strukturierte und an der Wahrheit orientierte Antwort immer die beste Empfehlung ist. Vor allem werden Fragen besprochen, die für die unterschiedlichen Klienten besonders beunruhigend sind.

Keine gewinnenden Eindruck machen – gewinnen!

In diesem Zusammenhang lege ich den Schwerpunkt nicht so sehr auf Körpersprache und Rhetorik, sondern mehr auf inhaltliche Stringenz. Nach meiner Erfahrung verschwindet eine verkrampfte Haltung oder sprachliche Unsicherheit schnell, wenn Klienten sich inhaltlich sicher fühlen. Es mag Klienten geben, die ganz unerträgliche mimische oder gestische Angewohnheiten haben – nach meiner Erfahrung sind das aber nur wenige. Sie sollte man auch darauf hinweisen; aber einen vierzig- oder fünfzigjährigen Menschen grundsätzlich verändern zu wollen, halte ich für wenig sinnvoll. Viele Menschen versuchen anschließend krampfhaft zu vermeiden, die Arme zu verschränken ("ein deutliches Zeichen für Ablehnung"), fixieren einen anhaltend im Gespräch ("vermittelt Offenheit") oder achten streng darauf, dass sie im Verlauf des Interviews immer wieder die Hand- oder Fußhaltung verändern ("wirkt entspannt"). Meine Zielsetzung ist es nicht, den Klienten zu vermitteln, wie sie über Körpersprache oder rhetorische Finessen einen gewinnenden Eindruck machen. Ich möchte sie dazu befähigen, möglichst unaufgeregt inhaltlich nachvollziehbar darzustellen, was sie können und welchen Nutzen das künftige Unternehmen davon haben könnte. Dann machen sie keinen gewinnenden Eindruck, sondern gewinnen.

Ergebnis Baustein 7

Herr Kramer hat mit dieser Vorbereitung Sicherheit gewonnen für die vielen sozialen Kontakte, die er für den Erfolg seiner Bewerbungskampagne braucht. Diese gute Vorbereitung dient nicht ausschließlich der Überzeugung des künftigen Arbeitgebers; erfahrene Personalentscheider sind in der Lage, auch bei weniger geübten Bewerbern sinnvolle Entscheidungen zu treffen. Vor allem ging es darum, Herrn Kramer mit Sicherheit und Selbstbewusstsein in die Bewerbungssituation zu schicken und ihm das Gefühl zu mitzugeben, dass er die Situation kompetent mitgestalten kann und nicht zum Objekt raffinierter Befragungstechniken wird.

Er ist jetzt jederzeit in der Lage, gelassen und kompetent eine komprimierte und gut strukturierte Version seiner Berufsbiografie abzurufen, die seine Erfolge, Fähigkeiten und seine Persönlichkeit sichtbar macht. Er hat auch keine Hemmungen mehr, nachvollziehbar darzustellen, weshalb es zur Beendigung des letzten Arbeitsverhältnisses kam.

| Baustein 8 Wie plane ich meine Marketing-kampagne? | • Auswahl der Suchstrategien • Festlegung der Marketingstrategien • Operationalisierung |

Herr Kramer hat inzwischen zu dem Selbstbewusstsein zurückgefunden, das ihn lange Jahre erfolgreich bei seiner Arbeit getragen hat. Allerdings kennt er sich besser. Die Beschäftigung mit der eigenen Persönlichkeit hat ihm geholfen, besser einschätzen zu können, in welchen Situationen er weniger auf seinem Standpunkt beharren sollte und in welchen er mehr Initiative zeigen sollte. Vor allem versteht er jetzt besser, weshalb es zur letzten Trennung kam. Er weiß, welche Warnsignale er übersehen hat, weiß aber auch, dass er sich seine Umwelt im künftigen Unternehmen gut ansehen sollte, weil er mit bestimmten Menschen nicht mehr zusammenarbeiten will. Sein Kontaktnetz hat schon Wirkung gezeigt. Er sitzt nicht mehr unzufrieden und grübelnd zu Hause, sondern hat jede Wochen viele Termine, hat inzwischen mehr Kontakte als in den vergangenen Jahren und sieht hoffnungsfroh einigen interessanten Optionen entgegen. Er weiß jetzt, in welche Richtung es gehen soll und er hat konkrete Vorstellungen, auf welche Weise er sein Ziel erreichen will.

Die Perspektive der Beraterin

Herr Kramer braucht weniger psychische Unterstützung, sondern bittet mich nur um eine kurze Einschätzung, ob seine Vorgehensweise Sinn macht. Er informiert mich über Termine und Ergebnisse und will nur noch in einzelnen Fällen eine Bestätigung, ob sein Verhalten oder seine Einschätzungen richtig sind. Die Termine mit Herr Kramer werden seltener und kürzer. Die Beratung reduziert sich ab jetzt auf einen wöchentlichen Jour Fix, um mich über seine Kampagne auf dem Laufenden zu halten. Vor wichtigen Kontakt- oder Vorstellungsgesprächen ruft er an, um noch einmal die Strategie durchzusprechen. Aus der Beraterperspektive ist es in dieser Phase wichtig, frühzeitig zu erkennen, wann aufgrund der nicht ausbleibenden Misserfolge oder einfach der langen Dauer der Kampagne wieder ein Einbruch zu erwarten ist. Dann wird es wichtig, wieder zu motivieren und durch neue Ideen und Aktivitäten die Freude des Klienten an der Bewerbungskampagne wieder herzustellen.

Die Marketingstrategie

Herr Kramer hat eine Marketingstrategie festgesetzt, die genau festlegt, wie er in den kommenden Monaten vorgehen wird. Als erstes hat er sein Ziel konkretisiert:

- Will er die Suche vorab auf einen bestimmten Raum einschränken oder umgehend deutschlandweit suchen?

- Will er ausschließlich Großunternehmen ansprechen oder auch kleine und mittlere Unternehmen?

- Muss es eine Linienaufgabe sein oder kommen auch Stabspositionen in Frage?

- Könnte er sich auch vorstellen, in einem Beratungsunternehmen zu arbeiten?

- Ist eine Selbständigkeit denkbar? Oder ein Interimsmanagement?

Es hat wenig Sinn, sich nach dem Gießkannenprinzip zu bewerben. Herr Kramer muss gezielt eine (oder zwei) Zielsetzungen abarbeiten, bis entweder ein Arbeitsplatz gefunden wurde oder deutlich wird, dass diese Strategie nicht greift. Die meisten Arbeitsuchenden gehen unsystematisch vor, verändern schnell die Zielrichtung, wenn ein oder zwei Ablehnungen kamen oder sie zufällig eine andere Stellenanzeige gelesen haben, die irgendwie auch passen könnte. Die sorgfältig erarbeitete Zielsetzung muss nicht falsch gewesen sein, wenn es einige Rückschläge gibt. Erst eine ganze Serie von Ablehnungen führt dazu, dass das Ziel grundsätzlich überdacht werden muss.

Weshalb werde ich abgelehnt?

Zuerst muss überlegt werden, was der Hintergrund der Ablehnung war. Erhält der Klient postwendend alle Bewerbungen zurück, muss überprüft werden, ob er die richtigen Unternehmen angeschrieben hat, auf die passenden Stellenanzeigen reagiert hat oder ob Lebenslauf und Anschreiben zu der ausgeschriebenen Stelle gepasst haben. Wird er dagegen häufig zum Bewerbungsgespräch eingeladen, erhält aber sofort nach dem ersten Gespräch eine Ablehnung, müssen sein Two-Minute-Spot, seine Gesprächstrategie oder auch sein Verhalten während des Gesprächs analysiert werden. Kommt es bei ihm öfter zu Vertragsverhandlungen, scheitern sie aber immer wieder in der letzten Minute, sollte gefragt werden, ob er zu lange gezögert oder vielleicht auch zu hohe Forderungen gestellt hat.

Der Klient muss sich eine feste Zeit geben, in der an einem oder parallel an zwei Zielen festgehalten wird. Wenn dies nicht fruchten sollte, dann muss diese Zielsetzung auch endgültig verabschiedet werden. Dann werden eine neue Zielsetzung und Strategie erarbeitet und er beginnt mit einer neuen oder modifizierten Kampagne. Nicht alle Suchstrategien sollten gleichzeitig angewandt werden. Einige der Strategien verlangen nur einen einmaligen persönlichen Kontakt und kommen anschließend als künftiges Telefonat in die Wiedervorlage. Die wöchentliche Zeitungsausbeute oder Recherche im

Internet gehört ebenfalls zur Selbstverständlichkeit. Aber nicht für jeden Klienten sind Personalberater interessant (oder Arbeitsvermittler). Abhängig von der beruflichen Ebene, der Qualifikation oder auch der Kommunikationsfähigkeit wird für den einen Klienten das Kontaktnetz im Vordergrund stehen, für andere die Direktbewerbung.

Wir entscheiden uns bei Herrn Kramer dafür, neben der obligatorischen Recherche in den Tageszeitungen und dem Internet zunächst Personalberater anzusprechen. Mit dieser Strategie wird er mehrere Wochen beschäftigt sein. Parallel dazu arbeitet er kontinuierlich an seinem Kontaktnetz.

Ergebnis Baustein 8

Herr Kramer ist gut vorbereitet und kann jetzt zielgerichtet seine Bewerbungskampagne starten. Er hat bereits Erfahrungen gesammelt, mit welchen Instrumenten er erfolgreich umgehen kann und welche für ihn weniger ertragreich sind. Er geht inzwischen professionell an seine Kampagne: Er wird sich an die gesteckten Ziele halten, und nicht bei jedem Misserfolg[86] oder jeder neuen Idee eines anderen „Experten" das Ziel und die Vorgehensweise verändern. Er sieht zuversichtlich in die Zukunft und geht davon aus, dass er eine neue Position innerhalb seiner Freistellung erreichen kann. Er weiß inzwischen auch, dass er mit Rückschlägen umgehen muss und dass die Outplacementberaterin zwar zur Verfügung steht, aber er sich zeitweise immer wieder selbst motivieren muss.

Baustein 9
Projekt-
management
Bewerbungs-
kampagne

- Projektplanung
- Qualitätskontrolle
- Überprüfung der Zielposition
- Anpassung der Marketingstrategie

Es geht voran

Herr Kramer hat bereits Erfahrung mit der Bewerbungssituation. Er hat verstanden, dass ein unsystematisches Herumstochern auf dem Arbeitsmarkt mit Zeiten vieler Aktivitäten und Zeiten resignativen Grübelns zu Hause zu nichts führt und – last but not least – hat er auch verstanden, dass gut gemeinte Ratschläge und Warnungen von selbsternannten Experten ihm nur begrenzt helfen. Unabhängig davon, ob es schwierig ist oder

---

[86] Oder weil eine Person ihm gesagt hat, dass es in diesem Bereich „schwierig" ist.

nicht, wird er um eine systematische Bearbeitung des Arbeitsmarktes nicht herumkom-
men. Auf dem Hintergrund der intensiven Vorbereitung und seiner eher positiven Erfahrungen der letzten Wochen fällt es ihm nicht schwer, die detaillierten Schritte und
die entsprechende Dokumentation für die kommenden sechs Monate festzulegen.

Perspektive der Beraterin

Inzwischen reduziert sich meine Aufgabe auf eine Begleitung von Herrn Kramer während seiner Bewerbungskampagne. Als systematischer Mensch hat er meinen Hinweis
auf eine ordentliche Dokumentation seiner Kampagne von Beginn an befolgt. Meine
Rolle als Outplacementberaterin hat sich im Verlauf seiner Bewerbungskampagne immer wieder geändert. Wenn am Anfang vor allem die psychische und praktische Unterstützung bei der Verarbeitung des Trennungsschocks und der Einleitung der ersten
Schritte im Vordergrund stand, ging es in den letzten zwei Wochen vor allem um die
Vermittlung der Techniken und Instrumente, die Herr Kramer für seine Kampagne
benötigt. Hat das Beratungsvolumen in den ersten drei Wochen bis zu zehn Stunden die
Woche umfasst, lagen in den letzten beiden Wochen oft mehrere Tage zwischen den
Sitzungen, weil Herr Kramer durch seine vielen Aktivitäten oft keine Zeit hatte und
inzwischen auch weniger Unterstützung benötigt.

Ich muss darauf gefasst sein, dass nach einiger Zeit eine Ernüchterung eintreten wird.
Der Elan der ersten Zeit ist verflogen und die mit Sicherheit eintretenden Rückschläge
werden sein Durchhaltevermögen stark fordern. Mit einem weiteren Problem wird Herr
Kramer konfrontiert: Seine Umgebung drängt. Die Ehefrau fragt sich, ob er nicht etwas
mehr für seine Neuorientierung tun könne, ob es mit meiner Unterstützung nicht zu
langsam vorginge, ob denn diese langen Vorbereitungen wirklich nötig seien. Als er das
Zeugnis bei seinem ehemaligen Vorgesetzten abholte, fragte dieser, wann denn nun
endlich ein neuer Arbeitsplatz in Sicht sei und ob er denn wirklich ausreichend Energie
in die Neuorientierung investiere. Diese Reaktion der Umwelt ist verständlich, führt
allerdings zur Verunsicherung von Herrn Kramer in einer Zeit, in der er stark auf Unterstützung angewiesen ist. Nach meiner Erfahrung gibt es zwei unterschiedliche Reaktionen der Klienten auf diesen äußeren Druck. Entweder gibt er der Beraterin die Schuld
und fragt sich, ob er ihren Vorschlägen wirklich hätte folgen sollen. Oder – und das ist
weitaus schädlicher für ihn – seine Selbstzweifel werden verstärkt und er hat den Eindruck, dass er in dieser Phase den in ihn gesetzten Erwartungen nicht gerecht wird.

Die Reaktion seiner Umwelt ist verständlich, aber eine zusätzliche Belastung für ihn. In
dieser Phase ist er auf Verständnis angewiesen. In der Regel setzen sich Klienten selbst
unter Druck, so dass die Unterstützung eher darin bestehen muss, diesen Druck wegzu-
nehmen und ihm stattdessen Schritte aufzuzeigen, die ihn immer wieder handlungsfähig
machen. Oft unterhalte ich mich mit den Lebenspartnern und versuche, ihnen meine
Vorgehensweise verständlich zu machen. Ich bitte sie, den Druck auf den Klienten mir
zu überlassen und selbst ausschließlich die Zuständigkeit für die schönen Dinge des
Lebens zu übernehmen.

Es werden immer wieder Phasen kommen, in denen der Klient stark auf eine psychologische Unterstützung angewiesen sein wird. Er muss immer wieder gestärkt werden gegen die gut gemeinten, aber nicht immer sachkundigen Ratschläge der Außenwelt, die ihn aber verunsichern. Wenn die zu Beginn entwickelten Zielsetzungen und Vorstellungen nicht greifen, ist ein hohes Maß an Kreativität erforderlich, um immer wieder neue Ideen für den und mit dem Klienten zu entwickeln. Es wird Phasen geben, in denen sich der Klient zurückzieht und die Kompetenz der Beraterin anzweifelt und sie dafür verantwortlich macht, dass alles doch nicht klappt.

Outplacementberatung nach Vorschrift?

Zur Zeit ist Herr Kramer wieder in einer sehr optimistischen Phase. Wir verabreden einen wöchentlichen Termin von zwei Stunden, bei dem er mich über den Stand seiner Bewerbungen informiert. Er kann mich jederzeit anrufen bei kurzen Fragen oder mich per Mail um Rat bitten. Herr Kramer ist hochmotiviert, wieder auf dem Stand seines früheren Selbstbewusstseins und braucht mich deutlich weniger. Aber er weiß, und das ist neben der Vermittlung aller Instrumente entscheidend, dass er jederzeit – auch am Wochenende oder abends – den externen Rat seiner Beraterin einholen kann. In Outplacementberaterkreisen gibt es unterschiedliche Auffassungen darüber, ob die professionelle Distanz des Beraters es erlaubt, dem Klienten auch über Bürozeiten hinaus zur Verfügung zu stehen. Für mich gehört es eindeutig zu den Aufgaben der Outplacementberatung, dann zur Verfügung zu stehen, wenn der Klient es braucht. Und bei Stimmungstiefs, plötzlichen Einladungen zu Vorstellungsterminen oder auch Absagen von Bewerbungen, mit denen sich große Hoffnungen verbunden hatten, entsteht spontan Gesprächsbedarf, auf den auch spontan und nicht erst beim nächsten Termin reagiert werden muss.

Gute Outplacementberatung beginnt bei der fünfzigsten Absage

Nach einigen Wochen oder auch Monaten[87] kann durchaus wieder ein größerer Beratungsbedarf entstehen: Trotz bester Vorbereitung und Planung wird es Misserfolge geben und werden ursprüngliche Zielsetzungen modifiziert oder ersetzt werden müssen. In der letzten und zeitaufwendigsten Phase der Marktbearbeitung wird meine Aufgabe sich wieder ändern. Meine Aufgabe wird es jetzt sein, immer wieder neue Ideen beizusteuern, Misserfolge zu analysieren und Verbesserungsvorschläge zu machen und vor allem immer wieder als Ansprechpartnerin zur Verfügung zu stehen, wenn Ungeduld oder Frustration eintreten, weil trotz intensiver Suche der Erfolg nicht eintritt.

In dieser Zeit werden auch die Versäumnisse der Anfangsphase sichtbar: Nicht immer ist es zu Beginn der Beratung gelungen, den Klienten zu einer realistischen Einschätzung seiner Möglichkeiten und Fähigkeiten zu bringen. Bestenfalls sieht der Klient

---

[87] Wir erinnern uns, dass eine erfolgreiche Bewerbungskampagne mindestens sechs Monate dauert.

selbst, dass einige seiner Erwartungen oder Zielsetzungen unrealistisch waren und er wird bereit sein, sich entsprechend umzustellen. In anderen Fällen richtet sich die Frustration des Klienten auf die Outplacementberaterin. Ihre Ratschläge waren falsch, ihre Hinweise haben alle nichts gebracht. Dafür sind wir da – manchmal hilft es dem Klienten, wenn er seine Frustration an uns auslassen kann. Anders als beispielsweise im familiären Kontext hat das keine negativen Konsequenzen für ihn.

Vorgehensweise

Die Vorgehensweise ist weitgehend in Baustein 1 beschrieben worden.[88] Grundsätzlich muss der Klient für die Organisation seiner Bewerbungskampagne festlegen

- wie viel Zeit er für die Bewerbungskampagne veranschlagen will oder kann,

- wie viel Zeit ihm pro Woche zur Verfügung steht,

- wie er die einzelnen Aktivitäten auf diese Zeit verteilt,

- wie viel Zeit er für seine Freizeit reserviert,

- wann er Meilensteine einfügt, um die Vorgehensweise zu überprüfen und ggfls. zu modifizieren,

- in welcher Weise er die einzelnen Aktivitäten evaluiert,

- wie er die Dokumentation seiner Kampagne gestaltet.

Es ist immer wieder erstaunlich, wie wenig Menschen, die in ihrer Berufstätigkeit eine große Anzahl von Menschen, Budgets oder Material verwalten, bei ihrer Bewerbungskampagne in der Lage sind, die gleichen Ordnungsprinzipien anzuwenden. Häufig bin ich konfrontiert mit einer umfangreichen Loseblattsammlung, aus der die Klienten unsystematisch Einzelbewerbungen, Stellenanzeigen oder Zeitungsausschnitte hervorsuchen. Sie haben keinen Überblick über die Anzahl der Bewerbungen, wissen nicht, zu welchem Zeitpunkt wo nachgefasst werden muss und haben keinen Überblick darüber, wie ihr Stand zum jetzigen Zeitpunkt aussieht. Es ist verständlich, dass ihre Unruhe steigt, je länger die Kampagne andauert und je geringer der Überblick über erfolgte Aktivitäten und offene Bewerbungen ist.

Meine Empfehlung geht dahin, sich zu Beginn einen Zeitpunkt festzulegen, zu dem eine neue Position erreicht werden soll, wobei es unrealistisch ist, von weniger Zeit als sechs Monaten auszugehen. Davon ausgehend werden Stunden pro Tag festgelegt. Weniger als sechs Stunden werden kaum zum Erfolg führen. Ob der Klient mit seinem elektroni-

---

[88] Vgl. Baustein 1, S. 32 ff.

schen Kalender arbeitet oder mit Time System: Wichtig ist, dass er auf einen Blick für die nächsten Wochen sehen und eintragen kann, welche Aktivitäten wann anstehen. Dabei geht es nicht nur darum, dass Termine nicht vergessen werden: Auch psychologisch hilft es dem Klienten, realistisch einschätzen zu können, wie viel Zeit er für welche Aktivitäten verbrauchen kann oder benötigt. Diese Übersicht hilft auch mir als Beraterin: Wenn vier Wochen nach Beginn der Bewerbungskampagne die darauffolgenden Tage nicht mit Aktivitäten oder Terminen angefüllt sind, dann muss die Vorgehensweise des Klienten noch einmal genauer analysiert werden.

Ebenfalls wichtig ist der zeitgleiche Überblick über alle anstehenden Aktivitäten. Der Klient sollte einen Ordner anlegen, in dem alle Kontakte – Bewerbungen, Telefonate, Kontaktgespräche – alphabetisch abgeheftet werden. Entweder über seinen Terminplaner oder über eine weitere Ablage nach Tagen werden die Aktivitäten auf die einzelnen Tage verteilt. Diese sorgfältige Projektdokumentation ist auch aus psychologischen Gründen wichtig: Sobald eine Aktivität auf einen bestimmten Wiedervorlagetermin gelegt wurde, sollte nicht mehr über diesen „Fall" nachgedacht werden. Die Angewohnheit von Bewerbern, pausenlos über Möglichkeiten und den Stand einer bestimmten Bewerbung nachzudenken und zu spekulieren[89], bringt Unruhe und nimmt Zeit in Anspruch, die besser in Aktivitäten investiert werden sollte.

Ein weitere Möglichkeit, sich selbst zu disziplinieren, ist die Notwendigkeit, immer mindestens zwanzig Aktivitäten gleichzeitig laufen zu lassen. Dazu kann der Klient ein Formular nutzen, in das er die jeweilige Suchstrategie und alle Aktivitäten einträgt und den Stand der Verhandlungen dokumentiert.[90] Das Gefühl, alle Aktivitäten zu kontrollieren und auf einen Blick die Chancen überblicken zu können, wirkt sich positiv auf das Gesamtbefinden auf, wenn Erfolge zu sehen sind oder erhöht den Druck, etwas tun zu müssen, wenn die bisherigen Aktivitäten zu wenig Erfolgen geführt haben. Jede abgeschlossene Aktivität – eine Absage oder ein Kontakt, der ausgereizt wurde, muss dazu führen, dass noch am gleichen Tag eine neue Bewerbung oder ein neues Kontaktgespräch organisiert wird.

Jedes Gespräch muss schriftlich dokumentiert und mögliche Fehler analysiert werden. In den gemeinsamen Sitzungen nach jedem Vorstellungsgespräch erfrage ich genau, welche Fragen kamen, wie die Reaktionen waren, welche Fragen als schwierig empfunden wurden und bespreche Verbesserungsvorschläge. Ebenfalls wichtig ist es, Meilensteine festzulegen. Nach zwei Monaten etwa muss Bilanz gezogen werden: Welche Strategien liefen gut? Welche Vorgehensweise hat sich bewährt? Muss das Ziel revidiert werden oder müssen nur einzelne Parameter des optimalen Ziels verändert werden?

---

[89] „Ist es ein gutes oder schlechtes Zeichen, wenn der Personalleiter mir nach dem Vorstellungsgespräch alles Gute gewünscht hat?"

[90] Formulare und Arbeitsblätter für alle Aktivitäten findet er im Organisationsordner.

Ergebnis Baustein 9

Der Klient hat ein organisatorisches Gerüst, mit dem er die kommenden Wochen und Monate ebenso sorgfältig planen und strukturieren kann, wie er das in seiner beruflichen Arbeit getan hat. Das macht nicht nur den Erfolg der Bewerbungskampagne wahrscheinlicher, sondern hebt auch seine Stimmungslage, weil ihm die Arbeitsuche nicht als eine vertane Zeit des Wartens und Hoffens erscheint. Viele Klienten haben mir aus Zeiten der unbetreuten Arbeitssuche erzählt, der unstrukturierte Tagesablauf stelle eines der größten und handlungshemmenden Probleme für sie dar.

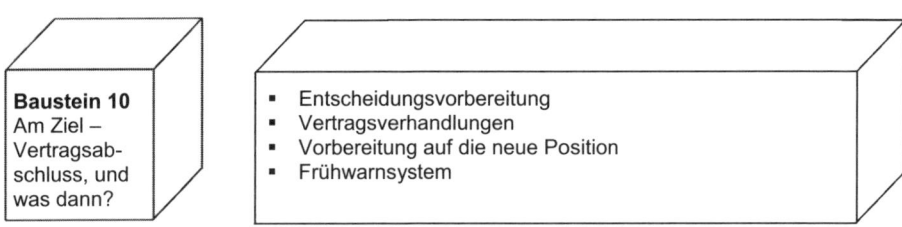

Baustein 10
Am Ziel –
Vertragsab-
schluss, und
was dann?

- Entscheidungsvorbereitung
- Vertragsverhandlungen
- Vorbereitung auf die neue Position
- Frühwarnsystem

Am Ziel!

Herr Kramer ist glücklich. Er hat zwei interessante Angebote, wobei das eine an seinem Wohnort liegt und er für das andere Angebot nach München umziehen müsste. Zwei weitere Angebote sind noch offen und in einen Fall gab es schon zwei sehr konstruktive ausführliche Gespräche, bei denen er ein sehr gutes Gefühl hatte. Bei dem anderen hat ihm der Personalberater in Aussicht gestellt, es würde bald zu einem zweiten Gespräch kommen, weil er als ein interessanter Kandidat erscheine. Herr Kramer ist sehr froh, dass er meinem Rat gefolgt ist und nicht das erste Angebot vor drei Monaten akzeptiert hat. Damals saß der Schock so tief, dass er glaubte, nie wieder etwas anderes zu finden.

Perspektive der Beraterin

Für mich kommt es jetzt darauf an, ihn vor unüberlegten Entscheidungen zu bewahren, ihm aber auch realistisch seine Chancen und Möglichkeiten vor Augen zu halten. Sehr frühzeitig ein Angebot anzunehmen, das erkennbar nicht seinen Möglichkeiten und Wünschen entspricht, ist in den meisten Fällen keine kluge Entscheidung, es sei denn, es ist absehbar, dass der Klient kaum andere Möglichkeiten haben wird. Er sollte wenigstens eine Zeitlang aktiv suchen, um seine Marktchancen wirklich zu kennen. Wenn sich die Suche sehr lang hinzieht, wird er vielleicht doch ein Angebot zweiter Wahl akzeptieren müssen, aber dann geschieht dies auf der Basis einer realistischen Einschätzung seiner Möglichkeiten.

Vorgehensweise

Wir gehen die vorhandenen Angebote auf der Basis seiner Wunschlisten, seiner Stärken, Schwächen, Vorlieben und Abneigungen noch einmal durch. Wir klären, welches der Angebote weitestgehend seinen Vorstellungen entspricht. Wenn das Angebot zu stark abweicht von dem, was er als seine Fähigkeiten erkannt hat, rate ich ab, zu unterschreiben. Unabhängig davon orientiere ich mich mit meinen Ratschlägen auch an der Person des Klienten: Ist er sehr sicherheitsbedürftig und ängstlich, sind seine Belastungen zu hoch, rate ich durchaus dazu, eine Aufgabe anzunehmen, die vielleicht unterhalb seiner Möglichkeiten liegt, auch wenn ich selbst noch weitere Möglichkeiten für ihn sehe. Liegen die Abweichungen vorwiegend in den Rahmenbedingungen (Ort, Gehalt, Hierarchieebene), muss sorgfältig geprüft werden, ob hier nicht doch Abstriche gemacht werden können. Der Klient muss überlegen, ob die Sicherheit des Arbeitsplatzes und die Familie vielleicht doch wichtiger sind, als die attraktiveren Konditionen in München. Er muss darüber nachdenken, ob ein weiteres Gespräch mit dem direkten Vorgesetzten und ein Gespräch mit den künftigen Mitarbeitern noch nötig ist, um zu sehen, ob er auch persönlich mit den Mitarbeitern zurecht kommen wird. Wir diskutieren die künftige Konstellation mit den anderen Führungskräften und überlegen, in welcher Zusammensetzung vielleicht Konfliktpotential steckt, dem er sich nicht stellen möchte oder auf das er besonders achten muss.

In jedem Fall warne ich vor Aufgaben, in denen nach meiner Einschätzung die Gefahr des nochmaligen Scheiterns groß ist. Unter dem Druck der Arbeitslosigkeit neigen Klienten dazu, sich Aufgaben aufzubürden, denen sie bereits vorher nicht gewachsen waren mit dem festen Glauben „Ich werde das diesmal schon schaffen". Letztlich kann ich allerdings auch nur vorsichtige Warnungen aussprechen. In der heutigen Arbeitsmarktsituation ist es verständlich, dass Klienten unter existenziellen Ängsten es nicht immer wagen, ein Angebot abzulehnen.

Vertragsverhandlungen vorbereiten

Wenn er sich entschieden hat, bereiten wir gemeinsam die Vertragsverhandlungen vor. Neben den rechtlichen Aspekten, die immer mit einem Fachmann besprochen werden sollten, kann es dem Klienten Sicherheit geben, wenn er in den Vertrag für den Fall der Trennung eine Outplacementberatung integriert.[91]

---

[91] Mir ist natürlich klar, dass er in diesem Moment nicht an eine Trennung denken will – das will auch niemand bei der zweiten Heirat. Aber die Statistiken zeigen, dass auch mehrfache Trennungen nicht mehr der Ausnahmefall sind.

Ein Frühwarnsystem wird installiert

Nach Vertragsabschluß besprechen wir mögliche Gefahren und installieren ein Frühwarnsystem, dass dem Klienten dazu verhilft, eigene Fehler schnell zu bemerken oder
auch Reaktionen der Umwelt richtig einschätzen zu können. Er soll dafür sensibilisiert
werden, nicht in alte negative Verhaltensweisen zurückzufallen, die möglicherweise zu
der letzten Trennung beigetragen haben. Er soll davor bewahrt werden, mit großer Unsicherheit in die nächste Position zu gehen und in jeder Äußerung von Vorgesetzten
Vorboten einer Trennungsabsicht zu sehen. Die Erkenntnisse vor allem von Baustein 2
und 3, berufliche und persönliche Erfahrungen und Kompetenzen werden noch einmal
durchgesprochen. Welche inadäquaten Verhaltensweisen sollten verringert werden, in
welchen Situationen sollte er nicht wieder in bekannte Muster verfallen, welche Mitarbeiter oder Vorgesetzten werden wie angesprochen? Wie sollte er seinen ersten Arbeitstag, wie die ersten zwei Wochen gestalten, welches können die Ziele für die ersten
100 Tage sein? Auf welche Signale aus der Umwelt sollte er achten? Welche Dinge
müssen sofort angesprochen werden? Wie kann er die informellen Strukturen des Unternehmens erkennen und vor allem: Wie findet er heraus, was das Unternehmen bzw.
sein nächster Vorgesetzter oder sein Team wirklich von ihm erwartet?[92]

Coaching in den ersten hundert Tagen

Für die ersten drei bis sechs Monate, abhängig von der Dauer der Probezeit, stehe ich
dem Klienten für Fragen oder Gespräche zur Verfügung. Wenn der Klient sich nicht
selbst meldet, frage ich nach einiger Zeit nach: Meistens zeigt sich schnell, ob er dieses
Coachingangebot annehmen möchte oder nicht. Manche Klienten neigen dazu, die Zeit
der Outplacementberatung schnell vergessen zu wollen. Das ist verständlich: Es war
eine Zeit der zeitweiligen Hilflosigkeit und der anfänglich geringen Erfolge, daran
möchte man sich nicht mehr erinnern. Das ist auch oft ein Zeichen, dass es gut läuft.
Andere empfinden es nach wie vor als entlastend, sich mit einer Person, die sie gut
kennt, zu Beginn der neuen Tätigkeit auszutauschen. Insgesamt betrachte ich es als
Beratungserfolg, wenn der Klient sich so sicher fühlt, dass ich mich als Beraterin überflüssig gemacht habe.

Ergebnis Baustein 10

Herr Kramer hat erfolgreich eine neue Aufgabe übernommen, die zu ihm passt. Er weiß,
welche Stolpersteine auf ihn warten, mit welchen Verhaltensweisen er vorsichtig sein
muss und auf wie er sich in das neue System integrieren kann. Er weiß aber auch, dass
eine Trennung wieder auf ihn zukommen kann – auch ohne direktes Verschulden – und

---

[92] Diese Erwartungen sind meistens nicht Bestandteil des Arbeitsvertrages oder der Stellenbeschreibung,
sondern müssen möglichst schnell vom neuen Positionsinhaber herausgefunden werden.

dass er inzwischen über Handlungsmöglichkeiten verfügt, auch eine solche Situation erfolgreich zu bewältigen.

3.2 Workshops zum Führen von Trennungsgesprächen

Als Herr Kramer das zweite Mal zu mir kam, war sein Ärger groß. Nicht nur der Verlust seines Arbeitsplatzes beschäftigte ihn sehr, sondern vor allem die Art und Weise wie das Gespräch verlief, in dem ihm endgültig die Trennungsabsicht des Unternehmens mitgeteilt wurde. Sein Vorgesetzter hatte sich nicht einmal die Zeit genommen, selbst mit ihm das Gespräch zu führen. Angeblich war er sehr beschäftigt und hatte daher den Personalleiter vorgeschickt. Der hatte wenig Zeit, hat ihm nur die feste Trennungsabsicht bekannt gegeben und ihm anschließend einen Entwurf eines Aufhebungsvertrages in die Hand gedrückt. Er war nicht in der Lage, vernünftige Antworten zum Hintergrund der Trennungsabsicht zu geben und hat dann auch noch darauf hingewiesen, dass er nicht Urheber dieser Entscheidung sei und dass ihm das auch leid täte.

Es interessiert Herr Kramer überhaupt nicht, ob es dem Personalleiter leid tut. Wenn es ihm wirklich leid täte, dann sollte er das nicht ihm sagen, sondern dem Hauptabteilungsleiter gegenüber vertreten. Er ist besonders verärgert über seinen ehemaligen Vorgesetzten und ist der Meinung, dass es eine Frage des Anstands und auch der Zivilcourage sei, so eine Entscheidung selbst zu überbringen und auch Gründe dafür zu nennen. Zum Schluss habe der Personalleiter auch noch etwas streng gesagt, dass es sich hier um ein sehr großzügiges Angebot handele und dass es besser sei, dieses schnell zu akzeptieren, weil das Untenehmen das Angebot nicht unbegrenzt aufrechterhalten würde. Herr Kramer ist noch in den darauf folgenden Sitzungen so aufgebracht über den Verlauf des Trennungsgesprächs, dass es mir schwer fällt, ihn auf die naheliegenden Themen zu bringen. Im Verlauf der Beratungssitzungen kam das Thema immer wieder auf diese, von ihm als Missachtung empfundene Situation zurück.

Als Outplacementberaterin bin ich häufig mit den „Opfern" von schlecht gelaufenen Trennungsgesprächen konfrontiert. Klienten sind nicht nur von der Trennungsentscheidung erschüttert, sondern zusätzlich über die Art der Übermittlung zutiefst verbittert. Man kann darüber diskutieren, ob diese Verbitterung unabhängig vom Verlauf des Trennungsgespräches eingetreten wäre.[93] In der Beratung stelle ich in jedem Fall immer wieder fest, dass die Beschäftigung mit der Verbitterung Klienten davon abhält, sich auf ihre berufliche Zukunft zu konzentrieren.

---

[93] Ähnlich wie in Scheidungssituationen, bei denen die Auseinandersetzungen oft begleitet werden von dem Tenor „Deine Entscheidung verstehe ich ja, aber **so** hättest Du es mir nicht mitteilen dürfen!"

Ich habe bereits zu Beginn darauf hingewiesen, dass die Trennung - vom Unternehmen nicht nur den Betroffenen selbst, sondern die gesamte Umwelt betrifft. Vor allem bei größeren Personalabbauprozessen stellen Trennungsgespräche die Fachvorgesetzten zumeist vor eine Aufgabe, auf die sie nicht vorbereitet sind und die sie belastet. Die Folgen dieser schlecht gelaufenen Trennungsgespräche wirken sich nicht nur negativ auf die Trennungsopfer aus, sondern auch auf andere Mitarbeiter, die über diesen Verlauf informiert werden. Sie wirken sich auch auf die Fachvorgesetzten und die Personalverantwortlichen aus, die diese Gespräche führen und mit den eigenen und den Emotionen der Gesprächspartner umgehen müssen. Auf diesem Hintergrund sind Workshops zum Führen von Trennungsgesprächen in das Gesamtangebot von Outplacementberaterinnen aufgenommen worden.

Die Situation im Unternehmen – Personalverantwortliche versus Fachverantwortliche

In vielen Trennungsworkshops habe ich feststellen müssen, dass den Fachvorgesetzten nicht immer klar ist, wie die Trennungskonditionen aussehen und wie die beschlossenen Trennungsaktivitäten umzusetzen sind. Dies führt zum Ärger der Personalabteilung, die bei gemeinsamen Besprechungen, anlässlich der Betriebsversammlung oder in Informationsworkshops ausführlich darüber informiert hatte. Die Schwierigkeit liegt in den unterschiedlichen Perspektiven. Die Personalabteilung entwickelt einen idealtypischen Ablauf und legt in Abstimmung mit der Geschäftsleitung die Trennungskonditionen fest. Die Fachvorgesetzten sind in der Umsetzung immer wieder mit Besonderheiten konfrontiert, die es erschweren, sich an den vorgegebenen Zeitplan zu halten. Wenn festgelegt wird, dass die Bereichsleiter persönlich die Gespräche führen sollen, ist dies aufgrund der Tatsache, dass der eine Bereichsleiter 75 Mitarbeiter hat und der andere nur zwölf, innerhalb einer bestimmten Zeit nicht umzusetzen. Lang eingeplanter Urlaub kann die Einhaltung des Zeitplans unmöglich machen. Inhaltlich kommt es oft zu Missverständnissen, weil bei bestimmten Formulierungen ein großer Interpretationsspielraum besteht. Oft kommt es in dieser ohnehin angespannten Situation dazu, dass die Zusammenarbeit zwischen der Personalabteilung und den Fachabteilungen sich verschlechtert.

Ich empfehle daher zu Beginn der Workshops, dass noch einmal detailliert der Ablauf des Trennungsszenarios und die einzelnen Konditionen erklärt und festgelegt werden. Dazu ist es hilfreich, wenn zu Beginn ein Vertreter der Personalabteilung am Workshop teilnimmt. Für eine sichere Gesprächsführung im Trennungsgespräch ebenso wie für die Glaubwürdigkeit des Fachvorgesetzten ist seine Sicherheit hinsichtlich aller Trennungskonditionen absolut erforderlich.

Wer sollte das Trennungsgespräch führen?

Es gibt unterschiedliche Auffassungen und Traditionen in Unternehmen, ob Trennungsgespräche von der Personalabeilung oder den Fachvorgesetzten oder von beiden zusammen geführt werden. Für die Personalabteilung spricht, dass sie in der Durchfüh-

rung dieser Gespräche häufig besser vorbereitet und geschult sind und die arbeitsrechtlichen Fallen und das Trennungspaket besser kennen als das i. d. R. bei den Fachvorgesetzten der Fall ist. Für die Fachvorgesetzten spricht, dass sie die Klienten besser kennen und diese der Meinung sind, dass es aufgrund oft langer persönlicher Beziehungen
ein Gebot der Fairness wäre, wenn sie die schlechte Botschaft persönlich übermitteln.
Aus der Sicht der Personalabteilung ist es oft nicht fair, dass die Fachvorgesetzten es
sich vorbehalten, gute Botschaften wie Gehaltserhöhungen zu verkünden, aber schlechte
Botschaften auf die ohnehin oft ungeliebte Personalabteilung abzuschieben. Es spricht
viel für die Fachvorgesetzten, aber ich sehe das inzwischen eher undogmatisch: Nach
meiner Erfahrung gibt es Menschen, die aufgrund ihrer Persönlichkeit gut in der Lage
sind, ein Trennungsgespräch sorgfältig und gesichtswahrend zu führen und die einen
Trennungsworkshop nur benötigen, um sich optimal vorzubereiten und Gefahren besser
einschätzen zu können. Und es gibt Menschen, unabhängig von ihrer Verortung im
Unternehmen, von denen ich persönlich keine Trennungsbotschaft überbracht bekommen möchte. Dazu gehören insbesondere diejenigen, die überhaupt kein Problem mit
der Überbringung von Trennungsbotschaften haben.

Vorgehensweise

Die Trennungsworkshops werden in möglichst kleinen Gruppen durchgeführt, um einen
möglichst großen Nutzen für die Teilnehmer zu garantieren. Vom zeitlichen Umfang
her halte ich einen Tag oder einen halben Tag für ausreichend. Bei den vermittelten
Inhalten geht es um Techniken der Gesprächsführung, die genaue Darstellung des Trennungspaketes und vor allem um die Klärung der eigenen Gefühle in diesem Gespräch
und den schonenden Umgang mit den Gefühlen des Mitarbeiters, der die Trennungsbotschaft empfängt.

Wir beginnen mit einer Erhebung der Erfahrungen mit Trennungsgesprächen und den
individuellen Schwierigkeiten in der Durchführung. Da wir auch im Trennungsworkshop mit dem Myers-Briggs-Typenindikator – MBTI[94] arbeiten, kann nachvollziehbar
dargestellt werden, welcher „Typ" mit welchen Reaktionen Probleme haben wird.

Wir diskutieren den Stand der Trennungsgespräche im Unternehmen. Die Teilnehmer
erhalten Checklisten zur Vorbereitung auf diese Gespräche und gemeinsam wird für
unterschiedliche Typen von Vorgesetzten und Mitarbeitern ein Gesprächsleitfaden und
eine Gesprächsargumentation erarbeitet. Die wichtigste Funktion haben in diesen
Workshops die Rollenspiele: Auch bei der besten Vorbereitung kann ein stark emotional oder auch aggressiv reagierender Mitarbeiter den Vorgesetzten von seinem Gesprächsleitfaden oder Gesprächsziel ablenken. Die Frage, warum denn Trennungsentscheidungen gefallen sind und vor allem, warum für diesen Mitarbeiter, ist für die wenigsten leicht zu beantworten. Und dies insbesondere, wenn die Vorgesetzten nicht

---

[94] Vgl. Baustein 2, S. 43 ff.

immer mit der Entscheidung der Geschäftsleitung übereinstimmen oder sich mit dem betroffenen Mitarbeiter stark identifizieren.

Aus meiner Erfahrung empfiehlt es sich, einige Stunden Nachbereitung anzuschließen, nachdem die Seminarteilnehmer erste Trennungsgespräche geführt haben. Häufig entstehen neue Fragen oder die Teilnehmer realisieren, dass ihre Vorbereitung nicht ausreichend war oder sie doch stärker von bestimmten Reaktionen ihrer Gesprächspartner von ihrer Gesprächsstrategie abgewichen sind.

4. Gruppen-Outplacementberatung

4.1 Einsatzmöglichkeiten und Rahmenbedingungen

Kann Outplacement auch in Seminarform angeboten werden?

Nachdem sich der Erfolg der individuellen Outplacementberatung für Fach- und Führungskräfte überzeugend eingestellt hatte, wurde diese Form der betreuten Arbeitsplatzsuche in Seminarform auch für Mitarbeiter anderer Hierarchieebenen angeboten. Dabei ging es darum, bei knappen Ressourcen einer möglichst großen Anzahl von Mitarbeitern diese sehr arbeitsintensive Form der Unterstützung bei der Arbeitsplatzsuche zukommen zu lassen. Legt man die Erfolgskriterien von Outplacementberatung zugrunde, kann ein einmaliges Gruppen-Outplacementberatung nicht so erfolgreich sein wie eine begleitende Beratung im gesamten Verlauf der Bewerbungskampagne. Da der Erfolg von Outplacementberatung nicht nur in der zielgerichteten Unterlagenbearbeitung und der Vermittlung innovativer Suchstrategien liegt, sondern vor allem in der anhaltenden psychologischen und organisatorischen Unterstützung im Verlauf der Bewerbungskampagne, sollten Gruppen-Outplacementberatung nach Möglichkeit nicht isoliert angeboten werden.

Gruppen-Outplacement kann also durchaus sehr sinnvoll sein, sollte aber immer begleitende und anhaltende Beratungsangebote wie Sprechstunden oder eine Hotline beinhalten. Den Klienten wird damit nicht nur eine Initialzündung gegeben, sondern sie werden im gesamten Prozess der Bewerbungskampagne anhaltend unterstützt. Allerdings ist der Erfolg nicht nur von einer guten Beratung abhängig. Mehr als bei der Einzelberatung ist bei Personalabbaumaßnahmen in großem Umfang der Erfolg vor allem von dem Angebot an Arbeitsplätzen in der betroffenen Region abhängig.

Längerfristig flankierende Beratungsangebote müssen hinzukommen

Gruppen-Outplacementberatung kann also eine sinnvolle Unterstützung für große Mitarbeiterzahlen sein, die das Unternehmen aufgrund von Umstrukturierungen verlassen müssen. Der Erfolg von Gruppenberatungen ist weitgehend abhängig davon, dass

- die Teilnahmebedingungen der Situation der Teilnehmer angepasst werden,

- die Seminare zusammen mit längerfristiger Nachbetreuung angeboten werden,

- Seminarform, -inhalte und -methoden auf unterschiedliche Zielgruppen zugeschnitten werden.

Wie sollen Gruppen-Outplacementberatung angeboten werden?

Herr Ehrenberg ist Personalleiter in einem mittelständischen Textilunternehmen und hat zur Zeit ein Problem. Die Reduzierung von 850 auf 350 Mitarbeiter ist von der Konzernleitung beschlossen, der Sozialplan verabschiedet. Ein Bestandteil des Sozialplans ist eine Gruppen-Outplacementberatung für Mitarbeiter. Geschäftsleitung und Betriebsrat drängen bereits und möchten ein Konzept und ein Angebot sehen. Vor Herrn Ehrenberg liegen Stapel von Hochglanzbroschüren von Outplacementberatern, die sich bereits vom ersten Tag der Zeitungsmeldung über den geplanten Personalabbau bei ihm gemeldet haben. Um ein konkretes Angebot machen zu können und eine sinnvolle Auswahl von Beratern zu treffen, gehen ihm viele Fragen durch den Kopf.

- In welchem Umfang soll die Gruppen-Outplacementberatung angeboten werden?

- Wer soll sie durchführen, externe Berater oder Trainer der eigenen Weiterbildungsabteilung?

- Wenn externe Berater beauftragt werden sollen, nach welchen Kriterien sollen sie ausgesucht werden?

- Wer bezahlt die Outplacementberatung?

- Wo und zu welchen Zeiten soll sie stattfinden?

- Wie sollen die Seminare zusammengesetzt werden?

- Wer organisiert die Seminare?

- Müssen die Mitarbeiter für die Teilnahme das Einverständnis ihres Vorgesetzten einholen?

Sein Kollege steht ebenfalls vor der Aufgabe, einen großen Personalabbau zu managen, muss aber von anderen Rahmenbedingungen ausgehen. Der Personalabbau ist ebenfalls beschlossen, aber man hat bewusst auf einen Sozialplan verzichtet. Es gibt eine Betriebsvereinbarung, in der die Bedingungen des Personalabbaus und die Anreize für Mitarbeiter, das Unternehmen mit einem Aufhebungsvertrag zu verlassen, festgehalten wurden. Ein Mosaikstein dabei soll Gruppen-Outplacementberatung sein.

Die Ausgangssituationen sind unterschiedlich. Während in dem Unternehmen von Herrn Ehrenberg die Gruppen-Outplacementberatung für die Mitarbeiter eine Unterstützung in der Zeit nach der beschlossenen Trennung vom Unternehmen ist, sollen die Mitarbeiter in seinem Unternehmen über Sprintprämien und andere Anreize dazu motiviert werden, das Unternehmen freiwillig zu verlassen. Eine Gruppen-Outplacementberatung soll bei der Entscheidungsfindung und der Suche nach einem neuen Arbeitsplatz unterstützen. Für ihn stellen sich zusätzlich die Fragen:

- Wer darf oder soll teilnehmen?

- Ist die Unterschrift unter einen Aufhebungsvertrag eine Voraussetzung?

- In welchem Umfang dürfen die Mitarbeiter teilnehmen?

- Unter welchen Bedingungen dürfen die Mitarbeiter teilnehmen?

- Wer kontrolliert die Teilnahme?

In welchem Umfang soll die Gruppen-Outplacementberatung angeboten werden?

Aus meiner Sicht sollten folgende Überlegungen angestellt werden: Ist die Entscheidung für betriebsbedingte Kündigungen bereits gefallen, sollte ein festes Kontingent an Outplacementberatung pro Mitarbeiter in das gesamte Trennungspaket eingeflochten werden, z. B. ein Drei-Tagesseminar pro Mitarbeiter zuzüglich vier Stunden Nachbetreuung bei Sprechtagen und zwei Monaten Hotline-Nutzung. Anders ist es, wenn der Arbeitgeber keine Kündigungen aussprechen kann oder will, aber Outplacementberatung als ein Mosaikstein des Trennungspaketes angeboten werden soll. Neben Sprintprämien oder anderen finanziellen Vergünstigungen, Freistellungen und Weiterbildungsangeboten hat Outplacementberatung dann die Funktion, durch das Aufzeigen von beruflichen Möglichkeiten Unterstützung bei einer freiwilligen Trennung anzubieten. In diesem Fall sollte Outplacementberatung möglichst frühzeitig einsetzen und großzügig und langfristig angeboten werden.

Das in diesem Zusammenhang auftretende Kostenargument ist leicht zu entkräften: Für die Einsparung eines Mitarbeiters über mehrere Jahre kann sehr viel Outplacementberatung eingekauft werden. Diese moderate Großzügigkeit gegenüber Mitarbeitern, von denen man sich trennen muss, ist vertretbar, wenn man sich vor Augen hält, was von den Mitarbeitern verlangt wird: Mitarbeiter, die sich für unkündbar hielten und ihren gesamten Lebensstandard und ihre Lebensplanung auf dieser Basis aufgebaut haben, sollen sich selbst zur Trennung entscheiden. Um die mit einer möglichen Trennung verbundenen Existenzängste und Selbstzweifel zu überwinden und eine realistische Chance auf einen neuen Arbeitsplatz zu bieten, bedarf es einer sehr lange anhaltenden und sorgfältigen Unterstützung.[95]

---

[95] Wenn man berücksichtigt, dass für Führungskräfte eine unbefristete Outplacementberatung für notwendig erachtet wird, dann wird es einleuchten, dass auch ein Leitstandsfahrer oder eine Sekretärin mehr Unterstützung brauchen, als sie in einem dreitägigen Seminar geboten werden kann.

Wer darf oder soll teilnehmen?

Wenn das Gruppen-Outplacement Bestandteil des Trennungspaktes ist, sollte bei beiden Szenarien jeder teilnehmen dürfen, wobei die Teilnahme immer freiwillig sein sollte. Wenn sich das Unternehmen hier für Einschränkungen entschiedet, sollten die Kriterien nachvollziehbar sein und transparent gemacht werden. Da Outplacementberatung auch immer die Funktion hat, Unruhe im Unternehmen zu verringern, sollte dieser Effekt nicht durch ein Übermaß an Kontrolle zunichte gemacht werden.

In welchem Umfang dürfen die Mitarbeiter teilnehmen?

Das ist natürlich vor allem abhängig von den finanziellen Möglichkeiten des Unternehmens. Aus der Sicht der Beraterin gilt für gekündigte Mitarbeiter, was bereits bei der Gruppen-Outplacementberatung gesagt wurde. Eine mehrtägige Gruppen-Outplacementberatung mit Nachbetreuung als Basis für einen Zeitraum von etwa sechs Monaten wäre sinnvoll. Wenn Mitarbeiter in einer Phase sind, in denen sie darüber entscheiden müssen, ob ein als sicher erachteter Arbeitsplatz freiwillig aufgegeben werden soll, dann sollte Outplacementberatung großzügig, ohne Kontrolle und zeitliche Begrenzung angeboten werden. Mitarbeiter benötigen viel Unterstützung in dieser Zeit und es wird ihnen helfen, wenn sie mit den Beraterinnen ihre Lebenssituation, ihre Chancen auf dem Arbeitsmarkt und die Möglichkeiten, eine neue Aufgabe zu finden, diskutieren können.

Wie lange soll eine Gruppen-Outplacementberatung dauern?

Optimal ist es, wenn die Dauer eines Gruppenseminars an der Qualifikation und beruflichen Hierarchieebene der Teilnehmer orientiert werden kann. In der Praxis wird es sich eher nach den Möglichkeiten des Unternehmens richten: Nicht nur finanzielle Gesichtspunkte sind zu berücksichtigen, auch die Frage, wie eine längere Abwesenheit vom Arbeitsplatz organisatorisch in den Abteilungen zu bewältigen ist oder ob es sich z. B. um Schichtarbeit handelt. Nach meinen Erfahrungen werden Mitarbeiter mit Hochschulabschluss und Mitarbeiter mit viel Seminarerfahrung bei einem drei- bis fünftägigen Seminar eher aufnahmefähig bleiben als gewerbliche Mitarbeiter, die in Schicht arbeiten müssen.

Abhängig von den zur Verfügung stehenden Mitteln empfehle ich die Verteilung von Seminartagen über einen größeren Zeitraum. Sinnvoll sind zwei Seminartage zu Beginn der Beratungszeit und ein bis zwei Wochen später ein Auffrischungstag, bei dem die Umsetzung kontrolliert werden kann, Missverständnisse ausgeräumt und Misserfolge korrigiert werden können. Das ermöglicht den Teilnehmern, in der Zwischenzeit das Gelernte zu verarbeiten und umzusetzen und erste Versuche auf dem Arbeitsmarkt zu machen. Die Unterlagen werden im anschließenden Auffrischungstag bearbeitet, die Erfahrungen diskutiert und bei Problemen wird Hilfestellung angeboten.

Wieder ein bis zwei Wochen später können halbtägige Seminare angeboten werden, bei denen die Mitarbeiter wieder über den Verlauf der Bewerbungskampagne berichten, Unterstützung und Rat einholen und untereinander austauschen können. Die halbtägigen Seminare können auch für die Vertiefung bestimmter Themen genutzt werden – Vorstellungsgespräche, Telefontraining oder Direktbewerbung, weil sich erst in der Praxis zeigt, mit welchen Umsetzungsschwierigkeiten zu rechnen ist. In den seminarfreien Wochen sollte eine Hotline zu den Beratern für eilige Fragen eingerichtet werden und im Anschluss an die Seminare regelmäßige Sprechtage, die ein längerfristiges Coaching der Mitarbeiter während ihrer Bewerbungskampagne ermöglichen.

Da aus meiner Erfahrung eine längerfristige Betreuung der Mitarbeiter eine wichtige Voraussetzung für den Erfolg ist, sind kürzere Beratungssequenzen über einen längeren Zeitraum verteilt besser für die Mitarbeiter als Kompaktseminare, die zwar einen großen Motivationsschub bringen können, der aber erfahrungsgemäß bei den ersten Umsetzungsschwierigkeiten schnell abebbt. In Zusammenarbeit mit der Outplacementberaterin sollte und kann auch bei begrenzten Mitteln ein Beratungsszenario entwickelt werden, das den Mitarbeitern über einen möglichst langen Zeitraum Unterstützung bietet.

Wie sollen die Seminare zusammengesetzt werden?

Grundsätzlich empfehle ich relativ homogene Gruppen: vergleichbare Qualifikation, Berufserfahrung und die gleiche Altersgruppe erleichtern es, Inhalte und Methoden auf diese Zielgruppe zuzuschneiden. Wenn die Outplacementberatung nur in einer Abteilung, einem Betriebsteil oder einem mittelständischen Unternehmen durchgeführt werden soll, ist aufgrund der geringen Anzahl von Mitarbeitern die Organisation von homogenen Gruppen schwierig. In diesen Fällen bieten wir eine Lösung an, bei der einzelne Beratungsanteile in Gruppen und in der Folge Sprechtage oder Hotline als Einzelberatung kombiniert angeboten werden. Keinesfalls sollten Vorgesetzte und direkt unterstellte Mitarbeiter ein Seminar gemeinsam besuchen, ebenso wie sehr große Alters- oder Qualifikationsunterschiede auf alle Beteiligten demotivierend wirken können.

Ich werde oft mit der Vermutung konfrontiert, dass Kollegen aus einer Abteilung ungern offen über ihre wirklichen Probleme mit der Arbeitssuche sprechen. Ich biete den Mitarbeitern zuweilen an, selbst Gruppen zusammenzustellen. In einer vertrauten Atmosphäre unter guten Bekannten werden nicht nur Probleme offener besprochen, sondern die Mitarbeiter können sich gegenseitig positiv unterstützen. Aber nach meiner Erfahrung wird das aus zwei Gründen nicht umfassend umzusetzen sein. Zum einen scheitert es daran, dass sich nur selten eine tatkräftige Person findet, die die Organisation von acht Kollegen für das Seminar übernehmen will. Zum anderen widerspricht es dem nicht unverständlichen Kontrollbedürfnis der organisierenden Personalabteilung, Teilnehmern solche organisatorischen Dinge zu überlassen. Insofern sollte man diese Möglichkeit zur Selbstorganisation anbieten und ansonsten bei größeren Unternehmen durch das Angebot mehrerer Seminartermine selbst dafür zu sorgen, dass relativ homogene Gruppen zusammengestellt werden. Allerdings hat meine Erfahrung auch gezeigt, dass es durchaus möglich ist, auch in heterogenen Gruppen oder in Gruppen aus einer Abteilung für eine offene Atmosphäre zu sorgen.

Wie viel Teilnehmer pro Gruppen-Outplacementberatung sind zu empfehlen?

Je kleiner die Gruppe, desto individueller kann die Beratung gestaltet werden und umso größer ist der Lerneffekt. Die Gruppen sollen nicht mehr als acht Teilnehmer umfassen, wobei eine Gruppengröße von sechs Teilnehmern optimal ist. Die geringe Teilnehmerzahl ist bei unserer Vorgehensweise notwendig, weil wir auch in der Gruppe individuell an der spezifischen Biografie des Einzelnen arbeiten und – soweit möglich – jeden Teilnehmer mit einem Entwurf individueller Unterlagen und einer angepassten Marketingstrategie entlassen. Bei einer größeren Teilnehmeranzahl ist das kaum möglich. Wenn die Situation des Unternehmens größere Gruppen unbedingt erforderlich macht, wird eher exemplarisch gearbeitet werden müssen, was die anschließende Umsetzung für den Einzelnen erheblich erschweren kann.

Wo finden die Seminare statt?

Nicht in den Räumen der Personalabteilung! Und in einer angenehmen Atmosphäre. Wie bei allen Seminaren muss grundsätzlich geklärt werden, ob die Gruppen-Outplacementberatung innerhalb oder außerhalb des Unternehmens durchgeführt werden sollen. Seminare außerhalb des gewohnten Arbeitsumfeldes empfehlen sich wie bei fast allen Schulungen, weil die räumliche Entfernung zum Arbeitsplatz die Konzentration erleichtert. Bei Outplacementberatung empfehlen wir externe Seminare umso mehr, als diese Seminare anders als alle anderen Schulungen das Ziel haben, die Teilnehmer auf einen Abschied vom Unternehmen vorzubereiten. Da diese Seminare häufig in einer Atmosphäre stattfinden, in der die Beziehung zum Unternehmen auf dem Hintergrund drohender oder bereits ausgesprochener Entlassungen nicht besonders positiv ist, wird die räumliche Trennung vom Unternehmen die Offenheit der Teilnehmer und das Vertrauen zu den Beratern positiv beeinflussen.

Wenn das Seminar aus kosten- oder anderen organisatorischen Gründen im Unternehmen stattfinden muss, empfehlen sich abgelegene Räume, die eine Teilnahme nicht für jeden anderen Mitarbeiter sichtbar machen und die vor allem weitab von den Räumen der Personalabteilung liegen sollten. So lange keine Kündigungen ausgesprochen sind, ist die Skepsis der Mitarbeiter groß, wie die freiwillige Teilnahme an einer Gruppen-Outplacementberatung durch Vorgesetzte oder die Personalabteilung bewertet wird. Allen Versicherungen der Unternehmensleitung zum Trotz gehen Mitarbeiter davon aus, dass bereits die Teilnahme an einer Gruppen-Outplacementberatung als eine grundsätzliche Bereitschaft zur Trennung aufgefasst werden könnte, eine Konsequenz, die in einer Situation des drohenden Personalabbaus keiner leichtfertig riskieren möchte.

Wann finden die Seminare statt?

Nicht am Wochenende! Es liegt auf der Hand, dass sich die Seminarzeiten nach den Rahmenbedingungen des Unternehmens richten. So wird ein Dienstleistungsunternehmen andere Zeiten erfordern als der öffentliche Dienst oder ein Produktionsbetrieb mit Schichtdienst. Ein weitere Überlegung gilt den Lernerfahrungen der Teilnehmer. Gewerblichen Mitarbeitern mit weniger Lernerfahrung sollte man die Möglichkeit zu kürzeren Lernsequenzen über die Woche verteilt mit einem Angebot zur individuellen Vertiefung geben. Für lerngewohnte Mitarbeiter mit Hochschulabschluss kann ein dreitägiges Kompaktseminar ausreichend Material bieten, um sich erst einmal ohne weitere Unterstützung auf dem Arbeitsmarkt bewegen zu können.

Wer organisiert die Gruppen-Outplacementberatung?

Wenn die Kündigungen ausgesprochen worden sind und jeder Mitarbeiter ein Anrecht auf eine Gruppen-Outplacementberatung hat, spricht nichts dagegen, dass die gesamte Organisation von Mitarbeitern des Unternehmens übernommen wird. Wenn hingegen offen ist, wer das Unternehmen verlassen wird, kann es von den Mitarbeitern als Kontrolle gewertet werden, wenn Mitarbeiter des Unternehmens einen Überblick über die Teilnehmer erhalten. Interne Mitarbeiter, auch wenn kein Zweifel an deren Diskretion besteht, können bei den Mitarbeitern den Eindruck entstehen lassen, dass nicht alle Informationen immer vertraulich behandelt werden. Und meine langjährige Erfahrung mit großen Outplacementprojekten zeigt, dass die Mitarbeiter fest davon überzeugt sind, dass die Teilnahme an einer Gruppen-Outplacementberatung als grundsätzliche Trennungsabsicht gewertet wird. Und wer möchte in unsicheren Zeiten schon zu erkennen geben, dass er an einer weiteren Mitarbeit nicht interessiert ist? Diese Überzeugung kann durch keine öffentliche Versicherung der Geschäftsleitung, der Personalabteilung oder des Vorgesetzten ins Wanken gebracht werden.

Vor diesem Hintergrund ist zu überlegen, inwieweit die gesamte Seminarorganisation an die Outplacementberatung delegiert werden sollte, unabhängig davon, ob sie im Unternehmen oder in den Räumen der Outplacementberatung organisiert wird. Der dagegen sprechende verständliche Wunsch des Unternehmens, die Organisation und den Überblick in der Hand zu behalten, wirkt sich kontraproduktiv auf die ursprüngliche Absicht aus, nämlich: Mitarbeiter, die nicht gehen müssen, dazu zu bringen, sich aktiv Optionen außerhalb des Unternehmens zu suchen.

Wie sollen die Räume ausgestattet werden?

Bei der Ausstattung muss neben den üblichen Seminartools daran gedacht werden, dass ein Kopierer im Raum steht oder in kurzer Entfernung zur Verfügung steht. Da alle Unterlagen der Teilnehmer zur gemeinsamen Beurteilung und Bearbeitung auf Folien kopiert werden, ist es sehr störend für den Seminarablauf, wenn die Beraterin oder auch einer der Teilnehmer ständig abwesend sein muss. Wenn möglich, sollte ein Rechner mit Internetanschluss vorhanden sein ebenso wie eine Anzahl von Tageszeitungen vom vorherigen Wochenende mit Stellenanzeigen und relevante Nachschlagewerke. Vor allem aber muss auf eine angenehme, freundlichen Atmosphäre geachtet werden.

Müssen die Mitarbeiter das Einverständnis ihres Vorgesetzten oder der Personalabteilung einholen?

Das ist ein fast unlösbares Problem. In jedem Fall sollte im Interesse der Mitarbeiter unternehmensweit geregelt werden, ob der Vorgesetzte die Teilnahme erlauben muss oder ob er nur das Recht auf Information hat. Bei ausgesprochenen Kündigungen werden die Vorgesetzten dieses Thema vermutlich entspannt betrachten. Wenn die Unternehmensleitung die Entscheidung zum Personalabbau getroffen hat, wird diese Entscheidung vom Grundsatz her von den Bereichsleitern unterstützt, aber häufig nicht für ihren Bereich – der weiterhin auf die engagierte Mitarbeit jedes einzelnen Mitarbeiters angewiesen ist – akzeptiert. Das bedeutet in der Praxis, dass Mitarbeiter, die Interesse an einer Outplacementberatung anmelden, in hierarchisch geführten Abteilungen die Erlaubnis dazu nicht immer bekommen oder in manchen Abteilungen die Freistellung für das Seminar von dem subtilen Hinweis begleitet wird, dass demnächst die Liste derer zusammengestellt wird, die auch über das aktuelle Jahr hinaus in dieser Abteilung gebraucht werden. Diese Reaktionen werden nicht zu verhindern sein, aber eine unternehmenseinheitliche Klärung der Teilnahmebedingungen etwa über einen Newsletter, der allen zugänglich gemacht wird, hilft den Mitarbeitern in dieser Situation. Darüber hinaus zeigt es, wie wichtig es ist, bei derartigen Prozessen die Bereichsleiter durch internes Marketing zu gewinnen.[96]

Wer bezahlt die Outplacementberatung?

Grundsätzlich das Unternehmen. Die Praxis, einen bestimmten Anteil der Abfindung mit der Teilnahme an einer Gruppen-Outplacementberatung zu verrechnen, halte ich im Interesse der Teilnehmer nicht für sinnvoll. In einer Phase der existenziellen Verunsicherung werden die Betroffenen fast immer gegen Outplacementberatung votieren, deren Gegenstand und Nutzen ihnen wenig greifbar erscheint. Wenn die Kündigungen bereits ausgesprochen sind, sollte das Unternehmen das Interesse der betroffenen Mitarbeiter in den Vordergrund stellen und dafür sorgen, dass an den Outplacementseminaren auch teilgenommen werden kann.

---

[96] Vgl. Inhouse Outplacement Center, Kap. 5, S. 163 ff.

Wenn das Unternehmen keine Kündigungen ausspricht, aber die Mitarbeiter zur Trennung motivieren will, sollte es aus Eigeninteresse den Mitarbeitern eine Teilnahme erleichtern. Wird die Teilnahme an einer Outplacementberatung von der Abfindung entkoppelt, ist die Motivation, an dem Seminar teilzunehmen, zumeist hoch; die gekündigten Mitarbeiter haben das Datum der drohenden Arbeitslosigkeit vor Augen und sind stark daran interessiert, sich Wissen anzueignen, das ihnen den Weg in eine neue Position erleichtert. Jede Teilnahme an einer qualifiziert durchgeführten Gruppen-Outplacementberatung, in dem die Mobilitätsbereitschaft der Mitarbeiter erhöht wird und sie Chancen auf dem Arbeitsmarkt erkennen können, nützt der Absicht des Unternehmens, Mitarbeiter für eine freiwillige Trennung zu gewinnen.

Rechnen sich die Kosten für die Outplacementberatung?

Sie rechnen sich für Mitarbeiter und Unternehmen. Aber ich habe festgestellt, dass Personalleiter oder andere betriebliche Entscheider selbst dann nicht immer von der positiven Wirkung einer Outplacementberatung überzeugt sind, wenn sie diese einkaufen. Die Kaufentscheidung ist i. d. R. eher von dem Gedanken getragen, dass Outplacementberatung heute ein akzeptierter Bestandteil jedes Personalabbauprozesses ist und möglicherweise die Kooperationsbereitschaft des Betriebsrates positiv beeinflussen kann. Oft sind Personalverantwortliche überrascht, wie positiv diese Beratung von ihren Mitarbeitern eingeschätzt wird. Aber diese Einstellung findet sich nicht nur bei Personalleitern: Meine Erkenntnis als langjährige Outplacementberaterin ist es, dass Führungskräfte erst dann von dem Nutzen einer Outplacementberatung wirklich überzeugt sind, wenn sie selbst eine in Anspruch genommen haben.

4.2. Inhalt und Methodik

Welche Methodik ist angemessen?

Grundsätzlich unterscheiden sich die Inhalte in der Gruppen-Outplacementberatung nicht von der Methodik der Einzeloutplacementberatung. Da weniger Zeit zur Verfügung steht, muss vorab ausgewählt werden, welche Instrumente mehr oder weniger ausführlich dargestellt werden und welche möglicherweise anschließend in der Nachbetreuung individuell geklärt werden können. Bei der Gruppen-Outplacementberatung geht es darum, innerhalb einer begrenzten Zeit eine Gruppe von Menschen mit unterschiedlichen Berufsbiografien, Lebensperspektiven und psychischen Dispositionen so stark wie möglich zu motivieren, ihnen Ängste und Selbstzweifel zu nehmen und Perspektiven aufzuzeigen. Gleichzeitig muss ihnen in kurzer Zeit das Handwerkszeug für ihre berufliche Neuorientierung mitgegeben werden. Der Fokus der Teilnehmer muss von ihrer schwierigen aktuellen Lage weg auf künftige Optionen gerichtet werden. Am Ende des Seminars muss die Motivation so hoch sein, dass die einzelnen Schritte auch ohne Begleitung angegangen werden und die bei der Umsetzung eintretenden Misserfolge nicht gleich zu Resignation führen.

Die Anforderungen an die Beraterin sind bei der Gruppenberatung deutlich andere als bei der Einzelberatung: Zu Beginn ist mit einer geringeren Offenheit der Klienten zu rechnen. Es liegt an einer souveränen und empathischen Seminarleitung, Ängste vor dem Vergleich mit anderen zu nehmen und die Teilnehmer zu einer Gruppe von Personen mit ähnlichen Schwierigkeiten und gleichen Zielen zu machen. Wichtig ist gerade in heterogenen Gruppen, dass unterschiedliche berufliche Optionen, die sich aus den unterschiedlichen persönlichen Voraussetzungen ergeben, ohne kränkende Wertung vermittelt werden.

Welche Inhalte sind einer Gruppen-Outplacementberatung angemessen?

Die Themen der Gruppen-Outplacementberatungen sind:

- Erkennen beruflicher und persönlicher Stärken und Schwächen,

- Umsetzung in aussagekräftige Bewerbungsunterlagen,

- Präsentation des eigenen Berufsverlaufs – Two-Minute-Spot,

- Kennen lernen der Suchstrategien auf dem Arbeitsmarkt,

- Umsetzung der Suchstrategien in eine individuelle Marketingkampagne,

- Interviewtraining nach Wunsch.

Das Thema Interviewtraining verschieben wir zumeist bewusst auf einen späteren Zeitpunkt, es sei denn, die Mitarbeiter befinden sich schon in ihrer Bewerbungsphase und benötigen konkret eine Vorbereitung auf das Vorstellungsgespräch. Nach unserer Erfahrung konzentrieren sich Erwartungen und Ängste der Teilnehmer bereits zu stark auf das Vorstellungsgespräch, obwohl sie in den meisten Fällen noch keine Einladung zu einem Gespräch hatten.

Ich weise die Teilnehmer immer darauf hin, dass es wichtig ist, erst einmal eine Einladung zu bekommen, bevor der Auftritt im Vorstellungsgespräch geübt wird. Überhaupt ist es auffällig, wie stark sich die Wünsche und Erwartungen der Teilnehmer auf korrekte Bewerbungsunterlagen, das Vorstellungsgespräch und die „Tricks" der Personalleiter konzentrieren.[97] Selten ist ihnen bewusst, dass erst über die Kenntnis der eigenen Stärken und beruflichen Erfahrungen eine persönliche Zielsetzung festgelegt werden kann,

---

[97] Wozu nicht zuletzt die vielen Veröffentlichungen zu diesem Thema beitragen.

aussagekräftige Bewerbungsunterlagen erstellt werden können und dann vor allem über Wege nachgedacht werden muss, wie diese Unterlagen an einen betrieblichen Entscheider gelangen, der auch Interesse an ihnen hat. Vielleicht lässt die Konzentration der relevanten Ratgeberliteratur auf Bewerbungsschreiben und Vorstellungsgespräche den Teilnehmern diese Themen als die wichtigsten ihrer Bewerbungskampagne erscheinen. Nach unserer Erfahrung ist es jedoch die zähe, disziplinierte tägliche Anwendung der unterschiedlichen Suchstrategien, die letztlich eine Bewerbungskampagne zum Erfolg führt.

Vorgehensweise

Wir arbeiten intensiv an den beruflichen Erfahrungen und der individuellen Situation der Teilnehmer. Jede einzelne Berufsbiografie wird durchgegangen und – gemeinsam mit allen Teilnehmern – die Form der Selbstdarstellung, eine oder mehrere berufliche Zielsetzungen für jeden Teilnehmer und mögliche Vorgehensweisen auf dem Arbeitsmarkt diskutiert. Die Teilnehmer erarbeiten allein und in Gruppen ihre beruflichen Erfolge und darauf aufbauend Lebensläufe und Anschreiben. Sie üben Telefonansprache von Unternehmen und bei Bedarf auch Vorstellungsgespräche. Neben der Vermittlung von Instrumenten und Vorgehensweisen bei der beruflichen Neuorientierung muss immer der Aufbau von Selbstbewusstsein, Motivation und das Interesse an Veränderung oder zumindest Reduzierung von Angst vor Veränderung, im Vordergrund stehen.

4.3. Ablauf einer dreitägigen Gruppen-Outplacementberatung

Tag 1 (vormittags)	Tag 1 (nachmittags)
Was kann ich, wie bin ich? 1. Einübung des Two-Minute-Spots 2. AHA-Übungen 3. MBTI 4. Zielsetzung	Wie soll meine berufliche Zielsetzung . die nächste Zeit aussehen? 1. Meine Kompetenzen und Wünsche 2. Entwicklung meines beruflichen Ziels
Tag 2 (vormittags)	**Tag 2 (nachmittags)**
Wie sollen meine Bewerbungsunterlagen aussehen? 1. Lebensläufe 2. Anschreiben und Marketingbrief 3. Zeugnisse 4. Referenzen 5. Vollständige Unterlagen	Wie soll ich auf dem Arbeitsmarkt nach einem passenden Arbeitsplatz suchen? Suchstrategie 1: Andere für sich suchen lassen 1. Kontaktnetz 2. Personalberater 3. Private und staatliche Arbeitsver- mittler
Tag 3 (vormittags)	**Tag 3 (nachmittags)**
Suchstrategie 2: Selbst suchen 1. Stellenanzeigen / Internet 2. Direktbewerbung 3. Stellengesuch	Wie organisiere ich meine Bewerbungs- kampagne? 1. Meine persönliche Marketingstrate- gie 2. Projektmanagement Bewerbungskampagne

Vorbereitung auf die Gruppen-Outplacementberatung

Um möglichst realitätsnah an den Interessen der Teilnehmer arbeiten zu können, be-kommen sie einen Einladungsbrief mit dem Hinweis, alle vorhandenen Bewerbungsun-terlagen, alte Lebensläufe und Anschreiben, abgelehnte Bewerbungen, Bewerbungsfo-tos und interessierende Stellenanzeigen mitzubringen. Sie erhalten ebenfalls einen Fragebogen des Myers-Briggs-Typen-Indikators (MBTI)[98] mit der Bitte, den ausgefüllten Antwortbogen bis spätestens eine Woche vor Seminarbeginn zurückzusenden. Zu Beginn des Seminars erhält jeder einen Organisationsordner mit einem Leitfaden für die Bewerbungskampagne und wichtigen Arbeitsblättern.

Tag 1 – vormittags

Situation und Einstellungen der Teilnehmer zu Beginn des Seminars

Die Teilnehmer befinden sich am ersten Tag oft in einer Stimmung, die zwischen Frustration, Enttäuschung und Wut auf ihr Unternehmen und Resignation hinsichtlich ihrer beruflichen Optionen schwankt. Sie haben sich lustlos bis abwartend für die Gruppen-Outplacementberatung entschieden, weil sie wissen wollen, wie man sich „heute" bewirbt, welche „Tricks" Personalleiter im Vorstellungsgespräch anwenden, wie man die Codes von Zeugnissen entschlüsseln kann, weil sie sich noch nie im Leben beworben haben – häufig bei Teilnehmern aus den neuen Bundesländern – und weil sie einfach wissen wollen, wie man sich „richtig" bewirbt. Oft ist es auch nur die Motivation, etwas mitzunehmen, was kostenlos angeboten wird oder man hat Bedenken, dass ein Ausschluss aus der Outplacementgruppe negative Konsequenzen mit sich bringen könnte.

Perspektive der Beraterin

Bei dieser Motivationslage ist es die wichtigste Aufgabe für die Outplacementberaterin, die Teilnehmer möglichst schnell von ihrer Beschäftigung mit Enttäuschung und Wut auf ihre Möglichkeiten außerhalb des Unternehmens zu lenken. Bei ausgesprochener Kündigung müssen sie beginnen, sich innerlich von dem Unternehmen zu lösen und auf die Zukunft zu schauen. Bei drohender Kündigung ist die Aufgabe für die Outplacementberaterin deutlich schwieriger. Die Teilnehmer neigen dazu, sich an die Hoffnung zu klammern, dass die Trennung an ihnen persönlich vorbeigeht und sie daher erst einmal abwarten wollen. In diesem ersten Kontakt liegt der Akzent daher nicht ausschließlich auf den Methoden der Bewerbung; im wesentlichen geht es um Veränderungsberatung: Es muss gelingen, den Teilnehmern nicht nur die Möglichkeit zur Veränderung aufzuzeigen, sondern bei ihnen Interesse an einer Veränderung zu wecken. Gleichzeitig muss ihnen deutlich werden, dass es – allen Befürchtungen zum Trotz – doch berufliche Optionen für sie gibt.

Eine weitere Aufgabe für mich ist es, mit liebgewonnenen Vorurteilen aufzuräumen: Es geht nicht darum zu erfahren, was heute bei Bewerbungen modern ist, sondern es geht darum, eine zur Person und dem heutigen und künftigen Arbeitsplatz passende Bewerbung abzuschicken. Es geht auch nicht darum, „Tricks" von Personalleitern zu entlar-

---

[98] Vgl. Baustein 3, S. 50 ff

ven, die mit raffiniertem Vorgehen Bewerbern das Vorstellungsgespräch erschweren wollen. Die Teilnehmer werden zum Perspektivwechsel genötigt: Für Personalleiter ist der Auswahlprozess im Unternehmen sehr zeitaufwendig, falsche Entscheidungen sind teuer. Er hat also großes Interesse an gut vorbereiteten Bewerbern, die mit Offenheit ihre Kompetenzen, aber auch Grenzen und vor allem ihre Vorstellungen darstellen können, welchen Nutzen sie für das Unternehmen bringen könnten. Weder schauspielerische Fähigkeiten noch unterwürfige Anpassung sind daher gefragt.

Und die letzte Enttäuschung: Das „Richtige" gibt es nicht

Es existiert ein großes Bedürfnis bei den Teilnehmern, nach vielfältiger Lektüre von Bewerbungsratgebern und guten Ratschlägen von Fachleuten aus dem Personalbereich und gut meinenden Freunden und Bekannten, von uns die ultimativen Ratschläge zu hören. Die Teilnehmer wollen Sicherheit, sie wollen wissen, was bei Personalleitern gut ankommt. Es geht aber weder darum, was „richtig" ist, noch darum, was „gut ankommt". Es geht darum, entsprechend den eigenen Zielen und Wünschen, den Möglichkeiten des Arbeitsmarktes und der spezifischen Aufgabenstellung des suchenden Unternehmens herauszufinden, was sinnvoll ist. Ratschläge mit Absolutheitsanspruch[99] dienen nur zur Verunsicherung der Klienten. Da jeder Mensch in ihrer Umgebung eine andere Meinung hat oder gehört hat, stehen sie permanent wieder vor der Frage, welchen dieser „richtigen" Ratschläge sie glauben sollen.

Als Beraterin sollte man sich mit sehr dezidierten Meinungen zurückhalten. Ich habe bereits des öfteren darauf hingewiesen, dass man damit zu einer Verunsicherung beiträgt, die Aktivität nicht fördert, sondern blockiert.[100] Gerade bei Fragen, die sich auf unterschiedliche Lebenswelten beziehen und den Geschmack beeinflussen, sollten wir vorsichtig sein. Wenn wir jungen Männern mit Ohrring erzählen, dass dieser nicht ins Vorstellungsgespräch gehört, dann mag das bei einer Bewerbung bei der Deutschen Bank richtig sein, aber nicht, wenn der junge Mann sich bei einem Security Service oder in einem Handwerksbetrieb bewirbt. Wenn wir Vorstellungen überstülpen, die sich auf die Lebenswelt der Berater beziehen, dann provozieren wir Verunsicherung oder gar Kränkungen, die dazu beitragen können, dass andere, sinnvolle Ratschläge dieser Beraterin nicht mehr gehört werden.

Mein Ziel ist es daher immer, den Klienten Entscheidungskriterien an die Hand zu geben, mit denen sie bei jedem Vorschlag oder Rat selbst überprüfen können, ob es für ihre Situation Sinn macht – oder ob es ihren Wünschen entspricht. Bei besonders hartnäckigen „Wahrheitssuchern" hilft oft der Hinweis, dass die Meinung eines Personalleiters ihnen wenig nützt, weil sie genau im Gegensatz zu der eines anderen Personalleiters

---

[99] „Heute nimmt man nur noch farbige Bewerbungsfotos." oder „Ein Lebenslauf darf keinesfalls länger als eine Seite sein." oder „Die Bewerbungsunterlagen müssen unbedingt eine dritte Seite enthalten" oder „Im Vorstellungsgespräch darf man keinesfalls mit den Händen gestikulieren."

[100] „Wem soll man denn nun glauben?" seufzte eine Seminarteilnehmerin, die sich mit Unmengen von Bewerbungsliteratur eingedeckt hatte und mich nach meiner Meinung dazu befragte.

stehen kann. Welchem wollen sie nun glauben? Und selbst wenn sie wüssten, was ein bestimmter Personalleiter in einem bestimmten Unternehmen will: Sollen oder wollen sie dann versuchen, genau so zu sein?

Ich weise die Teilnehmer an diesem Punkt darauf hin, dass diese Unsicherheit hinsichtlich der Wünsche von Personalleitern auch einen Vorteil hat: Wenn sie nicht wissen, was „richtig" ist, können sie genau das schreiben oder ausdrücken, was zur eigenen Person passt. Damit ergeben sich statistisch gesehen genau so viele Möglichkeiten, Erfolg zu haben, wie bei der Entscheidung, sich für ein Profil zu entscheiden, das einem spezifischen – angenommenen – Personalleiterwunsch angepasst wurde.

Begrüßung und Einleitung

Ich halte die offizielle Begrüßung immer sehr kurz, da die eigene Vorstellung und die der Teilnehmer zur ersten Übung gehört. Ich weise sie darauf hin, dass der Anlass für dieses Gruppen-Outplacement kein fröhlicher ist, aber wir uns gemeinsam bemühen sollten, diese drei Tage so interessant und vergnügt wie möglich zu machen, da ihre schwierige Situation nicht dadurch besser würde, wenn sie sich diese Schwierigkeiten permanent vor Augen hielten. Ich zeige Verständnis dafür, dass es das Belastendste bei der Arbeitsuche ist, nur wenig Möglichkeiten außer der wöchentlichen Zeitungsdurchsicht zu sehen, um die berufliche Neuorientierung voranzutreiben. Ich verspreche ihnen, dass sie nach den drei Tagen nicht nur mit sehr viel mehr Selbstbewusstsein und gut vorbereiteten Unterlagen, sondern vor allem mit Strategien zur erfolgreichen Suche auf dem Arbeitsmarkt und einer erweiterten Wahrnehmung von Chancen auf dem Arbeitsmarkt nach Hause gehen werden.

Abfrage der Erwartungen

Die Erwartungen aller Teilnehmer werden abgefragt und am Flipchart festgehalten. Da die Erwartungen bei dieser Art von Seminaren nicht stark voneinander abweichen, können die Wünsche zumeist mühelos in das Seminarprogramm eingebaut werden. Wenn Sonderthemen oder Fragen anstehen, behalte ich mir eine Stunde am zweiten Tag vor, um diese zu behandeln. Sehr hilfreich sind die vorab ausgewerteten MBTI-Ergebnisse, um sich adäquat auf die Erwartungen der Teilnehmer und ihre Lernbedürfnisse einzustellen.[101]

Was kann ich und wer bin ich? - Two-Minute-Spot

Der Einstieg in die Seminarthematik beginnt mit dem Two-Minute-Spot, über den viele der relevanten Themen angesprochen werden können und so die Befangenheit der Se-

---

[101] Vgl. Baustein 3, S. 50 ff.

minarteilnehmer abgebaut wird. Die Teilnehmer erlernen eine wirkungsvolle Präsentation für künftige Kontakt- oder Vorstellungsgespräche. Sie lernen sich untereinander mit ihren Stärken, Schwächen und Ängsten kennen, sie sehen aber auch, dass die Schwächen ihrer eigenen Berufsbiografie auch bei anderen vorkommen und kein unüberwindbares Hindernis auf dem Weg in eine neue berufliche Aufgabe sein müssen. Sie erfahren, dass es einfach ist zu lernen, wie die eigene Berufsbiografie, die persönlichen Kompetenzen, Erfolge und Ziele offen und gut aufbereitet sowohl in Vorstellungsgesprächen als auch in allen anderen Kontaktgesprächen der Bewerbungskampagne präsentiert werden können. Wichtigster Erfolg dieser Sequenz ist es, dass die Teilnehmer in ihrem Selbstbewusstsein gestärkt werden und sich weniger auf die angenommenen Schwachpunkte ihrer künftigen Bewerbung als auf die Chancen konzentrieren können.

Für mich ist diese Übung aufgrund der sichtbar werdenden vielfältigen Schwächen, Ängste und Berufsbiografien eine gute Möglichkeit, gleich zu Beginn fast alle Themen der beruflichen Neuorientierung anzusprechen. Das macht die Klienten neugierig und führt zu einer regen Teilnahme und Diskussion untereinander.

Vorgehensweise

Alle Teilnehmer werden aufgefordert, ihre Berufsbiografie innerhalb von zwei Minuten nach einer vorgegebenen Struktur zu erzählen:

- zur Person,

- zur Ausbildung,

- zur Berufserfahrung,

- zur Zielsetzung.

Die Begrenzung auf zwei Minuten wird damit begründet, dass es den meisten Menschen schwer fällt, länger als zwei bis drei Minuten konzentriert der Darstellung eines anderen Menschen zu folgen und dass es wichtig für alle Arten von Kontaktgesprächen der nächsten Zeit ist, kurz und bündig alles Veröffentlichungswürdige über die eigene Person darstellen zu können. Je nach Zielgruppe beginne ich mit meinem eigenen Two-Minute-Spot, um zu demonstrieren, wie viel Informationen in zwei Minuten gepackt werden kann. Wenn die Gefahr besteht, dass die Berufsbiografie der Beraterin die Teilnehmer einschüchtern könnte, sollten die Teilnehmer beginnen. Ich mache mir Notizen und frage dann alle Teilnehmer, wie dieser Vortrag auf sie gewirkt habe und ob sie ausreichend Informationen über den Vortragenden haben. Die Teilnehmer sollen begreifen, dass hier jede Meinung zählt, weil für den Vortragenden jede Rückmeldung von Bedeutung ist.

Es geht nicht darum, wie ich als „Expertin" die jeweilige Präsentation finde, sondern jede Rückmeldung ist wichtig. In Entscheidungspositionen in Unternehmen sind Menschen ebenso unterschiedlich wie in diesem Teilnehmerkreis und von daher ist jede Meinung interessant und hilfreich. In der Regel urteilen die Teilnehmer bei dem ersten Vortragenden eher milde und finden den Vortrag recht gut. Als letztes ergänze ich meine Kritikpunkte anhand meiner Notizen. Nach den positiven Aspekten gehe ich den Beitrag Satz für Satz unter Berücksichtigung auch von Gestik und Mimik daraufhin durch, ob

- die Abfolge der ausbildungsbezogenen oder beruflichen Stationen begründet wurde,

- nicht nur Zuständigkeiten, sondern auch Problemlösungskompetenz sichtbar wurde,

- dargestellt wurde, welche Themen der Ausbildung oder der beruflichen Erfahrungen für den Vortragenden wichtig oder interessant waren,

- die beruflichen Erfahrungen gut strukturiert vorgetragen wurden,

- alle relevanten Kompetenzen erwähnt wurden,

- durch die Art der Darstellung und deren Begründungen die Person des Vortragenden sichtbar wurde,

- die Arbeitsweise und die Interessen des Vortragenden erkennbar wurden,

- Gestik und Mimik des Vortragenden einen positiven Eindruck machten oder eher Unsicherheit und Resignation erkennen ließen.

Dabei merken alle schnell, dass diese Punkte in der Regel nicht deutlich herausgearbeitet wurden. Am Beispiel dieses ersten Vortragenden erkläre ich, wie die Präsentation besser hätte gestaltet werden können. Durch hartnäckiges Nachfragen werden die Beweggründe für Berufs- oder Ortswechsel, Studienwahl, lange Studiendauer oder Auslandsaufenthalte geklärt. Im Verlauf dieser Diskussion mit dem ersten Vortragenden wird sichtbar, welche Aspekte des eigenen Lebens er für unwichtig hält, welche für nachteilig und dass er Ängste hat, mit seinen beruflichen Erfahrungen nicht wirklich überzeugen zu können.

Das Üben des Two-Minute-Spots in der Gruppe hat einen großen Vorteil gegenüber der Übung in der Einzelberatung. Während der Klient in der Einzelberatung mein hartnäckiges Nachfragen, was denn zu den Aufgaben eines Marketingleiters gehöre und wie er seine Aufgabe ausgefüllt habe, möglicherweise auf meine fehlende Sachkenntnis zurückgeführt wird, muss er in der Gruppe feststellen, dass von allen Seiten intensive Nachfragen kommen. Die Annahme, mit dem Hinweis auf die Funktion ergebe es sich von selbst, welche Aufgaben er hatte, erweist sich als irrig. Es stellt sich häufig heraus, dass

- die Funktionen in unterschiedlichen Unternehmen unterschiedlich organisiert sind,

- die Aufgaben aufgrund der Situation des Unternehmens, der Branche oder des Produktes andere sein können,

- in kleinen und mittleren Unternehmen Aufgaben oft ganzheitlicher erledigt werden müssen als in stark arbeitsteilig organisierten großen Unternehmen,

- dass z. B. amerikanische Konzerne anders vorgehen als ein Mittelständler aus dem Sauerland und immer wieder,

- dass die Benennung von Zuständigkeiten allein wenig oder nichts über die Art der Umsetzung und den Erfolg der Aktivitäten aussagt.

Bereits bei dieser Übung merken die Klienten, dass es gelingen muss, das eigene Aufgabenfeld so darzustellen, dass auch ein Branchenfremder verstehen kann, welche Aufgaben mit welchem Erfolg bewältigt wurden. Dies ist aus einem weiteren Grund wichtig. Immer weniger Klienten werden nach dem Verlust ihres Arbeitsplatzes einen vergleichbaren in einer anderen Unternehmung finden. Sie werden daher gezwungen sein, ihre bisherigen Aufgaben so zu beschreiben, dass erkennbar wird, dass die dort erworbenen Kompetenzen auch in einem anderen Berufsfeld erfolgbringend angewandt werden können.

Aus einem weiteren Grund ist diese Übung eine wichtige Basis für das weitere Seminar und die berufliche Neuorientierung. Gerade in Gruppen-Outplacementberatungen treffe ich häufig auf Personen, die sich durch eine diskontinuierliche Berufsbiografie auszeichnen. Wenn auch für Soziologen die fragmentierte Berufsbiografie oft als ein Beleg gesehen wird für Flexibilität und die Fähigkeit, sich erfolgreich auf unterschiedliche Kontexte einstellen zu können, sagt die klassische Karriereberatung in der einschlägigen Managementliteratur etwas anderes. Auch in Zeitungen wird uns eine andere Geschichte erzählt: Der Erfolgsweg in der Wirtschaft ist gradlinig, die einzelnen Schritte wurden sinnvoll aufeinander abgestimmt, inbegriffen die Familienplanung, es gibt kein bisschen Unsicherheit oder gar Inkonsequenz, was denn nun das Lebensziel sein könnte und anschließend erfährt die frustrierte Leserin, dass Frau X einfach immer nur getan habe, was ihr Spaß macht.[102]

---

[102] Vgl. Die Zeit vom 22.2.2002, Artikel über die neue Berlin-Chefin von Boston Consulting: Die Leserin fragt sich frustriert, ob Frau X., die unendlich tüchtig und leider auch noch sympathisch ist, auch irgendwann in ihrem Leben wenigstens einmal eine falsche Entscheidung getroffen hat?

Es liegt auf der Hand, dass derartige Darstellungen Menschen mit Normalbiografien entmutigen. Die Two-Minute-Spot-Übung nutze ich auch dafür, die Bedeutung von abweichenden Lebens- oder Berufssequenzen zu relativieren. Es ist immer wieder erstaunlich und sehr bedauerlich, mit welchen Blockaden die einzelnen Teilnehmer sich die Arbeitsuche selbst erschweren. Mir scheint, dass eine wichtige Aufgabe als Outplacementberaterin gerade in Gruppenseminaren darin liegt, den Teilnehmern dazu zu verhelfen, selbstbewusst und nachvollziehbar die eigene Berufsbiografie darstellen zu können. Ängste beziehen sich häufig darauf, dass

- der Teilnehmer schon über 40, oder gar über 50 ist und von daher mit Sicherheit keinen Arbeitsplatz mehr finden wird,

- Menschen aus dem Osten ohnehin benachteiligt würden (oder Frauen, oder Ausländer),

- man bereits eine siebenmonatige Arbeitslosigkeit hinter sich habe,

- man sich auf die Aufgabe, die man jahrelang im bisherigen Unternehmen innehatte, niemals bewerben könne, weil man keinen formalen Abschluss darin habe,

- man als Ostdeutscher viel zu bescheiden sei, um so „angeben" zu können, wie es die Westdeutschen schon im Kindergarten gelernt haben,

- man keinem betrieblichen Entscheider die Wahrheit darüber erzählen könne, warum man drei Ausbildungen abgebrochen habe und bis zum dreißigsten Lebensjahr als Kellnerin gejobbt habe, bevor man einen Fachhochschulabschluss gemacht habe,

- man keine Erfahrung habe und deshalb niemals genommen würde,

- weil man vor fünf Jahren freiwillig eine interessante Position gekündigt habe, um dem Mann des Herzens nach Berlin zu folgen,

- weil man so spät mit dem Studium begonnen habe, da man nach der Schule einfach überhaupt keine Lust auf Studium gehabt habe.

Die eigene Berufsbiografie annehmen

Diese Befürchtungen und Unsicherheiten müssen ernst genommen werden. Kein gut formulierter Lebenslauf oder keine ausgetüftelte Strategie der Online-Bewerbung hilft, wenn der Bewerber mit diesen Ängsten im Hinterkopf nicht selbstbewusst an einen potenziellen Arbeitgeber herantreten kann, sondern stets die Entlarvung dieser persönlichen Schwachstellen befürchtet. Ich finde in dieser Runde durch hartnäckiges Fragen diese Schwachstellen heraus, und diskutiere mit jedem einzelnen Teilnehmer seinen

Fall. Sorgen über befürchtete Nachteile aufgrund von Alter, Geschlecht oder Herkunft relativiere ich durch den Hinweis, dass es nicht weiterbringt, sich über Dinge Gedanken zu machen, die nicht zu ändern sind. Andere „Schwachstellen" wie zu lange Studiendauer, häufiger Berufswechsel, längere Unterbrechungen oder fehlende Qualifikation werden ausführlich diskutiert und wir entwickeln gemeinsam mit allen Teilnehmern eine angemessene Einschätzung und Darstellung.

Damit werden Ängste auf eine realistische Basis gestellt, Vorbehalte geklärt, aber auch die Interessenlage künftiger Gesprächspartner in Unternehmen verdeutlicht.[103] Der wichtigste Effekt ist die Erkenntnis, dass es unabdingbar ist, sich intensiv mit der eigenen Biografie zu beschäftigen und herauszufinden, welche persönlichen und beruflichen Kompetenzen für ein Unternehmen von Interesse sein könnten. Und dass ein gut strukturierter Vortrag in einem Vorstellungsgespräch sehr sorgfältig vorbereitet werden muss. Bereits zu diesem Zeitpunkt beginnen die Teilnehmer zu erkennen, dass Arbeit suchen mit sehr viel Arbeit verbunden ist.

Dem ersten Teilnehmer wird dafür gedankt, dass er sich als „Vorsinger" zur Verfügung gestellt hat und wir die Mängel seiner Präsentation diskutieren konnten.[104] Dieses Verfahren wird auf alle Teilnehmer angewandt, und es zeigt sich bereits in diesen ersten Seminarstunden, dass mit jeder Präsentation die Vortragenden geschickter und besser werden und die anderen Teilnehmer kritischer und mit mehr konstruktiven Vorschlägen reagieren können. Damit ist den Teilnehmern Sicherheit gegeben: Sicherheit, dass eine solche Präsentation durch gute inhaltliche Vorbereitung und sehr viel Übung jedem gelingen kann und Sicherheit, dass alle Anwesenden durch meine Anregungen und Fragen selbst sehr gut beurteilen können, worauf es in einer solchen Präsentation ankommt. In der Regel dauert diese Sequenz bei sechs bis acht Teilnehmern zwei bis drei Stunden. Danach sind die Teilnehmer deutlich motivierter als am Anfang, sie haben weniger Berührungsängste untereinander und beginnen vor allem zu verstehen, dass die eigene Berufsbiografie keine gravierenderen Schwächen aufweist, als die anderer Menschen und dass eine gute Präsentation für jeden Klienten erlernbar ist.

Was kann ich – AHA-Übung [105]

Im nächsten Schritt geht es darum, Erfolge und Kompetenzen der Teilnehmer herauszuarbeiten. Bei der Präsentationsübung wurde allen deutlich, dass ihnen Material fehlt, um ihre Erfolge darzustellen und mit dem sie ihre biografischen Entscheidungen begründen und einen potenziellen Arbeitgeber überzeugen können.

---

[103] Die keinesfalls, wie häufig von Bewerbern angenommen und durch Bewerbungsratgeber implizit bestätigt, das Vorstellungsopfer „in die Pfanne hauen wollen".

[104] Für den kritischen und schonenden Umgang mit Schwächen orientiere ich mich an der provokativen Therapie: Farrelly, F.: Provocative Therapy; Heidelberg 2001

[105] Vgl. Baustein 2, S. 43 ff.

Mit der AHA-Übung können die Teilnehmer ihre beruflichen Erfolge, Kompetenzen und ihre Schlüsselqualifikationen systematisch erarbeiten. Gleichzeitig hilft diese Vorgehensweise, das Selbstbewusstsein der Teilnehmer weiter zu stärken, in dem sie sich auf ihre Erfolge konzentrieren. Da diese Methode in Baustein 2 sehr ausführlich beschrieben wurde, verzichte ich hier auf eine weitere detaillierte Darstellung.

Berufliche Kompetenzen und Schlüsselqualifikationen herausarbeiten [106]

Ich erkläre den Teilnehmern, dass diese Übung die Basis für alle Aktivitäten der Bewerbungskampagne darstellt. Ich erinnere an ihre mündlichen Präsentationen und zeige auf, dass den Teilnehmern hier oft Material fehlte, mit denen konkret auf berufliche Erfolge und auf Schlüsselqualifikationen hingewiesen werden konnte. Mit einem Teilnehmer arbeite ich ausführlich ein AHA am Flipchart durch und bitte dann alle Teilnehmer, die sich daraus ergebenden Schlüsselqualifikationen herauszuarbeiten. Im Anschluss daran erstellt jeder Teilnehmer in Einzelarbeit ein AHA. Wenn die Teilnehmerzahl größer ist als acht Personen, können AHAs in Zweier- oder Dreiergruppen erstellt werden. Im Anschluss daran werden alle AHAs auf Folie kopiert und jeweils ein Teilnehmer gebeten, die Moderation zu übernehmen. Zusammen mit allen Teilnehmern wird das AHA auf dem Overheadprojektor auf Schlüssigkeit und Verständlichkeit überprüft und anschließend werden gemeinsam die Schlüsselqualifikationen herausgearbeitet.

Die Übernahme der Moderatorenrolle zwingt jeden Teilnehmer, ein fremdes AHA zu interpretieren und damit zu zeigen, inwieweit die Methode verstanden wurde. Das ist wichtig, weil meine Erfahrung zeigt, dass die Teilnehmer zu Beginn Schwierigkeiten damit haben, ausreichend detailliert ihre Handlungen zu beschreiben. Viele neigen dazu, nur komplexe Handlungen in Stichworten zu benennen, die eine Erarbeitung von Schlüsselqualifikationen unmöglich machen. Um sichtbar zu machen, wie der einzelne arbeitet, reicht die Information „Optimierung der Büroabläufe" nicht aus. Um herauszufinden, wie der Teilnehmer arbeitet, muss er darstellen,

- wie er vorgegangen ist,

- ob er selbst auf die Idee gekommen ist oder ob jemand anders ihm diese Aufgabe übertragen hat,

- ob er alleine gearbeitet hat oder mit anderen zusammen,

- ob er sich seine Ideen aus der Literatur geholt hat oder mit anderen darüber gesprochen hat,

---

[106] Vgl. Baustein 2, AHA-Beispiel, S. 43 ff.

- ob er zuerst eine Analyse der bisherigen Büroabläufe durchgeführt hat oder am grünen Tisch eine Konzeption gemacht hat,

- ob seine Vorschläge sofort angenommen wurden oder er sich durchsetzen musste u. v. a. m.

Damit haben die Teilnehmer erste Materialien, mit denen sie ihre mündliche Präsentation und später auch ihre Lebensläufe aussagekräftig gestalten können. Der Erfolg dieser Übung liegt wieder darin, dass eine nützliche Methode weitergegeben wurde, anhand derer die Teilnehmer auch ohne Beraterin weiter an den eigenen Kompetenzen arbeiten können. Durch die Moderation jedes einzelnen Teilnehmers wird sichtbar, ob die Methode auch verstanden wurde. Dadurch, dass die anderen Teilnehmer häufig beeindruckt sind von dem vorgetragenen Erfolg und jedem einzelnen Schlüsselqualifikationen bestätigt haben, wird das Selbstbewusstsein aller Teilnehmer erheblich gestärkt.

Was kann ich nicht? – Schwächen herausarbeiten

Alle wissen, dass es im Vorstellungsgespräch nicht nur um Erfolge und Kompetenzen, sondern auch um persönliche Schwächen geht. Auch wenn diese euphemistisch gerne als Entwicklungsbereiche bezeichnet werden, haben die meisten Teilnehmer große Sorgen, wie sie auf die zu erwartenden Fragen der Personalentscheider nach ihren Schwächen umgehen sollen. Die Teilnehmer scheinen erfahrungsgemäss ihre Schwächen ebenso wenig zu kennen wie ihre Stärken und wollen stattdessen wissen, welche Schwächen in einem Vorstellungsgespräch angeführt werden können, ohne dass es ihnen zum Nachteil gereicht. In der Diskussion stelle ich meine Meinung zu diesem Thema dar[107] und fordere die Teilnehmer auf, sich ebenso kritisch mit ihren Schwächen zu beschäftigen wie mit ihren Stärken. Jeder erhält ein Arbeitsblatt, auf dem er drei Misserfolge beschreiben muss und den Grund für das Versagen analysieren soll. In einer gemeinsamen Diskussion werden typische Schwächen für jeden einzelnen herausgearbeitet und diskutiert, wie er damit umgeht und welche Aufgaben er daher eher vermeiden sollte.

Wer bin ich? – Myers-Briggs-Typen-Indikator – MBTI [108]

Nach der Erarbeitung beruflicher Erfolge geht es darum, mehr über die Persönlichkeit der Teilnehmer zu erfahren, um daraus Vorlieben, Abneigungen, Vorgehen bei der Problemlösung oder beim Umgang mit anderen Menschen ableiten zu können. Zielsetzung dieser Sequenz ist es, dass die Teilnehmer sich selbst und andere Menschen besser einschätzen lernen. Sie erkennen ihre persönlichen Handlungs- und Verhaltenspräfe-

---

[107] Ausführlich dargestellt in Baustein 2, S. 43 ff.

[108] Vgl. Baustein 3, S. 50 ff.

renzen und verstehen gleichzeitig, dass diese von den Handlungs- und Verhaltenspräferenzen anderer Menschen stark abweichen können. Für den Beruf ist der MBTI ein wichtiges Instrument, um kommunikative Konflikte mit anderen Menschen zu verringern. Für die Bewerbungskampagne ist es wichtig zu erkennen, welche Aufgaben für mich sinnvoll sind, welche Arbeitsplatzbedingungen zu mir passen und wie ich in den vielen notwendigen Kontakten der kommenden Zeit besser mit anderen Menschen kommunizieren kann. Wie sind Reaktionen des Personalleiters zu beurteilen, wie strukturiere ich das Gespräch bei rationalen oder bei emotionalen Menschen, welche Aspekte meiner Berufsbiografie werden einen Pragmatiker eher als einen kreativen Menschen interessieren?

Alle Teilnehmer erhalten ihr Testergebnis in einem verschlossenen Umschlag und werden gebeten, es durchzulesen. Im Anschluss daran wird um Kommentare gebeten und auf die Wichtigkeit eines kritischen Umgangs mit Tests hingewiesen. Ich stelle die MBTI-Methode vor und diskutiere mit den Teilnehmern die Konsequenzen der unterschiedlichen Wahrnehmungen und Verhaltenspräferenzen. Es wird deutlich gemacht, wie stark diese individuellen Präferenzen zu kommunikativen Störfällen beitragen können und wie die Kenntnis und der intelligente Umgang damit diese Störfälle minimieren kann. Gleichzeitig hilft der MBTI auch den Teilnehmern, das berufliche Ziel genauer auf die eigene Person abzustimmen. Wenn Zeit bleibt, übe ich kurze Interviewsequenzen mit bestimmten MBTI-Typen. Ich erläutere, zu welchen Fehlern im Interview welche Typen" neigen, wie welche „Typen" von Gesprächspartnern angesprochen oder überzeigt werden können.

Tag 1 - nachmittags:

Wie soll meine berufliche Zielsetzung für die nächste Zukunft aussehen?

Alle Teilnehmer sollen auf der Basis der am Vormittag erarbeiteten Materialien eine – vorläufige – Zielposition für sich herauszufinden. Dazu erhalten sie Arbeitsblätter, auf die sie ihre Kompetenzen, Schwächen, Vorlieben und Abneigungen festhalten und erstellen gleichzeitig „Wunschlisten" mit objektiven und subjektiven Faktoren, die für ihre Wahl wichtig sind.[109] Da zu wenig Zeit ist, um auf alle Teilnehmer einzugehen, wird exemplarisch mit einem Teilnehmer im Plenum ein neues berufliches Ziel erarbeitet. Im Anschluss daran erarbeiten die Teilnehmer in Kleingruppen ein oder mehrere Zielsetzungen der Teilnehmer, die sie im Plenum darstellen und begründen. Für diese Übung muss ausreichend Zeit eingeplant werden, weil es den Teilnehmern erfahrungsgemäß nicht leicht fällt, dieses neue berufliche Ziel so klar herauszuarbeiten und zu operationalisieren, dass unmittelbar mit der Suche begonnen werden kann.

---

[109] Vgl. Baustein 4, S. 55 ff.

Diese Sequenz endet mit einer gegenseitigen Beurteilung aller Teilnehmer nach einer vorgegebenen Struktur. Jeder Teilnehmer trägt für alle anderen Teilnehmer in ein Arbeitsblatt ein:

- Was halte ich für die größten Stärken von Frau X.?

- Was empfinde ich als Schwäche? Was stört mich?

- Welche Aufgaben kann Frau X. meiner Meinung nach besonders gut erledigen?

- Welcher Beruf oder welche Berufe kann ich mir für Frau X. vorstellen?

Damit erhält jeder Teilnehmer ein zusätzliches Feedback, das ihm für sein neues berufliches Ziel nützlich sein kann. Ein vielfältiges Feedback ist gerade in einer Situation hilfreich, in der die Teilnehmer sich künftig häufig der Beurteilung durch andere aussetzen müssen. Die Ideen der anderen Teilnehmer, welche Aufgaben oder Berufe auch noch ausgeübt werden könnten, unterstützen das Selbstbewusstsein und verhelfen zu neue Anregungen.

Tag 2 – vormittags:

Wie sollen die Bewerbungsunterlagen aussehen?

In dieser Sequenz geht es darum, den Teilnehmern Sicherheit zu geben über Inhalt, Form und Umfang sinnvoller Bewerbungsunterlagen, sie vor Fehlern zu bewahren, ihnen aber vor allem zu zeigen, wie sie ihren schriftlichen Lebenslauf ebenso anschaulich und individuell gestalten können, wie sie es beim Üben ihres mündlichen Lebenslaufs – dem Two-Minute-Spot – gelernt haben.

Am Abend des ersten Tages wurden die Lebensläufe und Anschreiben der Teilnehmer, die das wünschen, auf Folie kopiert. Ich halte mich immer daran, sowohl bei der Bearbeitung individueller Unterlagen, als auch bei AHAs und Tests die Offenlegung den Teilnehmern zu überlassen. Nach meiner Erfahrung werden die Teilnehmer bei einer zugewandten Moderation allerdings wenig Ängste in dieser Hinsicht haben. Die Lebensläufe werden nacheinander über den Overheadprojektor angezeigt und alle Teilnehmer gebeten, ihr Urteil vor dem Hintergrund der Hinweise zu den Two-Minute-Spot und der AHAs abzugeben. Dabei sollen sie im ersten Durchgang ausschließlich auf den Inhalt und nicht auf die Form achten:

- Wird dem Leser deutlich, welche beruflichen Aufgaben bearbeitet wurden?

- Werden Erfolge bei den Aufgabenstellungen sichtbar oder wurden ausschließlich Zuständigkeiten aufgelistet?

- Erkennt der Leser eine Stringenz hinsichtlich der beruflichen Themen?

- Werden die zusätzlichen Qualifikationen wie Sprachen und EDV-Kenntnisse nicht nur aufgelistet, sondern so beschrieben, dass der Leser den Grad der Perfektion erkennen kann?

- Wurden ehrenamtliche Tätigkeiten, Veröffentlichungen, Hobbys und eventuell persönliche Eigenschaften erwähnt?

Es ist erstaunlich, wie wenig ich bereits zu diesem Zeitpunkt noch ergänzen muss. Inzwischen erkennen die Teilnehmer sofort, dass die meisten Lebensläufe wenig aussagekräftig sind – selbst wenn sie formalen Ansprüchen genügen. Sie haben verstanden, dass alle Pluspunkte des Teilnehmers, die am vorangegangenen Tag sichtbar wurden, aus dem Lebenslauf heraus nicht zu erkennen sind. Sie haben inzwischen das Handwerkszeug, mit dem sie beurteilen können, was inhaltlich für einen Lebenslauf wichtig ist. Vor allem lenkt diese Art der Beschäftigung von dem starken Fokus auf die formalen Aspekte des Lebenslaufs ab. Den Teilnehmern ist zu diesem Zeitpunkt zumindest theoretisch klar, dass nach intensiver Beschäftigung mit der eigenen Biografie und den Stärken und Schwächen sich der Lebenslauf fast von alleine schreibt.

Ich ergänze als Letzte mit kritischen Bemerkungen, mache Vorschläge zur inhaltlichen Verbesserung[110] und zeige ebenfalls auf Folie positive Beispiele von unterschiedlichen Lebensläufen.[111] Bei dieser Sequenz bin ich als Beraterin in der Regel stark mit dem Vorwissen der Teilnehmer konfrontiert: Obwohl zu diesem Zeitpunkt selbst gesehen wird, dass inhaltlich deutliche Verbesserungen angebracht wären, wird über gängige Bewerbungsliteratur und die von allen Seiten erbetenen oder ungebetenen Vorschläge berichtet, die darauf verweisen, was heute unbedingt oder keinesfalls gemacht werden darf. Man sollte an diesem Punkt keinesfalls andere Ratschläge kritisieren – das wäre wenig hilfreich für die Teilnehmer, weil sie damit wieder zurückgeworfen würden auf das Problem, welchem Berater sie Glauben schenken sollen. Als Beraterin sollte man sich immer wieder vor Augen halten, dass es die Zielsetzung ist, dem Teilnehmer durch überzeugende Argumente zu eigenen Entscheidungskriterien zu verhelfen. Bei allen Einwänden werden die Teilnehmer gebeten, die bislang erarbeiteten Entscheidungskriterien auf die eigene Fragestellung anzuwenden und zu beurteilen, ob die Dos und Donts der Literatur oder der Menschen, die auch schon einmal etwas zum Thema gehört haben, hier sinnvoll sind.

---

[110] Vgl. Baustein 5, S. 62 ff.

[111] Dazu ist es wichtig, aus dem eigenen Fundus ein Lebenslaufarchiv mit Lebensläufen der unterschiedlichsten Berufsgruppen und Berufserfahrungen zu unterhalten. Für Teilnehmer ist es frustrierend, „schöne" Lebensläufe von Personen präsentiert zu bekommen, deren Erfahrung stark über oder unter ihrem Niveau liegen. Ebenfalls wichtig ist es, sehr unterschiedlich gestaltete Lebensläufe vorzeigen zu können, will die Beraterin nicht in Kauf nehmen, dassin allen Seminaren geklonte Lebensläufe entstehen.

Was ist richtig?

Unabhängig von den persönlichen Präferenzen einer Beraterin und dem oft stark ausgeprägten Bedürfnis der Teilnehmer nach eindeutigen Aussagen müssen die Teilnehmer immer wieder zum Nachdenken aufgefordert werden. Ziel jeder Outplacementberatung ist es, den Klienten zu befähigen, in einer durch Unsicherheit gekennzeichneten Situation eigene Handlungsentscheidungen zu treffen. Nach den inhaltlichen Aspekten des Lebenslaufs werden die formalen besprochen. Hier sollen die Teilnehmer beurteilen, ob

- der Lebenslauf lesefreundlich ist[112],

- er lückenlos geschrieben ist,

- eine sinnvolle Chronologie eingehalten wurde,

- er ohne jedes Nachfragen verständlich ist,

- alle relevanten Informationen vorhanden sind,

- das Foto einen kompetenten und sympathischen Eindruck macht und vor allem den anwesenden Teilnehmer adäquat abbildet.

Gemeinsam mit den Teilnehmern werden einige Lebensläufe systematisch durchgegangen, Verbesserungsvorschläge gemacht und unterschiedlich layoutete Lebensläufe gezeigt, die den Teilnehmern als Muster auch in ihrem Organisationsordner vorliegen.

Anschreiben

In gleicher Weise werden vorhandene Anschreiben und Marketingbriefe behandelt und kommentiert, wobei auch hier ein wesentlicher Fokus darauf liegt, die Teilnehmer von vorgefertigten Phrasen hin zu selbstbewussten und sinnvollen Formulierungen zu bringen. Besonders abzuraten ist von der beliebten Vorgehensweise, im Anschreiben den tabellarischen Lebenslauf inhaltlich vorwegzunehmen. Die Teilnehmer sollen befähigt werden, die Interessen des Adressaten und die Aufgabenstellung der ausgeschriebenen Stelle sehr viel stärker im Anschreiben zu behandeln als von eigenen Wünschen an das Unternehmen auszugehen.[113] Das Anschreiben wird am nächsten Tag im Zusammenhang mit der Auswertung von Stellenanzeigen intensiver behandelt.

---

[112] D. h. auch einem altersweitsichtigen und unter Zeitproblemen leidenden betrieblichen Entscheider beim Querlesen einen guten und umfassenden Eindruck des Bewerbers zu vermitteln.

[113] Die selbstverständlich wichtig sind, aber vielleicht erst zu einem späteren Zeitpunkt angesprochen werden sollten, wenn der Adressat bereits Interesse an dem Bewerber hat entwickeln können.

Marketingbrief[114]

Nachdem der Aufbau und die Intention eines Marketingbriefes erklärt wurden, erstellen die Teilnehmer in Einzel- oder Gruppenarbeit einen Entwurf. Die Entscheidung für Einzel- oder Gruppenarbeit kann vom Zeitfaktor und den persönlichen Präferenzen der Teilnehmer abhängig gemacht werden; bei Kenntnis der anwesenden MBTI-Typen[115] ist mir bereits vor Seminarbeginn klar, welche Arbeitsform den Anwesenden mehr entgegenkommt. Die erarbeiteten Marketingbriefe werden wieder über den Overheadprojektor für alle sichtbar gemacht und gemeinsam bearbeitet. Bei einer kleinen Gruppe hat im Idealfall jeder Teilnehmer anschießend einen Prototyp seines persönlichen Marketingbriefes, in größeren Gruppen erhält jeder ein bis zwei exemplarische Marketingbriefe.

Zeugnisse

Die Behandlung von Zeugnissen hängt ab von den Aufgaben des Beraters im Unternehmen. Wenn wir Anregungen für die Gestaltung von Zeugnissen geben sollen, werden Hinweise auf den grundsätzlichen Aufbau von Zeugnissen gegeben. Grundsätzlich empfiehlt sich etwas Zurückhaltung bei der Beurteilung von vorhandenen (Zwischen)- zeugnissen. Es könnte die Beziehung zwischen Beraterin und Personalabteilung trüben, wenn die Beraterin abweichende Vorschläge für bestimmte Zeugnisformulierungen gegeben hat und die Teilnehmer mit der Bitte in das Unternehmen zurückkehren, diese entsprechend einzuarbeiten.

Es ist eine durchaus gängige Praxis in Unternehmen[116], Mitarbeiter dazu aufzufordern, ihr Zeugnis selbst zu schreiben. Darüber sind Mitarbeiter oft überrascht, verängstigt oder empört. Ich weise sie aber daraufhin, dass sie aus Pragmatismus diesem Wunsch nachkommen und einen Zeugnisentwurf inklusive Diskette dem Vorgesetzten zu übergeben, mit dem Hinweis, dass es sich hier nur um eine Arbeitserleichterung handeln soll. Nach meiner Erfahrung führt das dazu, dass meine Klienten ihre Zeugnisse sehr viel schneller erhalten. Da Mitarbeiter ansonsten häufig lange auf ihre Zeugnisse warten müssen, hilft diese Vorgehensweise den Teilnehmern, schneller ihre erforderlichen Unterlagen zusammenzustellen.

Die heimlichen Codes der Personalleiter

Oft müssen bei diesem Thema große Sorgen der Teilnehmer ausführlich behandelt werden: Die herrschende Diskussion in der Presse führt bei vielen zu einer großen Verunsicherung hinsichtlich der „Codes", die ein Zeugnis beim nächsten Arbeitgeber zum Verhängnis machen können. Ich versuche hier immer, die „Codes" der Personalleiter zu

---

[114] Vgl. Baustein 5, S. 62 ff.

[115] Vgl. Baustein 3, S. 50 ff.

[116] Auch wenn das nicht immer so deutlich gesagt wird.

entmystifizieren und darauf hinzuweisen, dass auch hier sehr unterschiedliche Kriterien von Personalleitern angelegt werden. Sinnvoll ist hier der Hinweis, dass sich vorhandene Zeugnisse ohnehin nicht ändern lassen, zusammen mit der Empfehlung, weniger gute Zeugnisse (oder nicht vorhandene) durch Referenzen zu ergänzen oder zu ersetzen. Abschließend erkläre ich die Auswahl, Anzahl und Anordnung von Arbeitszeugnissen oder Beurteilungen, Zeugnissen aus Schule, Ausbildung und Hochschule und Zertifikaten aus Weiterbildungen.

Referenzen [117]

Die Funktion von und Vorgehensweise bei Referenzen wird erläutert und – abhängig von der Zeit – wird für einen Teilnehmer gemeinsam das Modell eines Sprechzettels für Referenzgeber erarbeitet oder jeder erhält die Möglichkeit, seine persönlichen Sprechzettel zu erarbeiten, der anschließend im Plenum diskutiert und verbessert wird. [118]

Vollständige Unterlagen

Abschließend wird dargestellt, welche Unterlagen zu einer vollständigen Bewerbung gehören und welche Präsentationsform sinnvoll ist. Die Teilnehmer zeigen sich gegenseitig ihre Unterlagen und erhalten Rückmeldungen, die ihnen zeigen, welche unterschiedlichen Reaktionen möglich sind.

Blassgraue Pappmappen mit Bändchen oder nüchterne schwarze Duraclip-Hefter?

Meine Intention dabei ist es, die übergroße Konzentration aller Arbeitsuchenden von der Frage der Farbe des Bewerbungsfotos oder der Qualität der Bewerbungsmappe hin zu den wesentlichen Aufgaben der Bewerbungskampagne zu lenken. Eine praxisnahe Darstellung des Umgangs mit Bewerbungsunterlagen in Unternehmen, vor allem wenn das Unternehmen, wie heute nicht unüblich, mit Bewerbungen überflutet wird, ist oft hilfreich.

Die durch die einschlägige Bewerbungsliteratur geförderte Annahme, dass ein Personalreferent oder gar der Personalleiter angesichts einer blassgrauen Mappe aus Büttenpapier, die mit einem grauen, zu einer hübschen Schleife gebundenen Stoffbändchen verschlossen ist, nicht mehr umhin kann, den Absender einzuladen, sollte hier ein wenig hinterfragt werden. Zum einen kann niemand sicher sein, mit der gerade aktuellen Form der Bewerbungsmappen den Geschmack des Personalzuständigen zu treffen, zum anderen ist auch nicht zwingend davon auszugehen, dass der Personalentscheider die Unterlagen in dieser Form überhaupt zu sehen bekommt. Vor allem zeigt sich in Gesprächen mit Personalverantwortlichen immer wieder, dass knapp gehaltene, aber inhaltlich aus-

---

[117] Vgl. Baustein 1, S. 32 ff.
[118] Vgl. Baustein 7, S. 99 ff.

sagekräftige Unterlagen hinreichend viel Attraktivität besitzen (sollten), um Interesse an einem persönlichen Kontakt zu wecken.

Besser: Den Personalleiter anrufen

Wer Aufmerksamkeit erregen und die Einladung zu einem Gespräch wahrscheinlicher machen möchte, dem ist ein anderes Vorgehen zu empfehlen: Der Kontakt zum Personalleiter muss vor der Versendung der Unterlagen hergestellt werden. Wenn in einem Telefonat mit Bezug auf die Stellenausschreibung und durch intelligente und zweckdienliche Fragen Interesse an dem künftigen Aufgabengebiet deutlich gemacht und Kompetenz gezeigt werden kann, wird Interesse an der eigenen Person geweckt. Damit hat der Bewerber deutlich bessere Chancen, eingeladen zu werden, als er es mit dem schönsten Mäppchen erreichen könnte.

Tag 2 – vormittags – Suchstrategien auf dem Arbeitsmarkt

„Es nützt sowieso alles nichts!"

Die Situation der Teilnehmer im Gruppen-Outplacement unterscheidet sich wenig von der Situation, in der sich arbeitsuchende Führungskräfte befinden. Jeder blickt gebannt auf die Arbeitslosenstatistik, sieht kaum passende Anzeigen in den relevanten Tageszeitungen und erzählt von abgelehnten Bewerbungen oder solchen, die nicht einmal zurückkamen. Spekulationen darüber, dass viele Ausschreibungen ohnehin bereits vorab entschieden seien, dass Frauen in jedem Fall benachteiligt würden - oder auch Menschen aus den neuen Bundesländern sowie ältere Personen – beschäftigen die Teilnehmer ausgiebig. Wenn das Thema der Unterlagen erfolgreich abgeschlossen ist, beginnt die Hauptbeschäftigung arbeitsuchender Menschen: Der Austausch darüber, dass Arbeitsuche schwierig ist, dass es sich oft kaum lohnt, Bewerbungen abzuschicken und dass alle Möglichkeiten bereits ausgeschöpft wurden. Jeder konstruktive Vorschlag wird mit dem Argument entkräftet, dass eine dem Arbeitsuchenden bekannte Person eben dieses auch bereits einmal versucht und keinen Erfolg damit gehabt habe.

„Ich habe schon siebzehn Bewerbungen abgeschickt!"

Auf eine kurze Abfrage, wie viele Bewerbungen die einzelnen Teilnehmer tatsächlich bereits versendet haben, wie viele Gespräche mit wichtigen Kontaktpersonen sie im Zusammenhang mit der Arbeitsuche bereits geführt haben und in wie vielen Unternehmen sie sich bereits nach möglichen Vakanzen erkundigt haben, kommt erfahrungsgemäß nicht viel zusammen. Selbst den Teilnehmern, die bereits dreißig erfolglose Bewerbungen abgeschickt haben, kann man entgegnen, dass diese Zahl noch völlig unzureichend sei, da erfahrungsgemäß etwa neunzig Bewerbungen zum Erfolg führten. Es geht hier keinesfalls darum, den Teilnehmern Untätigkeit vorzuwerfen, sondern ihnen zu zeigen, dass ihre Situation nicht aussichtslos ist, weil sie noch sehr viele Handlungsmöglichkeiten nicht ausgeschöpft haben. Zu diesem Zeitpunkt weise ich die Teilnehmer darauf hin, dass man ihnen später auch das Projektmanagement Bewerbungskampagne erklärt, mit dem es ihnen möglich wird, ihre Bewerbungskampagne so zu strukturieren, wie sie bislang im Arbeitsleben auch ihre unterschiedlichen Aufgaben und Projekte geplant, umgesetzt und kontrolliert haben.

„Wie kamen Sie an Ihren jetzigen Arbeitsplatz?"

Ein guter didaktischer Einstieg für die Suchstrategien besteht darin, alle Anwesenden der Reihe nach zu fragen, auf welche Weise sie an ihren letzten Arbeitsplatz gekommen sind. Die Antworten werden am Flipchart festgehalten. Es zeigt sich in fast allen Fällen, dass etwa 75 bis 80 Prozent der Anwesenden ihren letzten Arbeitsplatz dem Zufall und damit ihrem Kontaktnetz verdanken: eine Person ihres Bekanntenkreises wusste von einer Vakanz oder kannte eine Person in einem Unternehmen oder jemand traf zufällig eine Person, die vor ein paar Tagen gerade von jemandem gehört hatte, dass sie unbedingt jemanden mit seinem Profil suchte. Bereits die Häufung dieser Zufälle macht die Zuhörer aufmerksam. Weitere 10 Prozent verdanken ihren letzten Arbeitsplatz einer Direktbewerbung, und nur die letzten 10 Prozent verteilen sich üblicherweise auf Stellenanzeigen bzw. das Arbeitsamt, manchmal auch ein eigenes Stellengesuch. Die anschließende Frage, welche Suchstrategie trotz dieses überzeugenden Ergebnisses die verbreiteteste sei, wird erwartungsgemäß und mit Heiterkeit von allen mit der Durchsicht von Tageszeitungen beantwortet.

Zu diesem Zeitpunkt führe ich das Eisbergmodell ein, mit dem der offene und der verdeckte Stellenmarkt veranschaulicht wird.[119] Gemeinsam mit den Teilnehmern wird erarbeitet, welche Suchstrategien in den offenen und welche in den verdeckten Stellenmarkt führen werden und die Vor- und Nachteile der einzelnen Vorgehensweisen werden erläutert. Die Vorteile des offenen Stellenmarktes leuchten sofort ein: Die leichte Zugänglichkeit[120] ist ein Vorteil, der gleichzeitig einen Nachteil in sich birgt: Bei der Bewerbung befindet sich der Bewerber in Gesellschaft von 200 bis zu 1000 Wettbewerbern. Die hohen Informationskosten bei der Suche auf dem verdeckten Stellenmarkt[121] werden allerdings wettgemacht durch einen unschätzbaren Vorteil: Über das persönliche Kontaktnetz, eine Direktbewerbung oder auch über das Stellengesuch ist der Bewerber in der Regel der einzige, der in diesem Moment für diese Stelle in Betracht gezogen wird.

---

[119] Vgl. Baustein 6, S. 71

[120] Für Tageszeitungen, Internet und eventuell noch das Arbeitsamt entstehen nur geringe Kosten der Informationsgewinnung.

[121] Permanente Kontaktnetzpflege, informelle Gespräche, Recherche in Nachschlagwerken und dem Internet.

Andere suchen lassen – Kontaktnetzstrategie oder den Zufall wahrscheinlich machen

Bei der Aktivierung des persönlichen Kontaktnetzes ist es wichtig, den Teilnehmern immer wieder deutlich zu machen, dass es nicht darum geht, betriebliche Entscheider nach einem Arbeitsplatz zu fragen.[122] Es geht darum, durch systematische Kontakte und gestreute Fragen den Zufall wahrscheinlicher zu machen, dass jemand etwas hört, was dem Fragenden nützlich sein kann. Es geht darum, mit Intelligenz und sozialer Kompetenz eine große Anzahl von Multiplikatoren dafür zu gewinnen, in Zukunft darauf zu achten, ob es nicht eine berufliche Chance für den Fragenden gibt. Erfahrungsgemäß tun sich die meisten Teilnehmer zu Beginn schwer mit dieser „Vorwandstrategie". Es ist hilfreich, wenn bereits im Seminar Telefonate oder Gespräche zum Thema geübt werden. Besonders ertragreich ist es, wenn diese Telefonate nicht als Rollenspiele, sondern mit realen Personen telefonisch durchgeführt werden und die anderen Teilnehmer die Möglichkeit haben, dem Gespräch zuzuhören.

Die Teilnehmer werden mit der Methode der Kontaktnetzaktivierung vertraut gemacht und erhalten Arbeitsblätter, mit denen sie im Anschluss an das Seminar systematisch mit dem Aufbau ihres persönlichen Kontaktnetzes beginnen können.

Andere suchen lassen: Personalberater

Wenn es sich bei den Teilnehmern um Führungskräfte handelt, gebe ich einen Überblick über die Arbeitsweise und die Interessenlage von Personalberatern und zeige, wie sie angesprochen werden können. Ich mache den Teilnehmern deutlich, dass die Ansprache von Personalberatern eine nützliche Suchstrategie sein kann und mit ebensoviel Systematik betrieben werden muss, wie es der Umgang mit den anderen Strategien erfordert.[123] Schlechte oder demotivierende Erfahrungen von Teilnehmern werden ernsthaft behandelt. Oft ist es sinnvoll, die Teilnehmer nach ihrer genauen Vorgehensweise zu befragen, um daran konkret mögliche Fehler aufzuzeigen. Auch hier kommt wieder der Hinweis, dass die Misserfolge, die während der gesamten Bewerbungskampagne hingenommen werden müssen, nicht bedeuten, dass die Strategie oder die Vorgehensweise falsch war. Wenn bei der Ansprache von 30 bis 50 Personalberatern vier interessante Kontakte herauskommen, hat der Klient bereits etwas gewonnen. Immer wieder weise ich die Teilnehmer darauf hin, dass unter den heutigen Arbeitsmarktbedingungen nur sehr viele Aktivitäten in Form von Bewerbungen, Kontaktgesprächen und Anrufen letztlich zum Erfolg führen.

---

[122] Vgl. Baustein 6, S. 71 ff.

[123] Vgl. Baustein 6, S. 71 ff.

Andere suchen lassen: Private und staatliche Arbeitsvermittler [124]

Bei den meisten Teilnehmern führt die Erwähnung von Arbeitsamt und Arbeitsvermittlern oder Personalvermittlern zu großer Skepsis. Über das Arbeitsamt hat fast jeder Teilnehmer etwas Negatives zu berichten. Es ist interessant, dass die Wenigsten bereits einen Kontakt zu Arbeitsvermittlern hatten, bei fast allen aber erhebliche Vorbehalte dieser Berufsgruppe gegenüber vorherrschen.

Diese Erfahrungen oder Einstellungen sollten auf eine rationale Basis gestellt werden. Es wird erklärt, was das Arbeitsamt leisten kann – und was nicht, und eine Vorgehensweise dargestellt, die wenig Zeit in Anspruch nimmt – im schlimmsten Fall einen Tag – und die bei einer angemessenen Vorgehensweise den Arbeitsberater zum Bestandteil des Kontaktnetzes des Arbeitsuchenden machen kann. Im Anschluss an ein erstes Gespräch sollte der Arbeitsberater ebenso behandelt werden wie alle anderen Kontakte. Er kommt in die Wiedervorlage des Projektmanagements und wird regelmäßig angerufen. Auch ein Arbeitsberater ist empfänglich dafür, dass ein Arbeitsuchender sich regelmäßig wieder meldet und seinen Wunsch nach einer Stelle deutlich macht und sowie seine Bewerbungsaktivitäten erwähnt. Wenn der Teilnehmer erkennen lässt, dass er wirklich an einer Stelle interessiert ist, ist zumindest die Wahrscheinlichkeit gross, dass der Berater des Arbeitsamtes für ihn suchen wird – er selbst muss nur kontinuierlich den Kontakt halten. Der Arbeitsvermittler des Arbeitsamtes wird dafür bezahlt – warum sollte man ihm nicht die Möglichkeit geben, seine Aufgabe zu erfüllen?

Ich stelle die Arbeitsweise von Arbeitsvermittlern des Arbeitsamtes dar und empfehle eine Vorgehensweise, die wenig Zeit beansprucht, aber die Möglichkeit bietet, über offene Stellen informiert zu werden, die über Zeitungsanzeigen oder das Arbeitsamt nicht zu erhalten sind. Ebenso empfehle ich die regelmäßige Durchsicht des arbeitsamtsinternen Systems SIS. Bedenken der Teilnehmer, dass die dort zu findenden Angebote in der Regel bereits vergeben sind, können leicht entkräftet werden mit dem Argument, dass bei regelmäßiger Durchsicht einmal pro Woche mit Sicherheit auch neu hinzugekommene Angebote gefunden werden können.

Andere suchen lassen: Private Arbeitsvermittler

In jedem Seminar wird sichtbar, dass zu Beginn des Themas massive Vorurteile gegenüber diesem Beruf bestehen; Vorurteile, die sich erstaunlicherweise häufig ohne jede Erfahrung mit einem Arbeitsvermittler eingestellt haben. Die größten Bedenken vieler Teilnehmer beziehen sich auf die mit einer Vermittlung verbundenen Kosten. Dieser Einwand lässt sich leicht richtig stellen. Eine weitere Furcht der Teilnehmer bezieht sich auf die „schwarzen Schafe" unter den Arbeitsvermittlern, ohne dass direkt deutlich wird, welcher Schaden für den Einzelnen von einem „schwarzen Schaf" zu erwarten ist.

---

[124] Vgl. Baustein 6, S. 71 ff.

Es scheint immer wieder meine Aufgabe zu sein, Einwände zu entkräften, die sich ausschließlich aus einer gewissen Unsicherheit und Uninformiertheit speisen, aber den Nachteil haben, dass sie die Menschen in dieser Situation in ihrer Handlungsfähigkeit einschränken. Es geht immer wieder im Verlauf des Seminars darum, Ängste und Unsicherheiten abzubauen, indem Befürchtungen ausgesprochen werden können und sie gemeinsam mit allen Teilnehmern auf ihren rationalen Kern untersucht werden. Die Teilnehmer müssen ermutigt werden, auch Dinge auszuprobieren, die für sie neu sind, auch das Risiko einzugehen, eine schlechte Erfahrung zu machen und abgewiesen zu werden. Die Erfahrung zeigt, dass Teilnehmer häufig erstaunt sind darüber, dass ihre Befürchtungen nicht eingetreten sind, dass Menschen auf ihre Ansprache sehr viel positiver reagieren als sie es erwartet haben. Viele Menschen entdecken in dieser Phase neue Fähigkeiten in sich und machen neue Erfahrungen, so dass die Bewerbungsphase nicht nur zu einem neuem Arbeitsplatz führt, sondern über diese informellen Lernprozesse zu einem Kompetenzgewinn führt.

Auch private Arbeitsvermittler suchen für den Klienten – wenn er denn den Weg zu ihm findet und über gute Unterlagen und ein angemessenes Auftreten seine Kompetenz und die Ernsthaftigkeit seines Interesse an einer Stelle deutlich macht. Der Arbeitsvermittler wird für den Klienten suchen – wenn dieser ihm die Gelegenheit dazu gibt.

Tag 3 – vormittags – Selbst suchen

Selbst suchen - Stellenanzeigen auswerten[125]

Für diese Sequenz werden die mitgebrachten Stellenanzeigen der Teilnehmer gemeinsam am Overheadprojektor ausgewertet. Auf der Basis dieser Auswertung wird für jeden Teilnehmer ein Sprechzettel für das Telefonat mit dem ausschreibenden Unternehmen erstellt. Ich stelle die Vorgehensweise bei dem Telefonat dar, erkläre, wie widerspenstige Sekretärinnen gewonnen werden können und ein kompetenter Eindruck und durch intelligente Fragen das Interesse des Gesprächspartners geweckt werden kann. Im Seminarraum muss ein Telefon mit Lautsprechfunktion vorhanden sein, so dass die Teilnehmer das Unternehmen anrufen können und die Zuhörer die Reaktionen der Gegenseite mitbekommen. Zur Unterstützung des Anrufenden werden Fragen auf den gut sichtbaren Flipchart geschrieben, die dem Anrufenden bei Unsicherheit weiterhelfen können.

Es können auch zur Übung gemeinsam aktuelle Stellenanzeigen aus der Zeitung herausgesucht werden, die abtelefoniert werden. Bei anfänglichen Hemmungen der Teilnehmer führe ich die ersten Telefonate selbst und bewerbe mich als Chefsekretärin. In den meisten Fällen sind die Teilnehmer erstaunt, wie positiv die Reaktionen sind, wie ausführlich die Fragen beantwortet werden und – das ist das Ziel des Telefonats – wie

---

[125] Vgl. Baustein 6, S. 71 ff.

viele zusätzliche Informationen freiwillig im Gespräch gegeben werden. Keinesfalls sollten etwa sehr introvertierte Teilnehmer zu den öffentlichen Telefonaten gezwungen werden. Hier kann entweder mit Rollenspielen gearbeitet werden oder ich vertraue darauf, dass der Teilnehmer derartige Versuche lieber zu Hause ohne Beobachtung durchführt.

Im Anschluss an diese Telefonate wird für die ausgewählte Stellenanzeige ein Anschreiben verfasst.[126] Die Teilnehmer merken schnell, dass die Informationen aus dem Telefonat ihnen helfen, das Anschreiben genau auf die Stelle zuzuschneiden. Es hilft auch zu erkennen, dass eigene Erfahrungen oder Kompetenzen für den Adressaten durchaus von Interesse sein können, was aus der Stellenanzeige nicht unbedingt ersichtlich war.

Jeder Teilnehmer geht auch hier wieder mit einem prototypischen Anschreiben aus dem Seminar, wenn nicht die zu große Anzahl der Teilnehmer zu exemplarischem Vorgehen zwingt.

Internetrecherche

Für den Erfolg des Seminars wäre es gut, wenn ein Rechner mit Internetzugang zur Verfügung gestellt werden könnte. Informationen über die Stellensuche im Internet sind unumgänglich. Allerdings muss die „Wunderwaffe Jobbörsen im Internet" auch relativiert werden. Es gibt Zielgruppen, die gut im Internet vertreten sind, z. B. Berufe rund um die Informationstechnologie oder Hochschulabsolventen. Größere Unternehmen inserieren gerne über das Internet; bei kleinen und mittleren Unternehmen ist das seltener der Fall. Bei größeren Personalabbaumaßnahmen, bei denen Gruppen-Outplacement zum Einsatz kommt, sind die Zielgruppen eher selten vertreten, die über das Internet angesprochen werden sollen. Insofern sollten keine unrealistischen Hoffnungen geweckt werden. Aber der sichere Umgang mit Jobbörsen, auch mit der Möglichkeit, ein eigenes Stellengesuch zu schalten, sollte in jedem Fall geübt werden.

Ich verteile Listen von Jobbörsen im Internet mit Hinweisen auf die Berufsgruppen, die dort gut vertreten sind. Wenn ein Internetzugang nicht im Seminarraum möglich ist, kann mit Screen Shots die Vorgehensweise deutlich gemacht werden. Ich stelle immer wieder fest, dass zwar viele Menschen über Stellenanzeigen im Internet reden, dass aber deutlich weniger Menschen wissen, wie man sinnvoll damit umgeht. Nach meiner Erfahrung lassen sich insgesamt noch keine eindeutigen Aussagen darüber machen, wie der Nutzen von Internetbewerbungen im Vergleich mit Stellenausschreibungen in Tageszeitungen zu bewerten ist. Manche Unternehmen bitten noch darum, von Online-Bewerbungen abzusehen[97]. Auch wird nicht einheitlich beurteilt, ob Bewerbungen (nur) per E-Mail versandt werden sollen. Oft wird auch vergessen, dass Online-Bewerbungen

---

[126] Vgl. Baustein 5, S. 62 ff.

für manche Branchen und Berufe noch nicht passen. In Handwerksberufen, gewerblichen Berufen oder im Einzelhandel ist es nicht unbedingt zu empfehlen, eine Online-Bewerbung abzusenden.

Viele Unternehmen haben auch Bedenken, „unbekannte" Attachments zu öffnen, so dass schön gelayoutete Lebensläufe vielleicht ungeöffnet gelöscht werden. Gerade zum Thema Online-Bewerbung ist noch wenig wirklich standardisiert. Hier helfen nicht eindeutige Dos und Donts, sondern aus unserer Erfahrung oft die Empfehlung, direkt bei dem Unternehmen anzurufen und eine Bewerbung anzukündigen, so dass geklärt werden kann, ob Online-Bewerbungen willkommen sind oder um die Bedenken vor dem Öffnen solcher Dateien zu verringern. Wer ganz sicher gehen will, dass seine Bewerbung auch ankommt, sollte nicht nur über das Internet gehen, sondern parallel eine konventionelle Bewerbung abschicken. Meine Erfahrung zeigt, was auch Untersuchungen herausgefunden haben: In vielen Unternehmen werden Online-Bewerbungen (noch) nicht regelmäßig abgerufen, weitergegeben oder beantwortet.

Selbst suchen – Direktbewerbung [127]

Direktbewerbungen sind neben der Aktivierung des Kontaktnetzes der ertragreichste Weg zu einem neuen Arbeitsplatz. Wir diskutieren die Erfahrungen der Teilnehmer mit Direktbewerbungen. Oft sind die Teilnehmer skeptisch, aber es zeigt sich in der Regel, dass die Direktbewerbungen schlecht recherchiert, nicht an die richtige Zielperson im Unternehmen adressiert waren und dass vor allem selten nachtelefoniert wurde. Um die Vorgehensweise zu verdeutlichen, gehe ich mit einem Teilnehmer eine pragmatische Vorgehensweise bei der Direktbewerbung durch. Wenn Zeit bleibt, können die Teilnehmer allein oder in Gruppen eine Direktbewerbungs-Kampagne erarbeiten.

Wie auch bei den anderen Bausteinen oder besonders den Suchstrategien reagieren die Teilnehmer oft mit Ungeduld auf die langen Vorbereitungen, die von uns vorgeschlagen werden, bevor es zur eigentlichen Bewerbung kommt. Sie müssen immer wieder darauf hingewiesen werden, dass die Suche nach Arbeit auch mit Arbeit verbunden ist, dass sie selbst zu ihrer Entmutigung beitragen, wenn schlecht vorbereitete Bewerbungen postwendend wieder im Briefkasten landen und dass sie sich durch eine unspezifische und nicht zielgenaue Bewerbung ihren Arbeitsmarkt zerstören können. Eine schlechte abgeschickte Bewerbung kann selten nachgebessert werden. Man muss ihnen immer wieder vor Augen halten, dass sie mit diesen vielen Aktivitäten auch ihren Alltag strukturieren, wenn sie bereits arbeitslos oder freigestellt sind. Es kann unter psychologischen Gesichtspunkten wichtig sein, jeden Morgen mit einem festgelegten Arbeitspensum zu beginnen und dieses ebenso abzuarbeiten, wie man das aus der Berufssituation gewohnt war.

---

[127] Vgl. Baustein 6, S. 71 ff.

Selbst suchen – Stellengesuch [128]

Als letztes empfehle ich den Teilnehmern die Aufgabe eines Stellengesuchs. Auch hierzu werden Erfahrungen der Teilnehmer gesammelt – erfahrungsgemäß sind die Erfahrungen gering und schlecht. Die Teilnehmer wählen schlechte bzw. gute Stellengesuche aus aktuellen Tageszeitungen aus. Wir diskutieren dann Form und Inhalt und ob die jeweilige Zeitung für die Absicht des Stellensuchenden gut gewählt wurde. Ich stelle gute Beispiele dar und informiere über Kosten und Möglichkeiten in unterschiedlichen Medien. In ihrem Organisationsordner finden die Teilnehmer Unterlagen über Mediadaten und Nachschlagewerke, in denen sie das passende Medium für ihr Gesuch finden können.

Ich bespreche mit ihnen, wie ein Stellengesuch formuliert werden kann und lasse in Gruppenarbeit für jeden Teilnehmer ein passendes Stellengesuch formulieren. Dieses wird gemeinsam diskutiert, so dass jeder Teilnehmer mit einem guten Modell für ein Stellengesuch aus dem Seminar gehen kann.

Marketingstrategie und Projektmanagement Bewerbungskampagne [129]

In der letzten Stunde des Seminars erkläre ich den Teilnehmern die Benutzung ihres Organisationsordners. Da ich sie zu Beginn des Seminars gebeten hatte, alle Unterlagen mitzubringen, wird bei den meisten schnell sichtbar, in welchem ungeordneten Zustand diese sind. Exemplarisch stellen wir für einem Teilnehmer eine persönliche Marketingstrategie zusammen. Wir klären, wie viel Zeit er aufwenden kann, welche Strategien ihm die passendsten erscheinen und wie er vorgehen möchte. Anschließend setzen sich die Teilnehmer in Kleingruppen zusammen und entwerfen für jeden Teilnehmer eine persönliche Marketingstrategie, die diskutiert und anschließend zeitlich im Organisationsordner zugeordnet wird.

Es ist mir wichtig, dass die Klienten nicht nur hochmotiviert mit guten Unterlagen und Ideen für ihre Kampagne aus dem Seminar gehen, sondern bereits mit meiner Unterstützung die ersten Schritte festgelegt haben. Erfahrungsgemäß beginnen die wirklichen Schwierigkeiten erst, wenn das Seminar beendet ist und der Klient am häuslichen Schreibtisch sitzt und mit der Kampagne beginnen muss. Insofern wird die Diskussion und Festlegung der ersten Schritte immer als wichtige Hilfe von den Teilnehmern empfunden. Jeder Teilnehmer stellt seine Marketingstrategie und seinen Projektplan im Plenum vor und erhält dazu Anregungen von den anderen Teilnehmern und mir.

---

[128] Vgl. Baustein 6, S. 71 ff.

[129] Vgl. Baustein 8, S. 106 ff., Baustein 9, S. 108 ff.

Das Vorstellungsgespräch

Auf Wunsch des Unternehmens oder der Teilnehmer können Vorstellungsgespräche Bestandteil der Gruppen-Outplacementberatung sein oder zu einem späteren Zeitpunkt in kleinen Gruppen durchgeführt werden. Diese Workshops dauern einen halben oder einen ganzen Tag mit maximal sechs Teilnehmern, um allen die Möglichkeit zu geben, im Rollenspiel praktische Erfahrungen zu sammeln. Die besten Erfahrungen habe ich allerdings damit gemacht, Vorstellungsgespräche einzeln in Sprechstunden dann zu üben, wenn ein Teilnehmer bereits eine Einladung zu einem Vorstellungsgespräch erhalten hat. Dann ist klar, um welches Unternehmen und welche Aufgabe es sich handelt. Wir können dann entlang seiner Bewerbungsunterlagen nachprüfen, inwieweit er in seiner Selbstdarstellung auch den dort geweckten Erwartungen entspricht.

Vorbereitung des Workshops

Ich bitte alle Teilnehmer mit der Einladung,

- in der Kleidung zum Seminar zu kommen, die sie auch für das Vorstellungsgespräch wählen würden,

- aktuelle Bewerbungsunterlagen und Stellenanzeigen mitzubringen, auf die sie sich beworben haben oder gerne bewerben würden,

- die Fragen aufzulisten, die sie im Vorstellungsgespräch als besonders unangenehm empfinden würden,

- sich Situationen in Vorstellungsgesprächen in Erinnerung zu rufen, in denen sie sich besonders hilflos, respektlos behandelt oder unsicher gefühlt haben.

Weshalb sind Vorstellungsgespräche so angstbesetzt?

Nach meiner Erfahrung sind es vor allem vier Gründe, warum die meisten Klienten allein der Gedanke an ein Vorstellungsgespräch in Panik versetzt:

- die Unfähigkeit, die eigenen Stärken und beruflichen Kompetenzen darzustellen,

- die Angst, nicht zu wissen, wie sich der Gesprächspartner den idealen Bewerber vorstellt,

- die Unsicherheit, was der Gesprächspartner fragen könnte und

- das weit verbreitete Vorurteil, dass Personalleiter in Vorstellungsgesprächen eine besondere Freude daran haben, ihre Opfer leiden zu lassen.

Wenn die Teilnehmer gut vorbereitet sind, dann ist die Darstellung der eigenen Kompetenzen und Erfolge kein Problem – aber immer wieder sitzen Klienten vor mir, die den Eindruck haben, sie müssten ohne jede Vorbereitung eine erstklassige Selbstdarstellung abliefern können. Wie der ideale Bewerber aussieht, wird man vorab nicht wissen können und häufig ist das dem einstellenden Unternehmen auch nicht klar. Aber wenn man die Position sorgfältig ausgewählt und sich gut vorbereitet hat, ist man zumindest ein guter Bewerber und kann überzeugen. Es ist hoffentlich im Verlauf des Buches klargeworden, dass niemand über hellseherische Fähigkeiten verfügen muss, um sich vorzustellen, welche Fragen im Vorstellungsgespräch vorkommen können. Auch hier ist wieder eine gute Vorbereitung und die Übernahme der Perspektive des Einstellenden äußerst hilfreich. Und – Personalleiter haben i. d. Regel keine sadistischen Neigungen, aber oft sitzen schlecht vorbereitete und stumme Bewerber vor ihnen, die es auch ihnen schwer machen, das Vorstellungsgespräch zu einem interessanten und aussagekräftigen Gespräch werden zu lassen.

Was ist „richtig" im Vorstellungsgespräch?

Nach meiner Auffassung geht es nicht darum, den Teilnehmern das „richtige" Verhalten in Vorstellungsgesprächen beizubringen. Die Konzentration auf „richtiges" Verhalten und Vermeiden von Fehlern führt zu Verkrampfung und Angepasstheit. Ich habe z. B. festgestellt, dass Hinweise über Körpersprache häufig dazu führen, dass sich Klienten krampfhaft bemühen, keinesfalls die Arme zu verschränken, um nicht abweisend zu wirken oder dem Gesprächspartner keinen Moment aus den Augen lassen, weil das ein Zeichen für Offenheit und Interesse am Gegenüber ist. Noch schlimmer sind Klienten, die auf jede mögliche Frage, die sie der Bewerbungsliteratur entnommen haben, unverzüglich drei richtige Antworten parat haben, jeweils darauf abgestimmt, ob sie sich bei der Deutschen Bank, bei einer progressiven Webagentur oder einem mittelständischen Unternehmen der Lebensmittelindustrie bewerben.

In dem Workshop geht es mir darum, Ängste abzubauen und auch hier wieder einen rationalen Zugang zu schaffen. Die Teilnehmer können erkennen, dass mit einer vernünftigen Vorbereitung die Aufregung vor einem Vorstellungsgespräch auf ein normales Maß zurückgefahren werden kann. Diese „normale" Aufregung kann sich sogar positiv auf den Verlauf auswirken. Wenn sie durch eine sehr gute Vorbereitung genau wissen, was sie dem Unternehmen mitteilen wollen und was sie fragen wollen, ist davon auszugehen, dass sie selbstbewusst eine Unterhaltung mit dem Gesprächspartner im Unternehmen führen können. Ein Vorstellungsgespräch ist keine Prüfung, in dem das Wissen des Teilnehmers abgefragt und anschließend bewertet werden soll. Der Bewerber muss gut vorbereitet mit der Einstellung in dieses Gespräch gehen, dass dort gleichberechtigte Partner sitzen, die beide in einem Gespräch herausfinden wollen, ob sich eine Zusammenarbeit lohnt.

Wie können sich die Teilnehmer auf ein Vorstellungsgespräch vorbereiten?

Zunächst einmal geht es darum, so viel wie möglich über das Unternehmen, die ausgeschriebene Position und die konkreten inhaltlichen Anforderungen herauszufinden. Die wesentlichen Informationen hat ein Bewerber bereits vor der Bewerbung herausgefunden. Die hierfür nützlichen Recherchemethoden wurden bereits bei der Auswertung von Stellenanzeigen, der Darstellung der Kontaktnetzstrategie und der allgemeinen Recherche über Internet und Nachschlagewerke beschrieben. Die offen gebliebenen Fragen eignen sich hervorragend für den Fragezettel, den ein gut vorbereiteter Bewerber mit in das Vorstellungsgespräch nimmt. Betriebliche Gesprächspartner im Vorstellungsgespräch sind immer wieder irritiert, wenn die Frage, ob denn der Bewerber seinerseits noch offene Fragen habe, verneint wird. Aus meiner Beratungspraxis weiß ich, dass diese Antwort nicht in jedem Fall mangelndes Interesse zeigt, sondern eher die angespannte Erwartung, dass ausschließlich das Unternehmen Fragen stellen darf und der Bewerber selbst – wie in einer Prüfung – nur möglichst korrekte Antworten geben sollte. Auch hier wieder muss den Teilnehmern gezeigt werden, dass der betriebliche Entscheider keine „richtigen" Fragen erwartet, sondern dass der Bewerber durch seine Fragen nicht nur Interesse zeigt, sondern auch fachliche Kompetenz und, ebenso wichtig, für sich selbst durch diese Fragen klären kann, ob er denn auch wirklich Interesse an der ausgeschriebenen Stelle hat.

Der Two-Minute-Spot wurde ausführlich dargestellt. Im Interviewtraining wird er in Rollenspielen geprobt und auf Wunsch der Teilnehmer auch mit Video festgehalten und ausgewertet. Es hat sich bei Rollenspielen sehr bewährt, wenn die Rolle des Personalleiters nicht nur von der Beraterin übernommen wird, sondern auch von anderen Teilnehmern. Sie stellen immer wieder erstaunt fest, dass es auch aus der Sicht des Interviewenden höchst anstrengend ist, wenn der Gesprächspartner einsilbige Antworten gibt und den Fragenden dazu zwingt, sich immer wieder neue Fragen auszudenken. Die Bewerber müssen lernen, dass es auch an ihnen liegt, das Gespräch zu einem anregenden und interessanten Gespräch für den Personalleiter zu machen. Sie haben im Gespräch keine Opferrolle, sondern können bei guter Vorbereitung das Gespräch auch aktiv gestalten. Für die Rollenspiele gebe ich für die „Personalleiter" Skripte aus, um unterschiedliche „Typen" von Personalleitern spielen zu können und unterschiedliche Schwierigkeitsgrade für die Teilnehmer zu simulieren. Nach meiner Erfahrung ist die Kreativität von Teilnehmern im Rollenspiel eher gering, zumal sie den Mitteilnehmer im Seminar nicht in eine schwierige Situation bringen wollen. Die von mir vorgegebene Rolle ermöglicht es ihnen, auch kritische Gespräche zu simulieren, ohne selbst der Verursacher der Schwierigkeiten für den „Bewerber" zu sein.

Je kleiner die Gruppe, desto intensiver kann geübt werden. Für viele Teilnehmer ist es hilfreich, wenn sie im Verlauf eines Tages oder Nachmittags das Gespräch mehrfach üben können und feststellen, dass durch unsere Anregungen und Kommentare die eigene Performance immer besser wird. Wenn Nachsorgetage, Sprechstunden oder eine Hotline angeboten werden, biete ich eine kurze Vorbereitung für das Vorstellungsgespräch an, auch wenn es nur ein 15minütiges Telefonat ist, bei dem ich den Bewerber noch einmal zwinge, schnell einen guten Two-Minute-Spot abzuliefern und auf die vorab besprochenen kritischen Fragen zu antworten.

Die praktische Vorbereitung

Im Interviewtraining selbst besprechen wir auch die praktische Vorbereitung: Wenn sich das Unternehmen am eigenen Wohnort befindet, muss der Bewerber bereits mehrere Tage zuvor dorthin fahren, sich nach Verkehrsmitteln oder Parkplätzen erkundigen, um auf diese Weise ein absolut pünktliches Erscheinen zu garantieren. Eine halbe Stunde Aufenthalt vor dem Eingang des Unternehmens nach Betriebsschluss kann einen guten Einblick geben über die Stimmung der Menschen, die das Unternehmen verlassen oder auch die Art und Weise, wie sich die Beschäftigten kleiden. In jedem Fall wird Unsicherheit reduziert, wenn der Bewerber das Unternehmen am Vorstellungstag nicht zum ersten Mal sieht.

Muss der Bewerber anreisen, sollte er das möglichst am Vortag tun. Zum einen wirken sich mögliche Verspätungen durch Bahn oder Flugzeug nicht weiter aus und zum anderen hat er Zeit, sich entspannter auf das Gespräch vorzubereiten. Wecken um sechs Uhr morgens, eine Taxifahrt zum Flughafen, Aufenthalt in Schlangen beim Ein- und Auschecken am Flughafen sind keine optimale Vorbereitung auf ein entspanntes Vorstellungsgespräch.

Wir besprechen ausführlich, was der Bewerber mitnehmen sollte: Zwei zusätzliche vollständige Bewerbungsmappen sind Pflicht: die eine für den Bewerber selbst, um bei Nachfragen des Personalleiters nach einem bestimmten Punkt im Lebenslauf nicht mit der Frage „Wo steht das? Kann ich das noch mal sehen?" antworten zu müssen. Im übrigen empfehle ich allen Teilnehmern, ihren Lebenslauf vor dem Gespräch noch einmal durchzulesen. Es mag erstaunlich klingen, aber bei all der angespannten Vorbereitung auf trickreiche Fragen im Vorstellungsgespräch, die angemessene Kleidung und die passende Mimik und Gestik wird oft das Naheliegende vergessen. Das zweite Exemplar ist für weitere Gesprächspartner im Vorstellungsgespräch. Oft erlebt es der Klient, dass die eigene Bewerbungsmappe hin- und hergereicht wird, weil jeder der betrieblichen Gesprächspartner noch einmal einen Blick darauf werfen möchte. Da macht es einen ausgezeichnet vorbereiteten Eindruck, wenn der Bewerber auch daran gedacht hat und ein oder zwei weitere Bewerbungsmappen anbieten kann.

Schreibpapier, Stift, der Kalender für den zweiten Vorstellungstermin und der Zettel mit den vorbereiteten Fragen gehören ebenfalls zur Ausstattung für den Vorstellungstermin. Es mag selbstverständlich erscheinen, aber die Teilnehmer sind oft bereits dahingehend verunsichert, ob sie denn im Gespräch mitschreiben dürfen oder gar ihren vorbereiteten Fragezettel aus der Tasche ziehen dürften. Ich frage sie an dieser Stelle immer, wie sie sich ansonsten im Arbeitsleben auf Gesprächstermine vorbereiten und ob es sich bei einem Vorstellungsgespräch um einen Wettbewerb im Auswendiglernen handele. Oft hilft es auch, sie zu fragen, wie sie selbst einen Gesprächspartner fänden, der sich bei der Darstellung der künftigen Aufgaben Notizen mache. Sie müssen immer wieder erkennen, dass sie in der Lage sind, sich selbst viele Antworten auf ihre Fragen zu geben. Auch ein Vorstellungsgespräch unterscheidet sich nicht grundlegend von anderen Arbeitsbesprechungen. Wenn sie die Perspektive des betrieblichen Entscheiders übernehmen, erkennen sie schnell, welche Fragen sinnvoll sind und welches Verhalten angemessen ist.

Was ziehe ich an?

Eine der größten Sorgen der Teilnehmer bezieht sich auf die angemessene Kleidung. Meine grundsätzliche Antwort ist dabei immer, dass die Kleidung im Vorstellungsgespräch der Kleidung entsprechen sollte, die üblicherweise in einer Bank, in einem Einzelhandelsgeschäft oder in einem jungen IT-Unternehmen getragen wird – nur beim Vorstellungsgespräch etwas förmlicher. Niemand sollte sich verkleiden, insbesondere dann nicht, wenn die Vorstellung, diese Verkleidung später tagtäglich tragen zu müssen, für den Bewerber unerträglich ist. Darüber hinaus kann eine Verkleidung dazu führen, dass der Bewerber sich im Vorstellungsgespräch unwohl fühlt. Wer einen dunkelblauen Anzug mit weißem Hemd und dezent gestreifter Krawatte unproblematisch als seine Arbeitskleidung betrachten kann, obwohl er sich in der Freizeit wohler fühlt in Jeans und T-Shirt, wird weniger Schwierigkeiten haben, sich auf die Kleidungskultur eines Unternehmens einzustellen. Wem der Zwang, sich bestimmte Kleidungsvorlieben im Unternehmen abgewöhnen zu müssen, unerträglich erscheint, der sollte sich ein Unternehmen und eine Funktion suchen, zu dem die eigenen Kleidungsgewohnheiten passen.

Keinesfalls helfen hier wieder allgemeine Regeln wie „Schwarz sollte man im Vorstellungsgespräch nie tragen, das wirkt düster!" Ich werde in den Seminaren immer wieder mit diesen Fragen konfrontiert, die der sich eifrig vorbereitende Bewerber aus der Bewerbungsliteratur entnommen hat. Ich versuche in den Seminaren, den Teilnehmern Sicherheit zu geben, dass die von ihnen gewählte Kleidung passt. Ich gebe kleine Optimierungshinweise oder versuche vorsichtig darauf hinzuweisen, mit welchem Akzent sie vielleicht ihre Gesamterscheinung noch angenehmer machen können. Kleidungsgewohnheiten haben sehr viel mit dem eigenen Selbstbild zu tun, so dass eine unvorsichtige Kritik eher Kränkungen hervorrufen kann, als dass sie den Teilnehmern die Sicherheit gibt, die sie von mir im Seminar erwarten können.

Wenn eine Hotline vereinbart wurde, biete ich ihnen an, mich oder eine andere Beraterin jederzeit – auch abends oder am Wochenende – vor einem Vorstellungsgespräch anzurufen und noch einmal ein paar letzte Fragen zu stellen. Das empfinden die Klienten immer als äußerst hilfreich und wir haben noch nie die Erfahrung gemacht, dass diese Möglichkeit ausgebeutet wurde.

Angebote im Anschluss an die Gruppen-Outplacementberatung

- Nachsorgetage

Wir empfehlen immer, im Anschluss an die Gruppen-Outplacementberatung Nachsorgetage vorzusehen. Je nach Situation der Teilnehmer oder des Unternehmens können diese Nachsorgetage alle vierzehn Tage oder jeden Monat einmal für eine Zeit von etwa sechs Monaten angeboten werden. Der Vorteil dieser Nachsorgetage liegt darin, dass die Teilnehmer

- wissen, dass sie innerhalb einer bestimmten Zeit einige der Inhalte umgesetzt haben müssen, das setzt sie im positiven Sinne unter Druck,

- sich gegenseitig immer wieder über Erfolge und Probleme in der Umsetzung berichten können und sich gegenseitig motivieren und stützen,

- mit Fragen an die Beraterin gehen können, die sich erst in der Umsetzung stellen,

- mit uns bestimmte Strategien noch einmal intensiv bearbeiten oder modellartig Vorgehensweisen für einzelne Teilnehmer entwickeln können,

- sich gegenseitig über Stellenangebote oder nützliche Kontakte informieren können,

- Wissen, dass sie immer wieder Menschen treffen werden, die Anteil an ihren persönlichen Problemen und den Schwierigkeiten bei der Umsetzung der Bewerbungskampagne haben.

- Hotline

Eine telefonische Hotline bietet eine vergleichbar anhaltende Unterstützung für die Teilnehmer mit dem Unterschied zu den Nachsorgetagen, dass sie zeitnah dann eingerichtet werden kann, wenn die Probleme bei den Teilnehmern auftauchen. Oft benötigt ein Bewerber nur eine kurze Information oder möchte durch uns das geplante Vorgehen abgesichert wissen. Und manchmal kann auch ein kurzes Gespräch einfach dabei helfen, einen aktuellen Tiefpunkt zu überwinden.

5. Inhouse Outplacement Center

Hintergrund für die Einrichtung eines betriebsinternen Outplacement Centers

Herr Werner ist aufgebracht. Gerade ist er von der Geschäftsleitung informiert worden, dass bis Mitte nächsten Jahres im gesamten Unternehmen 600 Arbeitsplätze abgebaut werden sollen. Als Hauptabteilungsleiter mit etwa 340 Mitarbeitern ist er besonders davon betroffen, weil er auch für die Niederlassungen zuständig ist, in denen mit dem Abbau vordringlich begonnen werden soll. Eine langsame Reduzierung von Mitarbeitern in seinem Unternehmen stand bereits längere Zeit im Raum, aber weder für die Führungskräfte oder die Mitarbeiter war bislang erkennbar, wann mit konkreten Maßnahmen des Personalabbaus begonnen werden sollte.

Nur wenige Wochen zuvor war den Mitarbeitern durch die Geschäftsleitung glaubhaft versichert worden, dass alles dafür getan würde, um zumindest noch für einen längeren Zeitraum die Arbeitsplätze zu sichern. Drei Wochen später dann aus heiterem Himmel die Entscheidung, dass innerhalb des nächsten Jahres zwanzig Prozent der Arbeitsplätze eingespart werden müssten und dass dies vorwiegend durch Zusammenlegung von Niederlassungen erreicht werden sollte. Herr Werner ist sich sicher, dass auch die Personalabteilung von dieser Entscheidung überrascht wurde und bestimmt kein Konzept vorlegen kann, wie dieser Abbau so realisiert werden kann, dass die Produktivität in dem Bereich nicht leidet. Also er wird schon dafür sorgen und ihnen deutlich machen, dass der Abbau nicht in seinem Bereich stattfindet.

Situation des Unternehmens

Wie in allen Unternehmen, in denen ich im Rahmen des Personalabbaus beraten habe, trifft auch hier die Entscheidung zum Personalabbau sowohl Mitarbeiter als auch Personalabteilung völlig unvorbereitet. Diese Information führt erst einmal dazu, dass die Produktivität fast zum Erliegen kommt. Kein anderes Thema beschäftigt Mitarbeiter und Vorgesetzte. Dauert die Unsicherheit an, steigt der Krankenstand und die Motivation sinkt oder Konkurrenz und Misstrauen steigen an, weil jeder hofft, nicht zu den Verlierern dieser Situation gehören zu müssen. Für die Vorgesetzten wird es schwierig, die notwendige Arbeitsleistung weiter von den Mitarbeitern zu fordern. Oft sind sie selbst ebenfalls stark demotiviert, weil sie nicht wissen, wie sie die ihnen gestellten Aufgaben mit weniger Personal erledigen sollen und auch ihr Arbeitsplatz in Gefahr sein kann. Zudem kann er sich vorstellen, dass der Zorn der Mitarbeiter vor allem ihre Führungskraft treffen wird, auch wenn er weder direkt an der plötzlichen Entscheidung zum Personalabbau beteiligt war noch immer über ausreichend Informationen verfügen, wie die nächsten konkreten Schritte aussehen könnten. Und das in einer Situation, in der er innerhalb der Organisation weiterhin an der Qualität seiner Aufgabenerledigung gemessen würde.

Interessengegensatz zwischen Bereichsleitern und Personalabteilung

Es zeigt sich immer wieder, dass die Aufgabe der Personalabteilung, Personal abzubauen, den Interessen und Bedürfnissen der Abteilungs- oder Bereichsleiter diametral entgegengesetzt ist. Während die Erfolge der Personalabteilung daran gemessen werden, wie schnell und reibungslos die Mitarbeiterzahlen gesenkt werden, werden die Bereichsleiter weiterhin an den ihnen vorgegebenen Zielen gemessen, unabhängig davon, dass sie möglicherweise diese Ziele mit einer reduzierten und demotivierten Mitarbeiterzahl erreichen müssen. Aufgrund dieses Interessengegensatzes ist die Kooperation zwischen der Personalabteilung und den Fachbereichen in dem gesamten Personalabbauprozess nicht immer optimal. So lange wie möglich wehren sich die Bereichsleiter gegen die Benennung von Mitarbeitern, auf die sie verzichten könnten. Auch die Konkurrenz untereinander steigt: Jeder Bereich kann wirkungsvoll belegen, weshalb der Personalabbau grundsätzlich bejaht wird, aber im eigenen Bereich der Betrieb nur mit einer konstanten Mitarbeiterzahl aufrecht erhalten werden kann. Diese Haltung ist nicht auf mangelnde Einsicht zurückzuführen. In der Tat führt in vielen Unternehmen Personalabbau in bestimmten Bereichen zu erheblichen Belastungen.

Diese Probleme müssen von Personalabteilung und den Outplacementberatern in ihrem Maßnahmekonzept berücksichtigt werden. Das bedeutet, dass Maßnahmen im Zusammenhang mit Personalabbau, auch wenn sie von der Geschäftsleitung abgesegnet sind, auf erhebliche Probleme bei der Umsetzung stoßen können. Wenn Outplacementberatung eingeführt wird, muss die Bedürfnislage und die Situation der Bereiche ebenso berücksichtigt werden, wie die der Mitarbeiter, die gehen sollen oder der Personalabteilung, die diese Maßnahmen umsetzen muss.

Wie reagieren die Mitarbeiter?

Bei den Mitarbeitern löst die Nachricht Bestürzung, Wut und Existenzangst aus. Diejenigen, die sich eine Chance auf dem externen Arbeitsmarkt ausrechnen, beginnen umgehend, ihre Beziehungen anzuzapfen und sich auf dem Arbeitsmarkt umzusehen. In der Regel sind das auch die Mitarbeiter, von denen sich das Unternehmen nicht trennen möchte. Andere wollen um jeden Preis im Unternehmen bleiben und entwickeln konkurrenzhafte Verhaltensweisen und Misstrauen gegenüber Kollegen, mit denen sie bislang gut zusammengearbeitet haben. Des weiteren sind sie damit beschäftigt, sich gedanklich und in Gesprächen mehr mit den möglichen Gefahren des Arbeitsplatzverlustes zu beschäftigen als mit der Aufgabenerledigung. Vor allem für Mitarbeiter mit langer Zugehörigkeit zum Unternehmen und starker Identifikation mit ihrem Betrieb, führt die Androhung einer Trennung vom Unternehmen zu einer nachhaltigen Verunsicherung.

Enttäuschung, Angst, Wut und das Gefühl, von dem Betrieb, für den man jahrelang und in vielen Fällen jahrzehntelang gearbeitet hat, alleingelassen worden zu sein, sind eine schlechte Basis für einen konstruktiven Umgang mit der eigenen beruflichen Neuorientierung. Häufig reagieren die Betroffenen mit dem Rückzug ins Private, was nach Ausscheiden aus dem Betrieb zur Isolation führt – die das Auffinden einer neuen beruflichen Perspektive erheblich erschwert.

Situation der Personalabteilung

Von der Personalabteilung werden in dieser Situation kurzfristig gut durchdachte und allen Seiten gerecht werdende Konzepte des Personalabbaus erwartet, auf die sie i. d. R. nicht vorbereitet sein können. Besonders schwierig wird die Situation für die Personalverantwortlichen, wenn Kündigungen nicht ausgesprochen werden sollen oder können. In großen Unternehmen können ganze Stäbe für die Konzeption und Umsetzung von Restrukturierungs- oder Transfairabteilungen eingerichtet werden, in denen Outplacement neben anderen Instrumenten den Betroffenen bei der Suche nach einem neuen Arbeitsplatz helfen soll. In kleinen und mittleren Unternehmen fehlen oft die Kapazitäten und Outplacement ist wenig bekannt. Oft wird davon ausgegangen, dass dieses Instrument den Führungskräften vorbehalten sein sollte und dass eine groß angelegte Outplacementmaßnahme die eigenen Ressourcen übersteigt.

Nach der Entscheidung für Personalabbau ist die Personalabteilung oft überlastet. Von der Geschäftsleitung wird ein durchdachtes Konzept verlangt, dass die Entscheidung zum Personalabbau möglichst konfliktarm und kostengünstig umsetzt. Der Betriebsrat will Konzepte sehen, die den Abbau möglichst sozialverträglich gestalten und die Chancen der betroffenen Mitarbeiter auf dem externen Arbeitsmarkt verbessern. Die Fachabteilungen fordern Lösungen und Vorschläge, die ihre spezifische Situation angemessen berücksichtigen.

Das Inhouse Outplacement Center als Kompetenzzentrum für sozialverträglichen Personalabbau

In dieser Situation kann es sinnvoll sein, im Rahmen des Abbauszenarios eine externe Outplacementberatung hinzuzuziehen, um bestimmte Aufgaben und Maßnahmen des Personalabbaus mit ihnen gemeinsam zu konzipieren und einen Teil dieser Maßnahmen für eine bestimmte Zeit an sie zu delegieren.

Mit der Installation eines betriebsinternen Outplacement Centers kann eine größere Anzahl von Mitarbeitern zeitnah und kostengünstig bei der beruflichen Neuorientierung unterstützt werden kann. Dieses Outplacement Center innerhalb des Unternehmens kann einerseits ein Aktionszentrum aller Aktivitäten werden mit dem Ziel, die Abbaumaßnahmen sozialverträglich zu gestalten. Zum anderen kann es zu einem sozialen Raum werden, in dem Mitarbeiter in schwierigen Zeiten Ansprechpartner für die unterschiedlichen Probleme finden, die sich aus einem möglichen Arbeitsplatzverlust ergeben können. Damit ergeben sich aus der Einrichtung eines Inhouse Outplacement Centers sowohl für das Unternehmen als auch für die Mitarbeiter Vorteile:

- Der Zugang für Mitarbeiter wird auch während der Arbeitszeit erleichtert, ohne dass durch längere Abwesenheiten die Aufgabenerledigung gefährdet wird.

- Mitarbeiter erhalten zeitnah aktuelle Informationen über Stellenangebote, Seminare oder andere Veranstaltungen.

- Mitarbeiter können auch bei spontanen Fragen zeitnah die Berater ansprechen.

- Kosten können eingespart werden, da die Etablierung eines Outplacement Centers in den Räumen externer Berater kostenintensiver sein wird.

- Das Unternehmen hat jederzeit einen Einblick über die Aktivitäten des Outplacement Centers.

- Die Personalabteilung kann ihre Kompetenz um ein zusätzliches Angebot der Personalbetreuung sichtbar erweitern.

- Die Präsenz des Outplacement Centers im Unternehmen verweist anhaltend auf die Verantwortlichkeit des Unternehmens für die Mitarbeiter in dieser schwierigen Situation.

Über ein betriebsinternes Outplacement Center kann damit eine ressourcenschonende, imagefördernde und anhaltende Betreuung von Mitarbeitern gewährleistet werden, die das Unternehmen verlassen wollen oder sollen.

Nutzen von Outplacementmaßnahmen für Mitarbeiter und Unternehmen

Ein für alle Mitarbeiter sichtbares und zugängliches Outplacement Center im Unternehmen hat Vorteile für beide Seiten. Für die gekündigten Mitarbeiter wird über die schnelle und leicht zugängliche Hilfestellung der Schock der Kündigung abgemildert, weil sie für ihre Fragen einen Gesprächspartner finden und ihnen Perspektiven und Vorgehensweisen aufgezeigt werden. Darüber hinaus verringert sich auch die Enttäuschung darüber, dass das Unternehmen, mit dem sie sich lange Jahre identifiziert haben, sie nun vor dieses existenzielle Problem stellt. Mit dem Outplacement Center und seinen Angeboten wird eine Institution geschaffen, die das „Wegsickern" der Betroffenen in die private Isolation verhindert.

Die Unruhe unter den verbleibenden Mitarbeitern ist weniger groß, weil sie sehen, dass mit ihren Kollegen verantwortlich umgegangen wird. Dies wird zu einer höheren Identifikation mit dem Unternehmen führen, die sich erfahrungsgemäß in besseren Arbeitsleistungen niederschlägt. Wenn die Maßnahmen positiv aufgenommen werden, kann dies bei den Verbleibenden auch dazu führen, dass sie motiviert werden, sich beraten zu lassen und eigenständig eine neue Arbeitsstelle zu suchen – was einige der Personalprobleme des Unternehmens auf sozialverträgliche Weise lösen könnte.

Intern und extern kann das Unternehmen über eine derartige Maßnahme seinen Ruf als verantwortungsvoller Arbeitgeber festigen. Unter Kostengesichtspunkten kann eine früh einsetzende Beratung zur beruflichen Neuorientierung dem Unternehmen Kosten sparen, wenn es Mitarbeitern gelingt, bereits vor Ablauf der Kündigungsfrist eine neue Tätigkeit aufzunehmen.

Voraussetzungen für die erfolgreiche Durchführung

Wichtigste Voraussetzung für die erfolgreiche Durchführung dieser Maßnahme ist die konstruktive Zusammenarbeit zwischen Geschäftsleitung, Personalabteilung, Betriebsrat und externer Beratungsgesellschaft. Von Projektbeginn an muss für alle Beteiligten deutlich sichtbar werden, dass das Unternehmen die betroffenen Mitarbeiter trotz der notwendigen Kündigungen unterstützen will und dass Geschäftsleitung und Betriebsrat voll hinter dem Projekt stehen.

Informationspolitik

Um dies zu gewährleisten, ist eine angemessene Informationspolitik für die Betroffenen von Projektbeginn an unumgänglich. Sobald die Trennungsmaßnahmen verhandelt sind, informieren Geschäftsleitung und Betriebsrat gemeinsam kontinuierlich die Betroffenen über Zielsetzung, Inhalt, Dauer und Beginn der unterstützenden Maßnahmen. Die externen Berater könnten im Rahmen einer Betriebsversammlung die einzelnen Maßnahmen noch ausführlicher darstellen. In vielen Unternehmen hat sich eine dafür herausgegebene Hauszeitung des Outplacement Centers (Newsletter) bewährt, in der durch die Verantwortlichen Termine, Themen, Stelleninfos und auch Erfolgsmeldungen beschrieben werden. Da Mitarbeiter unterschiedliche Medien nutzen, sollten neben dem Intranet, zu dem in vielen Unternehmen nicht alle Mitarbeiter Zugang haben, auch noch Aushänge an allen zugänglichen Orten organisiert werden. Dafür eignen sich erfahrungsgemäss die Eingänge der unterschiedlichen Betriebsstätten, Kantinen, schwarze Bretter vor der Personalabteilung oder der Abteilung Weiterbildung. Für die Akzeptanz und den Erfolg eines Outplacement Centers ist eine früh einsetzende und kontinuierliche Informationspolitik von wesentlicher Bedeutung.

Organisatorische Einbindung

Bereits zu Beginn der Planung einer Begleitmaßnahme sollte ein Beirat eingerichtet werden, der neben Entscheidungsträgern des Unternehmens auch mit externen Mitgliedern, etwa aus Verbänden, Politik oder Beratern mit unterschiedlichem Profil besetzt werden kann, um einen kontinuierlichen Informationsaustausch zu gewährleisten und die Maßnahme auch zu einem Bestandteil des Reputation Management des Unternehmens werden zu lassen. Wenn die Maßnahmen beschlossen sind, empfiehlt sich die Einrichtung einer Projektgruppe „Task Force Outplacement Center", die aus Verantwortlichen aus dem Unternehmen und den externen Beratern zusammengesetzt wird, um die operative Gesamtplanung und Durchführung abstimmen zu können. Diese Task Force ist für die Planung der gesamten Projektorganisation zuständig.

5.1. Planung des Inhouse Outplacement Centers

Grundsätzlich werden in dem betriebsinternen Outplacement Center alle Beratungsthemen angeboten, die bereits bei der Einzel- und der Gruppen-Outplacementberatung beschrieben wurden.[130] Als wichtiger Baustein bei größeren Abbaumaßnahmen kommen Aktivitäten hinzu, mit denen die Mitarbeiter, die nicht freigestellt sind und daher wenig Zeit zur Verfügung haben, bei der beruflichen Neuorientierung unterstützt werden können. Dazu gehören eine Stellenbörse und ein Vermittlungsbüro, Workshops zu bestimmten Themen und Informationsveranstaltungen mit dem Arbeitsamt, der BfA und anderen relevanten Institutionen.

Für die Planung eines maßgeschneiderten Outplacement Centers müssen vorab die Rahmenbedingungen eines derartigen Projekts geklärt werden, und zwar

- die Dauer des Outplacement Centers im Unternehmen,

- die Anzahl und Qualifikationsstruktur der betroffenen Mitarbeiter,

- die Bedingungen der Inanspruchnahme der Angebote durch die Mitarbeiter,

- die räumlichen Ressourcen des Unternehmens,

- die finanziellen Ressourcen des Unternehmens,

- die Anbindung des Gesamtprojektes im Unternehmen,

- die Organisation des Gesamtprojektes im Unternehmen,

- die Einbindung externer und/oder interner Berater,

- die Aufgabenteilung zwischen externen und internen Beratern,

- Informationspolitik und -maßnahmen.

---

[130] Vgl. Kapitel 3, S. 50 ff., Kapitel 4, S. 55 ff.

Workshop zur Konzeption und Vorbereitung der Gesamtmaßnahme

Bei einer langfristigen und umfangreichen Maßnahme bietet es sich an, unter der Moderation der Outplacementberaterin und den relevanten betrieblichen Akteuren einen eintägigen Workshop durchzuführen, in dem die einzelnen Maßnahmen ebenso wie Aufgabenteilung und Rahmenbedingungen diskutiert und festgelegt werden. Im Anschluss daran werden das Gesamtprojekt und die einzelnen Maßnahmen durch die externen Berater ausgearbeitet und in weiteren Abstimmungsprozessen endgültig verabschiedet. Wenn die Entscheidung gegen die Einbindung externer Berater ausfällt und das Gesamtprojekt mit eigenen Ressourcen umgesetzt werden soll, können wir ein Handbuch mit notwendigen Organisations- und Beratungsmaterialien erarbeiten und zur Verfügung stellen, beim Aufbau der Datenbanken unterstützen und die internen Berater schulen.

Infrastruktur des Outplacement Centers

Für das Outplacement Center werden Räume benötigt, die als Anlaufstelle für die von Kündigung bedrohten oder betroffenen Mitarbeiter und als Serviceräume für die Berater des internen Centers dienen. Abhängig von der Gesamtkonstellation des Abbauszenarios kann die räumliche Nähe oder Distanz zur Personalabteilung eine Rolle spielen. Sollen Mitarbeiter unterstützt werden, deren Kündigung ebenso wie der Termin des Ausscheidens aus dem Unternehmen feststeht, ist eine räumliche Nähe zur Personalabteilung unproblematisch. Anders sieht es aus, wenn keine betriebsbedingten Kündigungen ausgesprochen werden sollen und das Outplacement Center ein Bestandteil des Trennungspaketes ist, mit dem Mitarbeiter motiviert werden sollen, sich eine Perspektive außerhalb des Unternehmens zu suchen. In diesem Fall sollten die Räume des Outplacement Centers in großer räumlicher Entfernung von der Personalabteilung installiert werden, um den Mitarbeitern einen unkontrollierten Zugang zu den Angeboten zu ermöglichen. Die Räume müssen für alle Mitarbeiter leicht zugänglich sein; falls sie in unterschiedlichen Betriebsstätten arbeiten, können auch Sprechstunden oder Seminare vor Ort angeboten werden.

Die Erfahrung zeigt, dass Mitarbeiter befürchten, mit Nutzung der Angebote des Outplacement Centers bereits eine gewisse Bereitschaft zur Trennung zu signalisieren. Die Befürchtung geht dahin, dass die Personalabteilung oder auch die direkten Vorgesetzten diese Information bei der Auswahl derer, die bleiben oder gehen sollen, nutzen könnten. Es spielt in diesem Zusammenhang keine Rolle, ob diese Befürchtung den Tatsachen entspricht. In einer Situation, in der Mitarbeiter für eine vorzeitige Trennung gewonnen werden sollen, können derartige Befürchtungen den Erfolg der Maßnahme beeinträchtigen.

Abhängig von der Größe des Projektes wird mindestens ein Raum benötigt für die Servicemitarbeiter und ein Raum für die individuelle Beratung oder Kleingruppenarbeit. Der Serviceraum muss ausgestattet werden mit einem vernetzten Rechner mit Zugang zu dem Intranet des Unternehmens. Zwei weitere Rechner als Stand-Alone-Lösungen sollten einen Internetzugang ermöglichen. Wenn den Mitarbeitern, die das Angebot nutzen wollen, Vertraulichkeit zugesagt wird, muss gewährleistet werden, dass niemand außer den Servicemitarbeitern und den Beratern – auch nicht die Personalabteilung – Zugang zu den freiwillig gegebenen Daten hat.

Die weitere Infrastruktur sollte Drucker, Fax, Kopierer, Schreibtische, Schränke und Regale oder Schränke für Hängeregister umfassen. Stellwände für Stellenangebote und andere Informationen, ein bis zwei Sitzgruppen im Vorraum oder im Serviceraum. Ein PC mit begrenztem Internetzugang (Jobbörsen, SIS, ASIS etc.) in einem Vorraum ist hilfreich. Für den Beratungsraum sollte die übliche Ausstattung eines Seminarraums zur Verfügung stehen, die ergänzt werden muss durch mehrere Telefone mit Lautsprechfunktion.

Kooperationspartner

Um ein möglichst breit gefächertes Angebot für alle Mitarbeitergruppen zu haben, sollten Kooperationspartner in das Projekt geholt werden.

- Personalberater als Ansprechpartner für Fach- und Führungskräfte.

- Arbeitsvermittler und Zeitarbeitsfirmen, die diese Funktion für Mitarbeiter anderer Hierarchieebenen übernehmen.

- Das Arbeitsamt kann frühzeitig nützliche Informationen über Ansprüche, Qualifizierungsmöglichkeiten und Arbeitsplätze geben oder durch Sprechtage im Unternehmen Mitarbeitern Wege verkürzen.

- Die BfA kann vor Ort über Rentenansprüche informieren.

- Weiterbildungseinrichtungen können maßgeschneiderte Angebote für bestimmte Berufsgruppen oder neue Arbeitsfelder entwickeln.

- Kammern können ebenfalls über Angebote informieren oder neue Angebote entwickeln; sie können ebenfalls behilflich sein bei der Einschätzung oder Anerkennung betriebsinterner Abschlüsse.

- Vergabestellen für Fördermittel können das Unternehmen durch gemeinsame Projekte finanziell entlasten.

- Bürgschaftsbanken informieren bei Existenzgründungen u. v. a. m.

Da sich die Angebote und Interessen dieser Projektpartner teilweise überschneiden, muss die Projektleitung auf eine sorgfältige Planung und Abstimmung der unterschiedlichen Angebote achten. Wir haben die Erfahrung gemacht, dass die Klienten verunsichert bis frustriert aus einzelnen Veranstaltungen oder Beratungssituationen zurückkamen, weil sie sich teilweise überschneidende und vor allem widersprüchliche Informationen bekamen.

Eintägiger Projektworkshop mit Personalentwicklern und Mitarbeitern – Auswahl der internen Mitarbeiter

In einem Workshop unter Leitung der Outplacementberater wird ein Workshop durchgeführt, in dem die internen Personal- oder Projektverantwortlichkeiten mit Inhalt und Methode der Outplacementberatung vertraut gemacht, das Gesamtangebot für die Projektlaufzeit zusammengestellt und die Organisationsstruktur festgelegt wird. Nach meiner Erfahrung sollte bei externer Unterstützung der Personalleiter selbst die Projektleitung übernehmen, wenn man nicht zu viele Reibungsverluste und Anpassungsschwierigkeiten in der Folgezeit in Kauf nehmen will. Je höher das Projekt angesiedelt ist, desto größer die Erfolgschancen und desto geringer die Wahrscheinlichkeit, dass es zu ungewollten Konkurrenzen im Projekt kommt. Teilnehmer der Projektgruppe oder Task Force können neben der externen Beratungsgesellschaft Mitarbeiter der Personalabteilung, Vertreter des Betriebsrats und Vertreter der unterschiedlichen Bereiche im Unternehmen sein.

Wenn eine Projektform gewählt wird, bei der interne Berater allein oder in Kooperation mit dem Outplacementberater das Projekt managen sollen, ist eine sorgfältige Auswahl der internen Mitarbeiter notwendig. Die Praxis zeigt häufig, dass Mitarbeiter in dieses Projekt delegiert werden, die andernorts nicht mehr benötigt werden und die daher auch nicht immer über Motivation und entsprechende Qualifikation verfügen, die Mitarbeiter im internen Outplacement Center zu unterstützen.

Welche Mitarbeiter eignen sich für ein Outplacement Center?

Grundsätzlich empfiehlt es sich, Mitarbeiter auszuwählen, die Interesse an einem quer zu allen Hierarchien liegenden Projekt haben, die in der Lage sind, sich auf Mitarbeiter unterschiedlicher Hierarchieebenen einzustellen, die das Vertrauen anderer Mitarbeiter haben oder es gewinnen können, die über die Fähigkeit verfügen, auch im Unternehmen neue Wege zu beschreiten und die vor allem Begeisterungsfähigkeit zeigen, diesem Projekt und jedem einzelnen Mitarbeiter zum Erfolg zu verhelfen. Nicht sinnvoll ist es, diese Aufgaben an Mitarbeiter zu delegieren, die an anderer Stelle im Unternehmen nicht benötigt werden und die oft weder über die Eignung noch über die Neigung zu derartigen Aufgaben verfügen. Auch die internen Mitarbeiter des Outplacementprojektes müssen engagierte Menschen sein, denen es ein Anliegen ist, die Mitarbeiter für dieses Projekt zu gewinnen. Menschen, die ein solches Projekt verwalten und den Zugang zu den Maßnahmen kontrollieren wollen, sind an anderer Stelle im Unternehmen besser eingesetzt.

Ein Outplacementprojekt verlangt sehr viel Organisations- und Koordinationsarbeit. Meine Erfahrung in mehreren Großprojekten zeigt, dass Mitarbeiter, die diesen Aspekt aufgrund ihrer Motivationslage in den Vordergrund stellen, das interne Outplacement Center zu einem zweiten Arbeitsamt machen können, in dem das Ausfüllen von Formularen und das Einhalten von Sprechzeiten eine vorrangige Bedeutung bekommt.[131] Es spricht sehr viel für eine gute Organisation. Aber auch bei einem großangelegten Projekt muss immer wieder bedacht werden, dass der Haupterfolgsfaktor darin besteht, die Mitarbeiter zu motivieren. Das bedeutet, dass die Mitarbeiter jederzeit das Gefühl haben müssen, auch mit spontan auftretenden Problemen vorsprechen zu können. Es darf nicht nur ein funktionaler, sondern muss auch ein sozialer Ort sein, an dem verunsicherte Mitarbeiter sich gerne aufhalten und um Rat fragen.

Wer diesen Anspruch für zu weitgehend hält, sollte immer wieder bedenken, dass hier Mitarbeiter Unterstützung suchen und finden sollen, die sich in einer Situation weitgehender Verunsicherung befinden und sich freiwillig oder unfreiwillig aus einem bestehenden Arbeitsverhältnis auf den Arbeitsmarkt begeben sollen.

Wie sollte das Projekt starten?

Der Start dieses Projektes beginnt mit viel interner Öffentlichkeitsarbeit und der aktiven Unterstützung der Geschäftsleitung. Der Beginn kann im Rahmen einer Betriebsversammlung verkündet werden oder das Outplacement Center selbst lädt zu einer Einweihung oder einem Tag der offenen Tür ein.

Der erste Newsletter wird verteilt, worin noch einmal der Hintergrund des Projektes, der Begriff Outplacement und die Bedingungen der Inanspruchnahme erläutert werden. Unmittelbar nach der ersten Vorstellung müssen die Aktivitäten beginnen. Am besten erhalten die Mitarbeiter bereits zu diesem Zeitpunkt die Möglichkeit, sich für bestimmte Angebote einzutragen. Je schneller einzelne Mitarbeiter Erfahrungen mit der Arbeit des Outplacement Centers bekommen, desto schneller werden sie zu wichtigen Multiplikatoren, die zur Akzeptanz des Projektes beitragen.

Evaluation der Aktivitäten

Für die Personalabteilung, die in der Regel verantwortlich zeichnet für das Projekt, ist es wichtig, innerhalb des Unternehmens auf Erfolge verweisen zu können. Daher sollte von Beginn an ein Evaluationsinstrument entwickelt werden und bei größeren Projekten mindestens eine Person für die Projektevaluation verantwortlich sein. Mit den Evaluationsergebnissen kann frühzeitig sichtbar werden, welche Instrumente besonders gut greifen bzw. welche modifiziert werden müssen. Die Ergebnisse sind nicht nur intern

---

[131] Sonst kann es in den Vorräumen des Outplacement Centers ähnlich aussehen wie im Arbeitsamt: unglückliche, verlegene Menschen sitzen stumm vor den Beratungsräumen und warten darauf, aufgerufen zu werden.

als Legitimation wichtig, sondern vor allem für die Outplacementberatung selbst: Sie können anderen Mitarbeitern Mut machen, wenn erkennbar wird, dass über die Beratung erfolgreiche Vermittlungen stattgefunden haben.

Welche Größenordnung wird das Inhouse Outplacement Center haben?

Wenn mehr als 300 Mitarbeiter abgebaut werden müssen, lohnt sich ein Outplacement Center, das die ganze Woche über geöffnet ist. Es empfiehlt sich, einen Mitarbeiter für die Terminplanung und mindestens drei Personen für die Zeitungs- und Internetrecherche und die Arbeitsplatzakquisition vorzusehen. Wenn gleichzeitig auch Veranstaltungen, Kooperationen mit Weiterbildungsinstitutionen organisiert werden sollen oder ein Newsletter erstellt werden soll, werden zwei bis drei weitere Mitarbeiter im Outplacement Center nötig. Die Anwesenheit der externen Berater wird durch die Nachfrage geregelt: Nach meiner Erfahrung ist der Ansturm in den ersten zwei Monaten nach Verkündigung der Trennungsabsicht groß, auch abhängig von den Fristen, die durch Sprintprämien gesetzt werden. In dieser ersten Zeit wollen die Mitarbeiter alle angebotenen Seminare besuchen und nehmen im Anschluss daran die Sprechstunden wahr. Ab dem dritten Monat reichen i. d. Regel ein bis drei Seminare pro Monat und zwei bis drei Sprechtage die Woche. Je länger das Outplacement Center besteht, desto wichtiger wird es werden, neben einer anhaltenden Betreuung bei der Bewerbungskampagne das Interesse der Mitarbeiter durch interessante Veranstaltungen mit Firmen, Weiterbildungsinstitutionen, Franchisegebern und anderen Existenzgründern, erfolgreichen ehemaligen Kollegen oder Vorträgen über die Arbeitsmarkt- und Qualifikationsentwicklung wach zu halten.

Outplacement Center bei geringen Mitarbeiterzahlen

Bei geringeren Mitarbeiterzahlen nimmt der Bedarf an Beratung durch die externen Mitarbeiter ab, der Aufwand für Recherche und Stellenauswertung bleibt jedoch vergleichsweise hoch. Hier gibt es unterschiedliche Lösungen: Das Outplacement Center wird weitgehend an den Outplacementberater delegiert: Die Klienten können in die Räume der Outplacementberater kommen zur Beratung oder zu Seminaren und sie können vereinbaren, dass der Outplacementberater für die Assistenzaufgaben eigene Kapazitäten zur Verfügung stellt.

Hat ein Unternehmen nur zwei bis sechs Mitarbeiter, denen es eine Outplacementberatung mit infrastruktureller Unterstützung zur Verfügung stellen will, kann auch eine Verbundlösung sinnvoll sein. Die IHK oder die Handwerkskammer kann angesprochen werden, inwieweit eine Kooperation möglich ist. Es können Räume zur Verfügung gestellt werden und es wird möglicherweise ein Mitarbeiter der Kammer das Projekt begleiten. Die Kosten können auf mehrere Unternehmen verteilt und damit deutlich verringert werden. Oft sind die Kammern informiert über Unternehmen, die in einer

vergleichbaren Situation sind oder diese Information lässt sich über den Outplacementberater abrufen.

Inhouse Outplacement mit geringem Ressourceneinsatz

Auch mit geringen Ressourcen können die Vorteile einer Outplacementberatung mit
infrastruktureller Unterstützung genutzt werden. Es besteht die Möglichkeit, Mitarbeiter
des Unternehmens auszubilden und das Projekt in Eigenregie durchführen zu lassen.
Wir bieten in diesen Fällen an, ein Konzept für das Unternehmen zu machen, ein Handbuch mit allen benötigten Materialien zur Verfügung zu stellen, hinsichtlich der benötigten Infrastruktur zu beraten, die Mitarbeiter mit auszuwählen und in einem 2- bis 3-
tägigen Workshop grundlegendes Wissen zu vermitteln. Auch wenn die Beratung in
diesen Fällen naturgemäß eine andere Qualität haben wird – die anhaltende Unterstützung bei der Suche nach Stellenausschreibungen, die Kontaktaufnahme mit Firmen, die
möglicherweise Mitarbeiter aufnehmen können, das Schreiben von Bewerbungsunterlagen allein sind schon nicht zu unterschätzende Unterstützungsmaßnahmen für die betroffenen Mitarbeiter. Wichtig dabei ist es, engagierte Mitarbeiter dazu zu gewinnen, die
das Vertrauen ihrer Kollegen haben.

5. 2.   Aktivitäten und Angebote des Inhouse Outplacement Centers

Vorbereitung der Fachvorgesetzten für das Führen von Trennungsgesprächen [132]

Vorgesetzte sind häufig überfordert mit der Durchführung von Trennungsgesprächen,
da sie – anders als Personalverantwortliche – als Fachvorgesetzte über wenig Erfahrung
und Schulung in diesem Bereich verfügen. Unsere Erfahrung zeigt jedoch, dass die
Verarbeitung der Trennungssituation durch den Betroffenen wesentlich dadurch beein-
flusst wird, wie das Trennungsgespräch verlief. Je konstruktiver das Gespräch verlief,
desto weniger verbittert oder enttäuscht ist der gekündigte Mitarbeiter. Statt sich rück-
wärtsgewandt mit seiner Enttäuschung und Verbitterung zu beschäftigen, kann er Ener-
gien freisetzen und aktiv an der Gestaltung seiner Zukunft arbeiten. Oft wird die Übermittlung der Kündigung an die Personalleitung delegiert. Es ist jedoch für die Betroffenen wichtig und wird als solidarisch empfunden, wenn auch die „schlechte Botschaft"
von den Personen übermittelt wird, mit denen sie oft jahrelang Seite an Seite gearbeitet
haben. In ein- bis zweitägigen Workshops werden die Fachvorgesetzten über die Voraussetzungen für ein gelungenes Trennungsgespräch informiert und können sich in
Rollenspielen auf die Durchführung vorbereiten.

---

[132] Vgl. S. 116 ff.

Gruppen-Outplacementberatung [133]

Vorbereitung und Organisation

Im Outplacement Center wird Gruppen-Outplacementberatung angeboten. Wenn die Zugangsvoraussetzungen allen Mitarbeitern mitgeteilt wurden, kann die gesamte Organisation auch von den externen Beratern im Serviceraum abgewickelt werden. Es würde die Glaubwürdigkeit der Berater schwächen, wenn der Eindruck entstünde, dass sie selbst Einfluss auf den Zugang zu den Unterstützungsmassnahmen nähmen. Sie dürfen auch anschließend nicht verantwortlich gemacht werden können für Restriktionen oder gar die Kontrolle des Zugangs zu den Angeboten.

Die Information für die Mitarbeiter kann über das Intranet des Unternehmens laufen, über einen regelmäßig erscheinenden Newsletter, der an alle Mitarbeiter verteilt und an strategischen Punkten (z. B. Eingang zur Kantine, an einem oder mehreren Werkseingängen) ausgelegt oder über direkte Mailings an alle oder an ausgewählte Mitarbeiter verschickt wird. Es muss geklärt werden, wie eine sinnvolle Gruppenzusammensetzung gewährleistet werden kann und welche Dauer zwischen Anmeldung und Gruppenberatung höchstens liegen darf.

Inhalte und Dauer

Die konkreten Inhalte der Gruppenberatungen werden in Absprache mit dem Unternehmen auf die Vorerfahrungen und die Qualifikation der Teilnehmer zugeschnitten. Gerade im gewerblichen Bereich – abhängig von Alter und Qualifikationsniveau – müssen Gruppenberatungen mit einer sehr kleinen Teilnehmerzahl und sehr praxisorientiert konzipiert werden. Ebenso wichtig ist es, dass sie im Anschluss an die Gruppenberatung bei der Umsetzung der darauf folgenden Schritte weiterhin „an die Hand genommen" werden und nicht mit ihrem Problem allein gelassen werden.

Zumeist wird eine Seminardauer von zwei Tagen mit einem Nachfolgetag vereinbart, bei dem Vorstellungsgespräche geübt und die in der Zwischenzeit angefertigten Unterlagen überprüft werden. In einem Unternehmen mit einem hohen Anteil an gewerblichen Mitarbeitern haben wir vierstündige Module konzipiert, in denen die einzelnen Themen der Outplacementberatung vermittelt wurden. Da die Teilnehmer häufig Schicht arbeiteten und wenig Seminarerfahrung hatten, kam ihnen diese Form sehr entgegen. Ein Nebeneffekt war, dass die Teilnehmer durch den Besuch unterschiedlicher Module unterschiedliche Vorerfahrungen hatten und sehr schnell anfingen, sich gegenseitig zu coachen und ihr eigenes Wissen oder auch die Erfahrungen mit der Umsetzung am Markt an die anderen Teilnehmer weiterzugeben. Das führte zu einer hohen Motivation der Klienten und verstärkte die Glaubwürdigkeit von uns Beraterinnen, weil

---

[133] Vgl. Kapitel 4, S. 55 ff.

sich die Kollegen untereinander berichten konnten, dass unsere Ratschläge in der Praxis Erfolg zeigten.

Musterunterlagen für die Bewerbung

Alle Klienten erhalten einen Organisationsordner mit Musterunterlagen, Arbeitsblättern, Dokumenten, Adressen und Literaturhinweisen, um die Umsetzung der Beratungsinhalte bei der individuellen Bearbeitung zu erleichtern. Dieser Ordner wird später zur Basis des individuellen Projektmanagements der Bewerbungskampagne. In vielen Fällen ergänzen wir diese Grundausstattung durch eine Diskette oder eine CD mit Musterlebensläufen, Anschreiben, Recherchehinweisen etc. Neue und interessante Musterunterlagen, aktuelle Informationen etc. liegen im Vorraum des Outplacement Centers für die Teilnehmer aus.

Schreibservice

Vor allem in Unternehmen mit vorwiegend gewerblichen Mitarbeitern sollte ein Schreibservice angeboten werden zur Erstellung von Bewerbungsunterlagen. Je nach Qualifikationsgrad oder Wunsch der Klienten können diese Unterlagen in einer Sprechstunde gemeinsam mit dem Klienten erstellt werden oder die Klienten bringen veraltete Unterlagen mit, ergänzen vorab weitere Informationen in einem Formblatt und die Servicemitarbeiter überarbeiten diese Unterlagen. Auch wenn dieser Service sehr weitgehend erscheint, zeigt die Erfahrung, dass die Anfertigung von Bewerbungsunterlagen vor allem für Personen, die aufgrund ihrer Aufgabe im Unternehmen wenig Übung im Formulieren von Texten und keine Schreibübung am PC haben, eine deutliche Hürde für den Beginn der Bewerbungsaktivitäten sein kann.

„Mitarbeiterkatalog"

Besonders sinnvoll ist dieser Service, wenn über die individuellen Unterlagen hinaus Kurzlebensläufe, Musterbiografien oder ein gesamter „Mitarbeiterkatalog" für die direkte Vermittlung von Arbeitskräften an kooperierenden Unternehmen geplant ist. Wir haben die Erfahrung gemacht, dass es nützlich sein kann, wenn Unternehmen, die für die Abnahme von Mitarbeitern gewonnen werden sollen, einen Katalog erhalten, der sie über die vorhandenen Qualifikationen der Mitarbeiter des entsendenden Unternehmens informiert. Ob allgemein die vorhandenen Qualifikationen gebündelt dargestellt, Musterlebensläufe gesammelt oder Mitarbeitergruppen sich mit ihren aktuellen Lebensläufen und Foto darstellen können, muss gemeinsam mit den betroffenen Mitarbeitern entschieden werden.

Individuelle Beratung

Neben der Gruppenberatung sollte auch eine individuelle Beratung angeboten werden. Begonnen wird mit einer formalisierten Eingangsberatung, in der bereits möglichst umfassend die Situation des Klienten erhoben wird: Persönliche Daten, Qualifikationsniveau, Weiterbildungen, Berufserfahrungen, Zusatzkenntnisse, berufliche Zielsetzung, Unterstützungsbedarf. Der Berater nutzt dabei ein auf die Situation des Unternehmens zugeschnittenes Formblatt. Die Klienten werden vorab darauf hingewiesen, dass diese Informationen der zielgenauen Beratung dienen, dass sie jedoch auch ohne diese Informationen beraten werden. Ihre Zustimmung zur Speicherung dieser Daten muss auf einem gesonderten Formular eingeholt werden. Diese erste Beratung hat zum einen das Ziel, sinnvolle Empfehlungen für die Wahl der entsprechenden Angebote auszusprechen. Ebenso wichtig für den Erfolg ist es, dass durch diesen ersten Kontakt Vertrauen zu den Beratern aufgebaut wird und unrealistische Erwartungen an das Angebot und die Möglichkeiten der Outplacementberatung korrigiert werden können.

Nach der Eingangsberatung und den Gruppen-Outplacementberatungen wird im Rahmen von Sprechtagen der Prozess der Umsetzung zeitnah und problemorientiert begleitet: Aktuelle Probleme werden angesprochen, Unterlagen angepasst, Vorstellungsgespräche geübt, Zielsetzungen korrigiert und in Phasen des Misserfolgs können die Beraterinnen die Motivation wieder aufbauen. Diese Sprechstunden haben auch die soziale Funktion, Mitarbeitern in einer schwierigen Situation immer wieder Mut zu machen und die durch Seminare geweckte Veränderungsbereitschaft wach zu halten. Stehen mehrere Beraterinnen zur Verfügung, sollten von allen Sprechstunden angeboten werden, damit die Kontinuität der Bezugsperson und der Beratungsstrategie gesichert ist. Dieses Thema ist besonders wichtig, wenn die Beratung sowohl durch interne als auch durch externe Beraterinnen erfolgt. Wir haben schlechte Erfahrungen damit gemacht, wenn die Mitarbeiter durch stark abweichende Ratschläge der unterschiedlichen Beratergruppen verunsichert wurden. Wenn diese Beratungsform gewählt wird, sollten die externen Beraterinnen regelmäßig eine interne Schulung zur Vereinheitlichung des Beratungsansatzes durchführen.

Themenorientierte Kurzworkshops

Als Zusatzangebot zu den Seminaren sollten kurze Workshops angeboten werden. Die Themen können sich an den Modulen der Outplacementberatung orientieren und diese vertiefen, nachdem die Klienten bereits in der Praxis Erfahrungen gesammelt haben. Es könnten aber auch gezielte Strategien für eine bestimmte Zielgruppe erarbeitet werden, etwa Suchstrategien für Sekretärinnen oder die Ansprache von Handwerksbetrieben für Mitarbeiter, die langjährige Erfahrungen mit bestimmten Tätigkeiten haben, aber nicht die heute erforderliche formale Qualifikation besitzen. Es können Vorstellungsgespräche mit Videounterstützung oder auch der souveräne Umgang mit Assessment Centers geübt werden.

Informationsveranstaltungen

Sehr hilfreich für Klienten in der Neuorientierung sind Informationsveranstaltungen, in denen Experten über Berufsbilder berichten, über Existenzgründungen, Franchising und Fördermittel, über Arbeitsmarktchancen in bestimmten Bereichen und Unternehmen oder über Zusatzqualifizierungen, die den Übergang in ein neues Berufsfeld erleichtern können. Besonders erfolgreich und motivierend sind „Success Stories", bei denen ehemalige Mitarbeiter von ihren erfolgreichen Bewerbungskampagnen berichten.

Hierzu zählen auch Informationsveranstaltungen mit dem Arbeitsamt, der BfA oder den Krankenkassen, die den Mitarbeitern einen schnellen Zugang zu bestimmten Informationen erleichtern, ohne dass einzeln zu den Sprechstunden dieser Institutionen gegangen werden muss. Abhängig von der Situation kann auch eine Kooperation mit dem Arbeitsamt und der BfA erwogen werden, die sich für Einzelsprechstunden zur Verfügung stellen, um den Klienten zeitsparend die Möglichkeit zu einer individuellen Beratung zu geben.

Aufbereitung von Stellenangeboten

Ein wichtiger Service ist die tägliche Auswertung von Stellenangeboten aus regionalen und überregionalen Zeitungen und dem Internet. Der immer wieder gehörte Einwand, jeder Arbeitsuchende könne selbst die für ihn relevanten Stellenanzeigen heraussuchen, kann leicht entkräftet werden durch die enorme Informationsflut, die es dabei zu bewältigen gilt, die Kosten, die damit verbunden sind und die Zeit, die gerade noch berufstätige Klienten dabei sparen können, um sich stärker auf die eigentlichen Bewerbungsaktivitäten konzentrieren zu können. Um sinnvoll recherchieren zu können, müssen die Servicemitarbeiter einerseits ein sorgfältiges Briefing hinsichtlich der vorhandenen Qualifikationen der Mitarbeiter erhalten. Zum anderen sollten sie sorgfältig in die Analyse von Stellenanzeigen eingeführt werden, damit die Treffsicherheit bei der Auswahl für die Klienten erhöht wird.

Die ausgewählten Stellen müssen den Klienten zugänglich gemacht werden. Dies kann über den Newsletter des Outplacement Centers geschehen, über das Intranet oder über regelmäßige Aushänge an stark frequentierten Stellen im Unternehmen oder auf dem Betriebsgelände. Die Recherche nach aktuellen Stellen und die Aktualisierung des Aushangs ist äußerst arbeitsintensiv. Ohne regelmäßige Pflege und Kontrolle des Aushangs und der Verteilung ist die investierte Arbeit wertlos. Gerade für diese Arbeit müssen keine externen Beraterinnen hinzugezogen werden. Bei der Gesamtkonzeption des Outplacement Centers sollte überlegt werden, inwieweit Mitarbeiter zur Verfügung stehen, (Werk-)Studenten eingearbeitet und herangezogen werden können oder ein interessantes Projekt für die Auszubildenden des Unternehmens daraus gemacht werden kann.

Akquisition von Arbeitsplätzen

Über die Recherche nach ausgeschriebenen Stellen in Printmedien und Internet hinaus kann das Unternehmen aktiv an andere Unternehmen herantreten und sie um Kooperation bitten. Es empfiehlt sich, nach Auswahl geeigneter Unternehmen einen Akquisitionsbrief durch die Geschäftsleitung an diese Unternehmen zu schicken. In diesem Brief sollte auf die Möglichkeit hingewiesen werden, wie sinnvoll eine solche Kooperation für alle beteiligten Unternehmen sein kann und dass auf diesem Weg für das potenziell aufnehmende Unternehmen die Möglichkeit besteht, kostenlos aus einem Pool von qualifizierten Mitarbeitern zu wählen, ohne Arbeitsvermittler oder Personalberater in Anspruch zu nehmen.

Um keine falschen Erwartungen zu wecken, sollte darauf hingewiesen werden, dass mit diesem Vorgehen nicht die Funktion einer Personalberatung übernommen wird. Den Unternehmen wird damit ausschließlich die Möglichkeit eröffnet, aus einem Pool von Bewerbern kurzfristig und unverbindlich auswählen zu können, ohne von Anfang an den Weg einer Stellenausschreibung gehen zu müssen. Wer die Kosten formalisierter Ausschreibungen kennt, weiß, dass Unternehmen durchaus den Vorteil eines derartigen Angebots zu schätzen wissen, da hier ohne großen Aufwand der Zugang zu potenziellen Mitarbeitern ermöglicht wird. Es macht Sinn, die Akquisition noch durch Kurzlebensläufe – ausschließlich bei Einverständnis der Mitarbeiter – zu unterstützen, um für das aufnehmende Unternehmen die Vorauswahl so unkompliziert wie möglich zu machen. Die Akquisition neuer Stellen ist sehr arbeitsintensiv, nimmt aber den Mitarbeitern teilweise die heute notwendige Rasterfahndung auf dem Arbeitsmarkt ab.

Nicht jeder interne Mitarbeiter oder Student eignet sich für diese Form der Akquisition. Eine sorgfältige Auswahl und Schulung geeigneter Akquisiteure durch die Projektleitung ist notwendig, da die dafür ausgewählten Personen nicht nur die Mitarbeiter unterstützen sollen, sondern auch den Ruf des Unternehmens nach außen beeinflussen. Die Suche nach offenen Stellen oder künftigen Vakanzen in anderen Unternehmen kann dabei für das suchende Unternehmen über die aktuelle Situation des Personalabbaus hinaus wichtig sein. Kooperationen zwischen Personalabteilungen können aufgebaut werden und einen durchaus sinnvollen Transfer von Mitarbeitern unterstützen. Damit kann es durchaus sinnvoll sein, eine derartige Funktion dauerhaft in die Personalabteilung zu integrieren.

Klienten- und Firmendatenbank

Abhängig von der Größe des Unternehmens und der Anzahl der zu betreuenden Mitarbeiter empfiehlt es sich, eine Klientendatenbank aufzubauen. Dieses Thema muss in Abstimmung mit dem Betriebsrat geklärt werden, um mögliche Irritationen zu vermeiden. Auf die notwendige Zustimmung der Klienten habe ich bereits hingewiesen. Insbesondere wenn die Beratung vorwiegend von Externen durchgeführt wird, sollte keinesfalls auf bestehende Datenbanken der Personalabteilung zurückgegriffen werden. Auch wenn das Argument der Praktikabilität hier häufig ins Feld geführt wird, kann eine solche Möglichkeit das Vertrauen der Klienten zu den externen Beraterinnen beeinträchtigen. Um zwischen Klienten und Beratern ein größtmögliches Vertrauen aufzubauen, müssen die Klienten sicher sein können, dass die Berater nur Informationen erhalten, die von den Klienten freiwillig und von ihnen persönlich gegeben werden. Der Hinweis, dass es technisch möglich ist, den Beratern des Outplacement Centers nur Zugriff auf bestimmte Daten zu ermöglichen, verkennt die Einstellung vieler Menschen zur Datenverarbeitung. Es wird nicht wirklich geglaubt, dass ein solches Vorgehen den Zugriff auf andere Daten verhindert, so dass bereits aus psychologischen Gründen eine strikte Trennung zwischen der Datenbank des Outplacement Centers und derjenigen der Personalabteilung geboten ist.

Ein weiteres Argument für den Aufbau einer getrennten Klientendatenbank liegt im Aufbau von Personaldatenbanken selbst. I. d. R ist nicht davon auszugehen, dass die für die berufliche Neuorientierung erforderlichen Daten sich mit den Informationen decken, die für die Personalbetreuung wichtig sind. Entsprechend dazu muss zur Unterstützung der Akquisition eine Firmendatenbank aufgebaut werden, in der alle relevanten Informationen über den erhobenen Bedarf der kontaktierten Firmen, die Kontaktpersonen und mögliche Einschränkungen eingegeben werden.

Datenbanken ersetzen – leider – niemals persönliche Aktivitäten

Auch wenn diese beiden Datenbanken für die reibungslose Arbeit eines Outplacement Centers unverzichtbar sind, sollten auch die Grenzen dieser Datenbanken realistisch gesehen werden. Der häufig geäußerte Wunsch, durch eine detaillierte Eingabe aller Daten von Klienten und Firmen ein effizientes Matchmaking-Instrument zu erhalten, wird sich in der Praxis nicht erfüllen. In diesem Zusammenhang sei – ohne Kritik an der engagierten Arbeit vieler Arbeitsvermittler des Arbeitsamtes – darauf hingewiesen, dass diese Institution bereits seit Jahren ohne allzu viel Erfolg mit dieser Möglichkeit arbeitet.

Es widerspricht gerade den Erfahrungen erfolgreicher Outplacementberatung, Berufsbiografien auf der einen Seite und betriebliche Anforderungen auf der anderen Seite so weit zu formalisieren, dass ein Abgleich ohne Probleme möglich ist. Genau diese Herangehensweise, die durchaus auch in Unternehmen angewandt wird, führt dazu, dass Personen mit nicht stromlinienförmigen Berufsverläufen als nicht passend eingestuft werden. Wird etwa für eine Personalabteilung ein Mitarbeiter mit einem psychologischen oder betriebswirtschaftlichen Abschluss gesucht, fallen Bewerber mit einem Diplom in Soziologie, ehemalige katholische Priester oder Personen mit einem Abschluss in Design durch.[134] Der damit einhergehende Ausschluss bestimmter Personen ist nicht nur für die betroffenen Bewerber ein Verlust. Die Empfehlung der Outplacementberaterin geht immer dahin, individuell jeden Fall gemeinsam mit dem Unternehmen zu prü-

---

[134] Ich habe sehr erfolgreiche Personalleiter kennen gelernt, die über eben diese nicht stromlinienförmigen Abschlüsse verfügen.

fen und zu sehen, ob auch Menschen ohne die erforderlichen formalisierten Voraussetzungen eine Aufgabe erfolgreich bewältigen können. Die Datenbanken unterstützen den Neuorientierungsprozess, ersetzen aber nicht eine individuelle Betrachtung jedes Einzelfalles, eine persönliche Ansprache und Verhandlung zwischen den Akteuren auf dem Arbeitsmarkt.

Qualifizierungsmaßnahmen

In Zusammenarbeit mit der Personalentwicklung und externen Weiterbildungsanbietern können Qualifizierungsmaßnahmen entwickelt und durchgeführt werden. Dazu gilt es, die Voraussetzungen zu klären, den Qualifikationsbedarf und die Qualifikationswünsche der Betroffenen zu erheben sowie angemessene Kurzmaßnahmen oder auch Umschulungen zu entwickeln. Es ist dringend zu empfehlen, hierzu sorgfältig Informationen bei Experten einzuholen. Nach meiner Erfahrung besteht auf der Seite der Mitarbeiter ein großes Qualifikationsbedürfnis, weil angenommen wird, dass damit die Chancen auf dem Arbeitsmarkt erhöht werden. Häufig ist nicht ausreichend geklärt, ob diese Qualifikationen künftig auch nachgefragt werden und ob die Personen, die diese Qualifizierung durchlaufen, damit eine erhöhte Chance auf dem Arbeitsmarkt haben werden. Inwieweit eine Qualifizierungsmaßnahme Sinn macht, sollte immer sorgfältig auf den Einzelfall abgestimmt werden. Oft wird auch die Qualifizierungsmaßnahme vor Bewerbungsaktivitäten bevorzugt, weil es einfacher zu sein scheint, wieder etwas zu lernen, als sich der oft mühseligen und mit vielen Misserfolgen verbundenen Aktivität des Bewerbens zu widmen.

Wenn aber der Grund für die Kündigung oder den Personalabbau nicht in der unzureichenden oder falschen Qualifikation des Bewerbers liegt, sondern auf unternehmensstrategische Überlegungen zurückzuführen ist, dann kann auch eine Qualifizierung nicht unmittelbar den gewünschten Erfolg bringen. Die Erwartung der Teilnehmer derartiger Maßnahmen, dass sich nach Abschluss automatisch ein neuer Arbeitsplatz anbietet, erfüllt sich nie. I. d. R. stehen sie dann vor den gleichen Problemen wie vor der Weiterbildung: Sie müssen sich bewerben. Daher sollte vorab immer sorgfältig geprüft werden, ob eine Weiterbildung notwendig und sinnvoll ist und parallel eine intensive Unterstützung bei der Suche nach einem Arbeitsplatz angeboten werden.

Eine Möglichkeit, das Unternehmen kostenmäßig zu entlasten, kann sich über Modellprojekte zur Qualifizierung oder Umschulung ergeben, die etwa durch Co-Finanzierung von EU, Ministerien und Senat gefördert werden, aber auch durch Qualifizierungsmaßnahmen der Bundesanstalt für Arbeit.

5.3.   Internes Marketing / Informationspolitik

Die Führungskräfte für das Projekt gewinnen

Wie viele Entscheidungen des oberen Managements müssen auch das Outplacement Center und seine Aktivitäten intern „verkauft" werden. Es wurde bereits darauf hingewiesen, dass die Entscheidung zum Personalabbau aus durchaus nachvollziehbaren Gründen nicht von allen Führungskräften geteilt wird. Die Hintergründe für die Ablehnung der Outplacementaktivitäten können unterschiedliche sein. In vielen Fällen hat sich die Arbeitsbelastung in den Abteilungen bereits durch die Personalreduzierung intensiviert, so dass die weiteren Anstrengungen, Mitarbeiter zur Neuorientierung zu motivieren, nicht immer positiv gesehen werden. Das kann sich negativ auswirken auf die Bewilligung von Abwesenheiten vom Arbeitsplatz für Beratungs- oder Bewerbungsaktivitäten, was wiederum zur Verärgerung der Mitarbeiter führt, die von anderer Seite hören, dass sie die Angebote aktiv in Anspruch nehmen sollen. Hintergrund für den Wunsch nach einer restriktiven Handhabung von Zeiten für die Neuorientierung ist oft die Annahme, dass eine Bewilligung von etwa fünf Vorstellungsgesprächen während der Arbeitszeit, ohne dass dies als Fehlzeit geführt wird, ausreichend sei. In anderen Fällen wird bemängelt, dass die Bereichsleiter nicht früher in die Gestaltung des Trennungsszenarios einbezogen wurden, wieder andere sind der Überzeugung, dass ganz andere Maßnahmen hätten ergriffen werden müssen.

Wenn das Projekt „Outplacement Center" erfolgreich implementiert werden soll, müssen über interne Marketingmaßnahmen wichtige betriebliche Akteure zusätzlich zu der Geschäftsleitung und Personalabteilung gewonnen werden. Eine gute Möglichkeit zur Gewinnung interner Kooperationspartner ist die Einbeziehung einzelner Bereichsleiter und des Betriebsrats in den Beirat oder die Task Force des Outplacement Center-Projektes. Damit ist die Verbreitung der Anliegen des Projektes und der Aktivitäten gewährleistet. Auch können Führungskräfte den Projektmitarbeitern über die Störungen durch die Projektaktivitäten im betrieblichen Alltag berichten und die Projektmitarbeiter wiederum auf Befindlichkeiten und Ängste der Mitarbeiter hinweisen. Nach meiner Erfahrung in großen Projekten entstehen diese Probleme selten aufgrund von grundsätzlich gegenseitigen Auffassungen, sondern aufgrund mangelnder Information und Einbeziehung aller am Prozess Beteiligten.

Die Erfahrung hat auch gezeigt, dass ein Kurzseminar mit ausgewählten Führungskräften nicht nur dazu führt, dass die Methode überzeugend vertreten werden kann, sondern dass verdeutlicht wird, wie viel Zeit die berufliche Neuorientierung in der Umsetzung kostet. Darüber hinaus sollten die Projektleiter oder externen Berater von Zeit zu Zeit Einzeltermine mit den Führungskräften wahrnehmen, in denen aus dem Projekt berichtet werden kann, Anliegen der Mitarbeiter vermittelt werden können und vor allem immer wieder für die Unterstützung des Projektes geworben werden kann.

Die Mitarbeiter für das Projekt gewinnen

Erfahrungsgemäß stehen auch die Mitarbeiter dem Projekt anfänglich misstrauisch oder wenig interessiert gegenüber. Gut bewährt haben sich in diesem Zusammenhang Präsentationen des Projektes in den einzelnen Abteilungen („Roadshows"), die gemeinsam von externen Beratern und einem Mitglied der Personalabteilung bestritten werden können. Die besten Teilnahmeerfolge haben wir immer dann erzielt, wenn über die Informationen der Geschäftsleitung, des Betriebsrates oder der Personalabteilung hinaus der Niederlassungs- oder Bereichsleiter uns zu einer Präsentation eingeladen hat. Mit einführenden Worten des Bereichsleiters, einem Vortrag durch uns und anschließender Diskussion wurde den Mitarbeitern die Ernsthaftigkeit der Maßnahme und die Unterstützung durch den Vorgesetzten glaubhaft gemacht. Nach unserer Erfahrung wurden in diesen Abteilungen oder Niederlassungen auch im Anschluss daran die besten Erfolge bei der Umsetzung der Gesamtmaßnahme erzielt.

Newsletter

Zum Start des Projektes wird ein Newsletter herausgegeben. Ob dieser Newsletter in die bestehende Betriebszeitung integriert wird, nur als Intranet-Information besteht oder ob ein neues Medium dafür entworfen wird, sollte mit allen Beteiligten diskutiert werden. Hier können Mitarbeiter der Abteilung Öffentlichkeitsarbeit durch Einbeziehung etwa in die Task Force zum wichtigen Multiplikator des Projektes werden. Der Newsletter sollte immer wieder über neue Angebote und Termine oder auch erste Erfolge von Mitarbeitern auf dem externen Arbeitsmarkt berichten. Mit Informationen über Stellenangebote, neue Berufsausbildungen und Weiterbildungsmöglichkeiten kann der Outplacement Newsletter zu einem für alle Mitarbeiter interessanten Informationsmedium gemacht werden.

Der beste Newsletter nützt wenig, wenn keine optimale Verteilung an alle Mitarbeiter gewährleistet werden kann. In den Projekten beschweren sich die Mitarbeiter immer wieder darüber, dass die Newsletter im Abteilungssekretariat versandeten, dass zu wenig Exemplare existierten, dass die Neuauflage zu spät in den Niederlassungen ankäme oder dass die zuständige Person die Verteilung restriktiv handhabe. Auch das ist immer ein Zeichen dafür, welche Bedeutung das Gesamtprojekt für diese Abteilung hat und wie stark die jeweilige Führungskraft hinter der Maßnahme steht. Es gehört zu den Aufgaben der Outplacementberaterinnen, diese Missstände immer wieder in der Task Force bzw. im Beirat anzusprechen oder durch Gespräche die einzelnen Führungskräfte für das Projekt zu gewinnen. Gute Erfahrungen haben wir damit gemacht, einzelne hochmotivierte und von der Outplacementberatung überzeugte Teilnehmer der Seminare dafür zu gewinnen, zum „Botschafter" des Outplacement Centers in der eigenen Abteilung zu werden. Sie können dafür sorgen, dass die Newsletter verteilt werden, immer wieder auf die Stellenaushänge hinweisen und über positive Erfahrungen mit unserer Beratung berichten.

5.4 Rolle und Aufgabe der Outplacementberaterinnen

Aufgabenteilung zwischen Personalabteilung und Outplacementberatern

Die Personalabteilung muss eine Entscheidung treffen, inwieweit sie dieses Outplacement Center aus eigenen Personalressourcen konzipieren, organisieren und betreiben kann, ob sie mit externen Beratern kooperieren sollte oder das Outplacement Center sogar vollständig über externe Berater betreiben lässt. Dies ist einerseits eine Frage der personellen Ressourcen, andererseits aber auch eine Frage des Know-how. Oft verfügt die Personalabteilung zumindest ad hoc nicht unmittelbar über die entsprechenden personellen Ressourcen, so dass externe Beraterinnen zeitweilig bestimmte Aufgaben effizient und kostengünstig übernehmen können. Beraterinnen, die Erfahrung mit der Konzeption und der Organisation eines Outplacement Centers haben, sind zumindest in der Phase von Konzeption und Planung eine wichtige Unterstützung. Bestimmte Aufgaben können nach einer kurzen Einweisung ebenso effizient von Mitarbeitern des Unternehmens übernommen werden.

Für die eigentliche Outplacementberatung gilt nach meiner Erfahrung, dass diese sensible Form der Beratung möglichst von Externen geleistet werden sollte, die in keiner hierarchischen Über- oder Unterordnung zu den Klienten stehen, sie nicht aus dem Berufsalltag kennen und die aus der Sicht der Mitarbeiter eher gewährleisten können, dass keine Informationen aus dem Outplacement Center in das Unternehmen gelangen. Wenn den Mitarbeitern und der Geschäftsleitung deutlich gemacht wird, dass die Personalabteilung diese Aufgaben aus Kosten- und Effizienzgründen an externe Beraterinnen vergibt, ist damit in keiner Weise ein Kompetenzverlust der Personalabteilung verbunden.

Beziehung zwischen internen und externen Beratern

Die Klärung der Aufgabenverteilung im Outplacement Center zwischen Externen und Internen ist für die Beziehung zwischen Personalabteilung und externen Beratern und damit für den Erfolg des Gesamtprojektes äußerst wichtig. Die Erfahrung zeigt, dass es gerade bei Outplacementmaßnahmen innerhalb des Unternehmens zu Konkurrenzen zwischen Personalverantwortlichen und externen Beraterinnen kommen kann. Hintergrund ist, dass Outplacementberatung aus der Sicht der Personalfachleute in ihr ureigenstes Aufgabengebiet eingreift. Diese Konkurrenz entsteht zumeist weniger zwischen der Personalleitung und den externen Beratern, sondern zwischen den nachgeordneten Personalreferenten und den Beratern. Outplacementberaterinnen sind Spezialisten auf einem Feld, dass aus der Sicht mancher Personalfachleute eindeutig zu ihrem Kompetenzportfolio gehört. Die Anwesenheit der Outplacementberaterinnen kann als Kritik an ihren eigenen Fähigkeiten interpretiert werden. Oft haben Personalreferenten abweichende Meinungen zu vielen Themen des Bewerbungsprozesses und halten häufig gerade ihre Kenntnis der Mitarbeiter über lange Jahre hinweg für einen wesentlichen Vorteil gegenüber der externen Beraterin. Demgegenüber schätzen Mitarbeiter das Wissen der Personalabteilung hinsichtlich Outplacement oft geringer ein, als das der externen Beraterinnen. Diese mögliche Konkurrenz muss im Interesse des Projekterfolgs gesehen und von Beginn an verhindert werden.

Mit dem deutlichen Hinweis, dass die Personalabteilung die externe Beratung hinzugezogen hat, um dadurch die Mitarbeiter schnell und erfolgreich unterstützen zu können, kann die Personalabteilung intern noch an Image gewinnen. Begibt sie sich hingegen in Konkurrenz zu der externen Beratung, wird sie bei den Mitarbeitern nur wenige Pluspunkte sammeln können: Aus unserer Aufgabenstellung heraus ist es für uns Outplacementberaterinnen leicht, das Vertrauen der Mitarbeiter zu gewinnen – da der Kontakt zu ihnen ausschließlich in einer zugewandten und unterstützenden Form stattfindet. Das sieht für die Personalabteilung anders aus: Aus ihrer Aufgabenstellung heraus ergeben sich in dieser speziellen Situation durchaus auch weniger angenehme Kontakte zu den Mitarbeitern.

Berater als Unternehmen im Unternehmen

Vor allem, wenn sich eine Maßnahme über lange Zeit hinzieht, kann es dazu kommen, dass die Outplacementberaterinnen zu einem Unternehmen im Unternehmen werden, und das vor allem, wenn sie die direkte Unterstützung der Geschäftsleitung haben. Das kann dazu führen, dass die Outplacementberaterinnen schneller den Zugang zu Ressourcen haben, als es üblicherweise im Unternehmen der Fall ist. Sie können über Hierarchiegrenzen hinweg Personen ansprechen, zu denen zumindest die Ebene der Personalreferenten nicht immer einen direkten Zugang hat. Diese möglichen Konflikte sollten durch Supervision und offene Ansprache und eine integrierende Moderation der Beraterinnen möglichst gering gehalten werden.

Rollen- und Interessenkonflikte

Ein weiterer Rollenkonflikt zwischen Outplacementberatern und Personalabteilung kann dadurch entstehen, dass die Personalabteilung vor allem die Interessen des Unternehmens im Auge haben muss, während die Outplacementberaterin – selbstverständlich unter Wahrung der Interessen des Unternehmens – sich vor allem den Klienten verpflichtet fühlt. Auch für die Outplacementberaterin selbst kann dies zu einem Spagat werden: Als Unternehmensberaterin muss sie das Unternehmen dahingehend beraten, wie der Personalabbau konfliktarm gestaltet werden kann. Als Coach müssen für sie die Ängste, Sorgen und perspektivischen Interessen des einzelnen Mitarbeiters an erster Stelle stehen.

Es ist wichtig, diese möglichen Konflikte von Beginn an anzusprechen und einen fairen und verständnisvollen gegenseitigen Umgang damit zu vereinbaren. Sinnvoll ist es, wenn von Zeit zu Zeit eine Supervision vereinbart wird. Je besser die Zusammenarbeit zwischen den Verantwortlichen für das Outplacement Center gelingt, desto mehr wird die Beratung selbst und auch das Image der Personalabteilung davon profitieren. Die Personalabteilung muss klar im Unternehmen kommunizieren, dass sie sich das Know-how der Outplacementberaterin einkauft, weil die Personalabteilung im Interesse der Mitarbeiter zu diesem Zeitpunkt vorrangig mit anderen nicht nach außen abzugebenden Aufgaben beschäftigt ist. Es wird mit Sicherheit positiv von den Mitarbeitern aufgenommen, wenn kommuniziert wird, dass man sich dazu entschieden hat, den Mitarbeitern externe Vertrauenspersonen an die Seite zu stellen, damit sie sich ohne jede Kontrolle der Personalabteilung oder des Unternehmens beraten lassen können.

Was ist der Auftrag der Outplacementberaterin?

Was für alle externen Berater gilt, ist auch für die Outplacementberaterin wichtig: Es gibt eine Aufgabenstellung, aufgrund der wir in das Unternehmen gerufen werden. Gleichzeitig existieren bei allen internen Ansprechpartnern unausgesprochene Wünsche oder Bedürfnisse, die an den externen Gesprächspartner gerichtet werden. Gleich zu Beginn muss die Outplacementberaterin versuchen zu klären, welche Erwartungen der Auftraggeber an ihn hat und welche Interessen er mit dem Auftrag verfolgt: Geht es darum, mit dem Outplacement Center den Betriebsrat zufrieden zu stellen? Geht es darum, dass der Personalleiter mit dem Projekt das Image der Personalabteilung aufwerten will? Benötigen der Personalleiter oder die Geschäftsleitung einen persönlichen Coach in dieser schwierigen Situation? Wird sich der externe Berater über die Interessenlage seines Auftraggebers nicht klar und konzentriert er sich ausschließlich auf die Outplacementberatung, kann trotz optimaler Beratung das Projekt zu einem Misserfolg werden.[135]

Stolpersteine für den Berater im betrieblichen Umfeld

Beraterinnen müssen frühzeitig auf die mikropolitischen Bedingungen des betrieblichen Umfelds achten. Auch mit größtem Engagement in der Sache kann sie ohne Berücksichtigung vor allem informeller Hierarchien Allianzen gegen sich provozieren, die zu seinem Misserfolg beitragen können. Diesen Problemen begegnen alle Berater, die längerfristig in einer existierenden Struktur erfolgreich arbeiten sollen, ohne direkt zu ihr zu gehören. Der Auftraggeber, zumeist die Geschäftsleitung oder die Personalleitung, hat einen Beratungsbedarf identifiziert und die entsprechenden Berater hinzugezogen. Auf anderen Ebenen wird nicht immer Übereinstimmung herrschen hinsichtlich des Beratungsgegenstandes, der Auswahl der Berater oder über die Notwendigkeit, für ein solches Problem überhaupt Berater hinzuziehen.

Wenn Berater bei Organisations-Entwicklungsmaßnahmen über einen längeren Zeitraum mit Mitarbeitern arbeiten, die sich dem Unternehmen verbunden fühlen, erhält der Berater Einblick in die formelle und informelle Struktur des Unternehmens und erwirbt

---

[135] Und alle Interessen des Auftraggebers werden von diesem selten offen ausgesprochen, zumal sie ihm nicht immer bewusst sein dürften.

damit ein Wissen, das ihn vor Fehlern bewahren kann. Außerdem ergibt sich für ihn über die am Projekt beteiligten Führungskräfte die Möglichkeit, persönliche Allianzen im Unternehmen aufzubauen, die seine Arbeit im Unternehmen schützen. Wir Outplacementberaterinnen sind aufgrund unserer Aufgabenstellung mit einem Problem konfrontiert, das andere Berater nicht kennen. Wir haben vor allem Kontakt zu Führungskräften oder anderen Mitarbeitern, die das Unternehmen verlassen sollen und die sich innerlich bereits vom Unternehmen verabschiedet haben. Zu diesem Zeitpunkt werden sie dem Unternehmen auch wenig positiv gegenüber stehen. Die intensive persönliche Beziehung, die sich in der Outplacementberatung oft zu den Klienten entwickelt, kann dazu führen, dass die Beraterin sich etwas von der Sicht des Klienten beeinflussen lässt. Wenngleich das der Vertrauensbasis mit dem Klienten förderlich ist, kann es für die Zusammenarbeit mit dem Unternehmen hinderlich sein.

Die unterschiedlichen Sichtweisen ergeben sich aus unterschiedlichen Aufgabenstellungen und Interessenlagen. Um das Gesamtprojekt nicht zu gefährden, sollten daher Outplacementberater dem Austausch und den Absprachen mit internen Entscheidern ebenso viel Aufmerksamkeit beimessen, wie der eigentlichen Beratungsarbeit. Regelmäßiger Austausch[136] mit der Personalabteilung, Gespräche mit der Geschäftsleitung, dem Betriebsrat und den von der Personalreduzierung betroffenen Führungskräften können verhindern, dass der Outplacementberater nicht ausschließlich als Agent der betroffenen Mitarbeiter angesehen wird. Gleichzeitig erfahren die Outplacementberater immer wieder etwas über die Stimmung in den Entscheidungsgremien und die Situation des Unternehmens aus der Sicht derjenigen, die für den wirtschaftlichen Erfolg des Unternehmens verantwortlich sind. Umgekehrt kann die Outplacementberaterin in informellen Gesprächen über Stimmungslage oder Irritationen aus der Sicht derjenigen berichten, die das Unternehmen verlassen sollen. Auf diese Weise erfahren alle am Projekt Beteiligten frühzeitig von Störfaktoren, die das Gesamtprojekt gefährden können.

---

[136] Auch außerhalb der offiziellen Sitzungen der Task Force Outplacement Center oder des Beirats.

Vorschlag für eine Projektablauforganisation

Phase	Aktivität
Vorbereitung-sphase	Die Outplacementberater informieren Geschäftsleitung, Personalleitung und Betriebsrat über mögliche Maßnahmen zur beruflichen Neuorientierung für von Kündigung bedrohten Arbeitnehmern.
	Nach Festlegung von Anzahl der Betroffenen und Zeitrahmen der Personalabbaumaßnahmen erfolgt eine Entscheidung über die Massnahmen zur beruflichen Neuorientierung.
	Die Beratungsmaßnahmen sollten Bestandteil des Sozialplans oder eines Konsolidierungsvertrages sein.
	Einrichtung eines Beirats aus internen Entscheidungsträgern – Geschäftsleitung, Personalleitung, Betriebsrat, Fachvorgesetzte und externe Berater.
	Eine Projektgruppe (Task Force Outplacement Center) wird zusammengestellt, die die Gesamtmaßnahme verantwortlich plant, organisiert, durchführt und evaluiert.
	Information der Mitarbeiter über den Entscheidungsstand im Rahmen einer Betriebs- oder Bereichsversammlung. Die externen Berater werden eingeführt.
	Ein Probeseminar für unternehmensinterne Multiplikatoren wird durchgeführt.
	Der Task Force - Workshop zur Festlegung der Maßnahmen wird durchgeführt.
	Workshops zum Führen von Trennungsgesprächen werden durchgeführt.
	Die internen Mitarbeiter werden ausgewählt und geschult.
	Das interne Outplacement Center wird aufgebaut.
	Intranet, Newsletter und Info-Broschüren müssen fertiggestellt sein.
	Ein Tag der offenen Tür wird durchgeführt.
	Die Maßnahmen beginnen.

6. Externe oder interne Beraterinnen?

Warum externe Outplacementberaterinnen?

Häufig wird das Argument eingewandt, dass die Gestaltung einer konfliktarmen Trennung zu den originären Aufgaben der Personalabteilung gehört. Das wird in der Zukunft vielleicht der Fall sein, häufig ist das für Personalabteilungen eine neue Aufgabenstellung. Aber selbst wenn Erfahrungen vorhanden sind, so kann doch in einer durch erhöhte Arbeitsbelastung und innerbetriebliche Konflikte gekennzeichneten Situation die Nutzung einer externen Beraterin für spezifische Fragen hilfreich sein. Niemand zweifelt die Kompetenz der Personalabteilung an, wenn die Rekrutierung von Führungskräften an Personalberater outgesourct wird. Warum sollte dann bei der Trennung vom Unternehmen nicht die Outplacementberaterin als Trennungsspezialistin hinzugezogen werden?

Ein weiteres Argument spricht für den Einsatz von externen Outplacementberaterinnen. Es wird häufig angenommen, dass Fachkenntnisse im Personalbereich eine wesentliche Voraussetzung für gute Outplacementberatung seien. Obgleich die Schnittstellen zur Personalarbeit auf der Hand liegen, sind doch die Aufgabenstellungen von Personalabteilung und Outplacementberatung deutlich zu unterscheiden: Die Fähigkeit, gute Bewerbungsgespräche zu führen und Kompetenzen potenzieller Mitarbeiter beurteilen zu können, sind andere als die Fähigkeiten, Klienten dazu zu verhelfen, Einladungen zu Vorstellungsgesprächen zu bekommen, ihnen in permanentem Coaching über Misserfolge hinwegzuhelfen bzw. sie zu befähigen, Vorstellungsgespräche mit eben diesen kritischen Personalleitern erfolgreich zu führen. Aufgrund ihrer höchst kritischen Einstellung gegenüber Bewerbungen – eine Notwendigkeit für einen erfolgreichen Personalleiter – können ihre Ratschläge für Klienten in der beruflichen Neuorientierung eher demotivierend sein.

Externe Beratungen als Ergänzung zu innerbetrieblichem Know-how sind inzwischen als sinnvolle Maßnahme weitgehend anerkannt. Dabei geht es nicht darum, Defizite der Verantwortlichen innerhalb des Betriebes anzunehmen. Hintergrund ist einerseits die erhöhte Arbeitsbelastung der Mitarbeiter im Personalbereich gerade zu einer Zeit, in der große Abbaumaßnahmen neben der Alltagsarbeit des Personalbereichs umgesetzt werden sollen, andererseits aber auch die Erfahrung, dass externe Berater, die sich auf eine bestimmte Dienstleistung spezialisiert haben, diese effizienter und kostengünstiger durchführen können.

Bei der Outplacementberatung kommt noch ein weiterer Aspekt hinzu: Unterstützung zu einer neuen beruflichen Aufgabe wird oft nicht gerne von denjenigen angenommen, die vorher die Kündigung ausgesprochen haben. Die Hilfe wird eher von „Fremden" akzeptiert, die mit der Entscheidung zur Kündigung nicht in Verbindung gebracht werden können. Auch die Offenheit, die für den Beratungsprozess unabdingbar ist, ist eher einem Menschen gegenüber vorhanden, der dem betroffenen Mitarbeiter nicht aus der konkreten Arbeitssituation kennt. Nach meiner Erfahrung sollte daher die eigentliche Outplacementberatung unbedingt von externen Beraterinnen durchgeführt werden.[137] Dafür gibt es mehrere Gründe:

- Auch Outplacementberatung ist ein Gebiet, für das man ein umfangreiches Know-how benötigt, das nicht durch eine zweitägiges Seminar erlernt werden kann.

- Das Know-how eines erfolgreichen Personalreferenten unterscheidet sich stark von dem eines erfolgreichen Outplacementberaters.

- Interne Berater, vor allem wenn sie mit der Personalabteilung identifiziert werden, haben – zumindest in der Phase des Personalabbaus – nicht immer das Vertrauen der Mitarbeiter. Die Zurechnung der Trennungsentscheidung trifft die Personalabteilung zwar häufig unverschuldet, da sie oft nur Entscheidungen der Geschäftsleitung ausführen muss. Aber zu dieser Differenzierung sind Mitarbeiter, die ihren Arbeitsplatz verlieren, nicht immer fähig.

- Personaler, die Teilnehmer an Gruppen-Outplacementberatungen oft aus jahrelanger Firmen-Zugehörigkeit kennen, können diesen nicht objektiv gegenüber treten.

Das überzeugendste Argument für den Einsatz von externen Outplacementberatern ist die Tatsache, dass in einer Trennungssituation das Vertrauen zu Mitarbeitern der Personalabteilung nicht immer sehr groß ist.

Wenn das Unternehmen dennoch beschließt, interne Ressourcen für die Gruppen-Outplacementberatung einzusetzen, müssen diese ebenso sorgfältig ausgewählt werden, wie es bei Mitarbeitern für andere Arbeitsplätze der Fall ist. Ein exzellenter Trainer für EDV oder auch Kommunikation ist nicht zwangsläufig ein guter Outplacementberater. Ein Personalreferent, der jahrelange Erfahrung mit der Formulierung von Stellenanzeigen, der Auswahl von Bewerbungsunterlagen und dem Führen von Vorstellungsgesprächen hat, kennt ebenfalls nur einen Aspekt der Outplacementberatung. Bitten Sie eine Outplacementberatung in diesen Fällen, ihnen das Konzept für eine Maßnahme zu erstellen und dabei auch Kriterien für die Auswahl von geeigneten Mitarbeitern für die unterschiedlichen Aufgaben des Outplacement Centers aufzustellen.

Nach Abschluss der Auswahl muss ein intensives mehrtägiges Train-the-Trainer-Seminar die internen Berater mit allen Aspekten der Outplacementberatung vertraut machen und sie vor allem in der Praxis selbst Erfahrungen machen lassen mit den einzelnen Methoden. Die Teilnahme an einem Outplacementseminar allein ist keine Ausbildung zum Outplacementberater.

---

[137] Wohingegen andere Bestandteile der Unterstützung zur beruflichen Neuorientierung sehr gut aus Bordmitteln umzusetzen sind.

Wenn der Kompromiss gewählt wird, interne und externe Berater einzusetzen, ergibt sich ein besonders großer Abstimmungsbedarf. Für die Teilnehmer ist es äußerst irritierend, unterschiedliche Auffassungen zu bestimmten Themen präsentiert zu bekommen. Nach meiner Erfahrung führt das fast immer zu Konkurrenz im Outplacement Center und meistens zu einem Glaubwürdigkeitsverlust der internen Berater. Von den Mitarbeitern wird dem externen Spezialisten bei diesem Thema immer mehr Vertrauen geschenkt. Eine Lösung dafür kann sein, dass regelmäßig kurze Weiterbildungsmodule angeboten werden, bei denen die internen Berater sich über aktuelle Fragen aus der Beratung mit den externen Beratern austauschen können.

Vor allem sollten gemeinsam mit den Outplacementberatern Kriterien aufgestellt werden, nach denen interne Mitarbeiter gesucht werden. Die Auswahl sollte ebenso sorgfältig erfolgen, wie das bei der Besetzung anderer Stellen im Unternehmen erfolgt.

Nach welchen Kriterien sollten extern Outplacementberater ausgewählt werden?

Wenn die Entscheidung für den Einsatz externer Berater gefallen ist, sollten möglichst einvernehmlich Kriterien aufgestellt werden, nach denen diese Berater ausgesucht werden sollen. Da es sich um eine sehr personenorientierte Dienstleistung handelt, ist dabei die Frage der persönlichen Übereinstimmung ebenso wichtig wie die fachliche Kompetenz der Beraterin.

- Wählen Sie nur Berater, von denen Sie sich selbst gerne beraten lassen würden. Daher ist es auch wichtig zu klären, ob der Vertreter der Beratungsgesellschaft, mit dem Sie verhandeln, auch der sein wird, der die Beratung durchführt.

- Prüfen Sie, inwieweit die Berater sich auf die besonderen Bedingungen des Unternehmens einstellen können. Bitten Sie mehrere Beratungsgesellschaften um ein Konzept, nachdem Sie Ihre grundsätzlichen Anforderungen vorher festgelegt haben – so dass die einzelnen Angebote verglichen werden können.

- Fragen Sie auch den Betriebsrat nach seiner Meinung zur Beratungsgesellschaft.

- Lassen Sie ein kurzes Probeseminar durchführen, an dem Vertreter der Personalabteilung, des Betriebsrats, einen Vertreter der Führungskräfte und ein oder zwei Mitarbeiter teilnehmen. Dann können Sie auch erkennen, wie das Seminar durchgeführt wird und haben nicht nur einen Eindruck vom Akquisiteur gewonnen.

- Klären Sie, ob die Beratungsgesellschaft bereits größere Projekte durchgeführt hat und in der Lage ist, größere Personalkapazitäten abzurufen oder über Kooperationspartner für ein größeres Projekt verfügt.

- Fragen Sie nach Referenzen.

- Bei knappen Ressourcen oder geringeren Mitarbeiterzahlen können Sie die konzeptionellen Fähigkeiten der Beratungsgesellschaft testen: Teilen Sie mit, welches Budget zur Verfügung steht und wie viele Personen betreut werden müssen. Bitten Sie um ein Konzept, bei dem auch mit geringen Ressourcen ein gutes Betreuungsangebot für die Mitarbeiter gemacht werden kann.

7. Inhouse Outplacement Center aus der Sicht von zwei Personalleitern

Herbert Bartholomé, 1999 – 2000 Personalleiter BEWAG, Berlin
Andrea Vanin, Personalleiterin Alcatel SEL AG, Zweigniederlassung Berlin

Beide Personalleiter haben über längere Zeit ein umfangreiches Outplacement Center in einem Unternehmen eingesetzt und den Erfolg begleitet.

Herr Bartholomé, Frau Vanin, Sie haben bereits Erfahrung mit dem Einsatz von individueller Outplacementberatung und der Implementierung eines langjährigen Outplacement Centers im Unternehmen. Warum sollte ein Unternehmen Outplacement anbieten

- für Einzelpersonen

B.: Zum einen aus der sozialen Verantwortung heraus – gerade den lang gedienten Mitarbeitern gegenüber – und zum anderen auch aus Imagegründen, die ein Unternehmen gerade in schwierigen Situationen, die u. a. einen Arbeitsplatzabbau erfordern, zu beachten hat.

V.: Schnelle Veränderungen am Markt führen oftmals die Notwendigkeit zu schnellen Veränderungen der Organisationsstrukturen mit sich. Führungskräfte, die sich über Jahre für das Unternehmen eingesetzt haben, werden so angemessen bei der Suche nach einer neuen Tätigkeit unterstützt.

- in Form eines Outplacement Centers

B.: Auch hier gilt: Zum einen aus der sozialen Verantwortung heraus – gerade den lang gedienten Mitarbeitern gegenüber- und zum anderen auch aus Imagegründen, die ein Unternehmen gerade in schwierigen Situationen, die u. a. einen Arbeitsplatzabbau erfordern, zu beachten hat. In diesem Falle kommt noch hinzu, dass bei einer größeren Anzahl von Trennungen eine systematische Bearbeitung dieser Angelegenheiten und eine Vielzahl von Angeboten an die Mitarbeiter unumgänglich ist – dies kann nur ein Outplacement Center liefern.

V.: Outplacement Centers eignen sich zur Begleitung größerer Restrukturierungsmaßnahmen. Perspektiven außerhalb des Unternehmens können aufgezeigt werden, der Arbeitgeber wird seiner sozialen Verantwortung gegenüber den Mitarbeitern mit diesem Angebot weit über eine übliche Abfindung hinaus gerecht. Die schwierige Situation während der Phase eines Personalabbaus wird entschärft.

Für welche Zielgruppe eignet sich Outplacement aus Ihrer Sicht?

B.: Hier gibt es keine Einschränkungen – es eignet sich für alle Mitarbeiter. Man muss nur für jede Zielgruppe die richtige Form finden.

V.: Grundsätzlich für alle Arbeitnehmer. Einzeloutplacementberatung sollte allerdings aus Kostengründen nur einer begrenzten Mitarbeitergruppe zur Verfügung gestellt werden, sicherlich primär den Managern.

Wie wurde die Outplacementberatung von den Mitarbeitern aus Ihrer Sicht angenommen

- *von Führungskräften*

B.: Für Führungskräfte, die sich von Mitarbeitern trennen mussten war es eine Entlastung und grosse Hilfe. Von Führungskräften, die selbst betroffen waren, liegen mir keine Erfahrungswerte vor.

V.: Führungskräfte haben sich mit der Situation des „nicht mehr unentbehrlich seins", schwerer abgefunden, waren dann aber nach einer Phase des Realisierens der tatsächlichen Situation dankbar für die Unterstützung

- *von Mitarbeitern aller Hierarchieebenen*

B.: Betroffene Mitarbeiter empfanden die Unterstützung bei der Suche nach einem neuen Arbeitsplatz als grosse Hilfe.

V.: Mitarbeiter nehmen den Service gern in Anspruch, um schnell eine Anschlussbeschäftigung zu bekommen

Welche Bedingungen müssen erfüllt sein, damit ein Outplacement Center erfolgreich durchgeführt wird?

B.: Die Angebote für die unterschiedlichen Zielgruppen müssen stimmen. Dazu können gehören u. a.: Bewerbungstraining, Weiterbildung, Job-Börse, Beratungen i. w. S., usw.

V.: Einbindung von BR und Führungskräften in den Vorbereitungsprozess, Informationsveranstaltungen für Mitarbeiter, hohe Professionalität der Berater, Kontinuität des Angebotes über eine angemessene Zeit, klare Budgetvorgabe, Vertraulichkeit, auch gegenüber der Personalabteilung.

Wie ist die Akzeptanz und / oder Zusammenarbeit mit dem Betriebsrat (BR) nach Ihrer Erfahrung?

B.: Wenn die ersten Hemmschwellen durch intensive Aufklärung vor dem „Neuen" überwunden sind, sind auch die Betriebsräte von dem „Instrument des Outplacement" überzeugt. Sie unterstützen dies sogar dann.

V.: Wenn Betriebsräten die wirtschaftliche Situation des Unernehmens transparent ist und es nicht mehr um das „Wieviel" sondern nur noch um das „Wie" des Abbauprozesses geht, nimmt der Betriebsrat den Service als einen Mosaikstein im Zusammenhang mit dem Personalabbau gern an.

Woran würden Sie den Erfolg eines Outplacement Centers messen?

B.: Der Erfolg liegt einfach darin, dass die Mitarbeiter das Angebot der Outplacementberatung annehmen und überzeugt sind, in einem anderen Beruf und/oder in einem anderen Unternehmen „auch" noch eine Zukunft sehen. Wenn sie aus dieser Überzeugung heraus auch guten Gewissens einen Aufhebungsvertrag unterschreiben, ist beiden Seiten gedient und damit der Erfolg gegeben.

V.: Möglichst wenige betriebsbedingte Kündigungen aussprechen zu müssen, bzw. durch Anschlusstätigkeiten langwierige Kündigungsschutzprozesse zu vermeiden.

Wie wurde die Maßnahme von Führungskräften unterstützt/abgelehnt, deren Mitarbeiter von der Beratung Gebrauch machten? Wenn abgelehnt, wie sollte man die Kooperation mit diesen Führungskräften herbeiführen?

B.: Führungskräfte sind die ersten Ansprechpartner, wenn es darum geht, sich von Mitarbeitern zu trennen. Da die wenigsten Führungskräfte darin geübt sind, nehmen sie – das war meine Erfahrung bisher – gerne jede Unterstützung auf. Man muss nur diesen angeboten Vorteil den Führungskräfte beschreiben.

V.: Dies hängt natürlich von den spezifischen Situationen ab. Wenn der Service allen Mitarbeitern offen steht, dann besteht immer die Gefahr, dass sich auch Mitarbeiter nach außen bewerben, die eigentlich nicht verzichtbar sind. Der Konflikt zwischen der Erhaltung der Arbeitsfähigkeit eines Bereiches bei gleichzeitigem sozialverträglichem Personalabbau lässt sich nicht immer lösen. In jedem Fall ist umfassende Kommunikation eine Möglichkeit, auch bei diesen Managern für das Outplacement zu werben. Eine Kooperation mit ablehnend reagierenden Managern lässt sich erreichen, in dem man z. B. die gesamte Komplexität einer notwendigen Sozialauswahl erläutert, deren Auswirkungen ggf. einschneidender sind als eine einzelne ungewollte Fluktuation eines Mitarbeiters.

Wie sollte die Inanspruchnahme der Outplacementberatung geregelt werden?

B.: Es sollte als ein „sehr interessantes Angebot" gestaltet sein, dass die Mitarbeiter ohne Zwang annehmen können. Dann wird es nämlich freiwillig gerne in Anspruch genommen.

V.: Auch hier gibt es kein Patentrezept. Offiziell sollte es jedem Mitarbeiter, der direkt oder indirekt vom Restrukturierungsprozess betroffen ist, angeboten werden.

Wie sollte die Zusammenarbeit zwischen internen Organisatoren und Beratern und externen Beratern vereinbart werden?

B.: Hier muss es ein exzellentes Zusammenspiel geben, damit die Mitarbeiter Vertrauen in das gesamte Projekt haben. Dies ist übrigens m. E. auch der Garant für ein erfolgreiches Projekt.

V.: Das Handling sollte vom Berater in enger Abstimmung mit dem Personalbereich durchgeführt werden. Regelmäßige gegenseitige Informationen sind unerlässlich.

Wo sollte das Projekt im Unternehmen organisatorisch angehängt werden?

B. : Es sollte grundsätzlich durch ein externes Beraterteam gehändelt werden, die aber von internen Ansprechpartner flankierend unterstützt werden. Dies erfordert auch interne wie externe (anonyme) Anlaufstellen für die Mitarbeiter.

V.: Am Personalbereich.

Halten Sie eine fortlaufende Evaluation der Maßnahmen für wichtig?

B.: Hierzu habe ich keine konkreten Anhaltspunkte für eine exakte Beurteilung.

V.: Ja, denn nichts ist so gut, dass es nicht noch verbessert werden kann.

Nach welchen Kriterien würden Sie einen Outplacementberater auswählen?

B. : Für ein Outplacement Center, d. h. wenn es um einen Personalabbau größeren Stils geht, ist es notwendig, dass sich der Berater vor Ort, d. h. bei Behörden, Schulungseinrichtungen, Unternehmen der Region, Verbänden, usw. sehr gut auskennt, damit schnell die notewendigen Kontakte hergestellt werden können.

V.: Nach der Größe des Projektes im Vergleich zur Größe der Beratungsgesellschaft, nach persönlichen Erfahrungen, ob ein plausibles Konzept vorgelegt wird, nach dem Preis-Leistungsverhältnis, nach Referenzen.

Halten Sie eine begleitende interne Öffentlichkeitsarbeit für wichtig?

B.: Für das Unternehmensimage und für die Akzeptanz bei den betroffenen sowie bei den nicht betroffenen Mitarbeitern (sie können sehen wie das Unternehmen mit den betroffenen Mitarbeitern umgeht – was ja auch einmal sie selbst betreffen könnte) ist diese Öffentlichkeitsarbeit von großem Nutzen.

V.: Ja, im angemessenen Rahmen. Outplacement soll transparent für die Mitarbeiter sein, nur so lassen sich Berührungsängste mit diesem Thema abbauen.

Literaturverzeichnis

Farrelly, Frank: Provocative Therapy, Heidelberg 2001

Hossiep, R; Paschen, M.: Das Bochumer Inventar zur berufsbezogenen Persönlichkeitsbeschreibung – BIP, Göttingen, 1998

Janke W.; Erdmann, G.; Ising, M.: Stressverarbeitungsfragebogen – SVF 120, Göttingen, 1997

Sauer, M.: Outplacement-Beratung, Wiesbaden 1991

Schein, Edgar H.: Career Anchors,: Discovering Your Real Values, San Diego, Toronto, Amsterdam, Sydney, 1990

Schuler, H.; Stehle, W.: Biografische Fragebogen als Methode der Personalauswahl, Göttingen, 1990

William, J.; Cabrera, James, C.: Parting Company, 1992

Stichwortverzeichnis

Die Autorin

Beruflicher Werdegang: Studium der Bildungsökonomie und Soziologie an der Technischen Universität und an der American University in Cairo mit Schwerpunkt Arbeitsmarktforschung. Nach einer Assistententätigkeit an der Technischen Universität Berlin Leitung des Außenreferates der E.A.P. Europäische Wirtschaftshochschule Paris, Oxford, Berlin, Madrid mit den Schwerpunkten Hochschulmarketing und Karriereberatung von Studenten aus allen europäischen Ländern. Nach einigen Jahren in einer internationalen Outplacementberatung habe ich 1995 die Unternehmensberatung BERG-PEER & PARTNER gegründet.

Schwerpunkte: Karriere-Coaching und Outplacementberatung, Coaching von Führungskräften, Konfliktmanagement, Kommunikation mit dem Myers-Briggs-Typenindikator (MBTI), Mitarbeiterbefragungen, Teamentwicklung.

Was mich besonders interessiert: Menschen, Bücher, Opern, Garten Center und Pasta

Meine Methode: Menschen nicht sagen, was richtig ist, sondern ihnen Kriterien für eigene Entscheidungen an die Hand geben; deutlich machen, dass die Schwierigkeiten, denen wir im Leben begegnen, zumeist nicht auf eigene Defizite zurückzuführen sind, sondern darauf, dass das Leben schwierig ist. Und aufzeigen, dass die meisten Schwierigkeiten zu bewältigen sind.

Ehrenamtliche Tätigkeiten

1992 bis 1994 Sprecherin Deutschland des European Women in Management Development Network – EWMD; Seit 1997 Stellvertretende Vorsitzende des Ausschusses für Arbeitsmarkt der Industrie- und Handelskammer – IHK zu Berlin

BERG-PEER & PARTNER
Unternehmensberatung
E-Mail: info@bergpeerpartner.de,
www.bergpeerpartner.de